內蒙古 土默特右旗 被害者報告書

楊海英 主編

【內蒙古文革檔案】資料編輯委員會

01滕海清將軍有關內蒙古人民革命黨講話集

主編｜楊海英

編者｜Asuru、Orgen、Seedorjiin Buyant、Uljideleger

02有關內蒙古人民革命黨的政府文件和領導講話

主編｜楊海英

編者｜Asuru、Orgen、Seedorjiin Buyant、Uljideleger

03 挖內蒙古人民革命黨歷史證據和社會動員

主編｜楊海英

編者｜Asuru、Orgen、Seedorjiin Buyant、Uljideleger

04內蒙古土默特右旗被害者報告書

主編｜楊海英

編者｜Asuru、Orgen、Olhunud Daichin、Archa

05內蒙古軍區被害者和加害者紀錄

主編｜楊海英

編者｜Asuru、Khuyagh、Altansuke、Tombayin、Delekei

上左：坐落於呼和浩特市內烏蘭夫紀念館的烏蘭夫坐像。
上右：1976年毛澤東死去時的內蒙古。
下：中共宣傳用暴力打倒烏蘭夫的海報。編者藏。

序言

楊海英

中國文化大革命期間，共產黨在內蒙古自治區發動了大規模種族屠殺（genocide）。經中國政府操作過後的公開數據呈示，中國政府和中國人（即漢民族[1]）總共逮捕了346,000人，殺害27,900人，致殘120,000人。在內蒙古各地做過社會調查的歐美文化人類學家們則認為被中國政府和中國人屠殺的蒙古人受害者總數達10萬人[2]。筆者曾經在日本編輯出版了兩本文化大革命（以下簡稱為「文革」）被害者報告書，通過用社會學抽樣調查方法探討自治區東部呼倫貝爾盟和基層人民公社的被害者情況，得出的結論與歐美文化人類學家的結論相同[3]。這些數據裡並不包括「遲到的死亡」，亦即致殘者120,000人的命運。蒙古人的民族集體記憶是：「文革就是一場中國政府和中國人合謀屠殺蒙古人的政治運動」[4]。

1966年中國政府發動文革時內蒙古自治區原住的蒙古人人口近150萬，而從長城以南侵入草原的中國人殖民者則達到蒙古人的9倍即1,300萬。所謂的自治區實際上已經名存實亡。儘管如此，入殖內蒙古的中國人還大膽提出，殺完蒙古人以後乾脆把內蒙古自治區改為「中國共產黨反修省」[5]。可見中國政府

1　蒙古人認為所謂的「中國人」是只指漢民族，只有漢民族才是「中國人」。內蒙古自治區和新疆即東土耳其斯坦的維吾爾人，以及西藏的圖博人只是「中國籍蒙古人」，「中國籍維吾爾人」，「中國籍圖博人」，並非「中國人」。這一點亦是國際學術界共識。參見：Kuzmin, Dmitriev, S. V. 2015 Conquest Dynasties of China or Foreign Empires? The Problem of relations between China, Yuan and Qing, *International Journal Of Central Asian Studies,* Vol. 19, pp.59-91.

2　參見：Jankowiak, William，1988 The Last Hurraah? Political Protest in Inner Mongolia. *The Australian Journal of Chinese Affairs,* 19/20:269-288. Sneath, David，1994 The Impact of the Chinese Cultural Revolution in China on the Mongolians of Inner Mongolia. *Modern Asian Studies,* 28:409-430.

3　參見：楊海英編『モンゴル人ジェノサイドに関する基礎資料5—被害者報告書1』、風響社、2013年、1頁。楊海英編『モンゴル人ジェノサイドに関する基礎資料6—被害者報告書2』、風響社、2014年、78頁。

4　參見：楊海英著《沒有墓碑的草原：蒙古人與文革大屠殺》，八旗出版社，2014年。

5　參見：特古斯，1993〈浩劫過後的沉思〉《內蒙古檔案史料》4，53頁。所謂的「反修」

和中國人所標榜的「民族區域自治」實際上以同化異族為主要目的。為了達到同化，製造沒有蒙古人的內蒙古自治區，中國政府和普通中國人共同推行了一場大規模種族屠殺。

在進行大規模種族屠殺的時候，從各地傳遞到自治區革命委員會的「捷報」都提到了詳盡的數字，也就是「殲滅了多少內人黨和烏蘭夫反黨叛國集團的偉大成果」。其中的一部分，我在本系列的第一書，即《滕海清將軍有關內蒙古人民革命黨講話集》裡提到過。但是，整個自治區和各個地區到底「殲滅」了多少「蒙古人民族分裂主義分子」，至今仍然未得解密，中共也不可能提供詳盡數字。

本書前半部分收入了一些文革期間即已發現並公開的關於大量屠殺蒙古人的受害情況的報告資料，比如《5・22通訊》。「5・22」一詞，源於1969年5月22日時，毛澤東做出的批示：「在清理階級隊伍的運動中，內蒙已經擴大化了。」毛所講的「擴大化」意指屠殺蒙古人的目的和方法正確，只是數量上超過了其預計目標。就是這樣的「5・22批示」，也帶出了零星的受害狀況。文革後，這些資料重新被政府收回檔案館封存或銷毀。

本書後半部分收集了當時屬於包頭市之土默特右旗四家堯人民公社的受害者報告。據中共政府公開之「平反」數據，四家堯人民公社總計殺害32人。尤其應該注意的是發生在該地區的有組織的性犯罪。比如說，第54號報告書如此講（本書第268-269頁）：

> （對）何四營大隊的大部分群眾進行報復。尤其嚴重的是把一位婦女趙二好秀，採用捆打吊，跪刀床刑具，最後採用騎青龍刑罰，令趙二好秀脫掉下衣，用水沾麻繩，從會陰部前後牽拉，把趙的會陰鋸通，隨即大出血，昏迷在地。曾經多次治療，現仍不能下地走步，身遭殘廢。
>
> 王西堯大隊，白高才的主要幹手張明清，親自把一名貧農社員王換存打成內人黨，公開點名讓王供出與張有意見的大隊幹部與群眾。王堅持不供，高喊「毛主席萬歲！」這些暴徒打的更兇狠了，威逼王換存死去。

是指當時中蘇對立互相罵「修正主義」，內蒙古自治區處於「反修前線」。

> 還將女社員蒙族張明圪拉，白高才和張明清也作為重點，除用各種刑罰外，暴徒還採用臭名昭著的挖芯罰，將手指深入陰道，進入宮腔，把張明圪拉當時懷孕四個月的胎兒挖出來，張明圪拉身受重殘，76年死去。

我們知道，中共是高度組織化的政黨。任何人，沒有上級黨委的命令的話，絕對不會擅自行動。因此，針對蒙古人女子的性犯罪也絕對不可能是幾個人的一時衝動。

筆者的家鄉，鄂爾多斯（伊克昭盟）烏審旗圖克人民公社殺害69人。[6]當時的內蒙古自治區總共有「7盟2市1,046個人民公社」。7盟盟公署所在地和呼和浩特及包頭2市有大約幾千個遠多於人民公社人口的機關單位和廠礦企業。用社會學簡單的抽樣調查即可發現，被殺害的蒙古人數目遠不在27,900人之內。

中國政府和中國人銷毀大量屠殺證據的手段非常高明。在對受害者「平反」時往往強調「毀滅假資料」、「當眾銷毀」等。有史以來一直處在強權專制之下的「中國人民」也害怕如果留下「罪證」成為檔案的話，有朝一日執政者又會「秋後再次算帳」，因此也非常願意「當眾銷毀」對自己不利的「罪證」。如此執政者和子民奴隸們的共同願望，給中國政府提供了可以系統性地、組織性地毀滅文革罪證的機會。讀者可以從本書所收集的檔案中看出政府如何積極毀滅證據的全部過程。

蒙古人不僅經歷了大規模屠殺，還成了有組織的性犯罪的犧牲品。文革期間，母語蒙古語也遭到禁止。1948年12月底聯合國通過的〈反種族屠殺條約〉明確規定其中包括「禁止別的民族之母語權和性犯罪」。根據聯合國條約，中國政府主導的針對蒙古人的大屠殺和性犯罪明確屬於種族屠殺。

文革期間中國政府還從陝西和山西，以及河北和東三省調動大批中國人農民以「貧下中農毛澤東思想宣傳隊」形式有組織地進入草原，一邊屠殺蒙古人，一邊搶占草原以便開耕。文革後，政府打出「照顧」政策讓這些外來的流民定居，進一步逆轉人口結構，導致所有的人民公社皆以中國人佔絕對多數，從而建成了蒙古人不掌握任何實權的「自治區」至今。

---

[6] 楊海英編『モンゴル人ジェノサイドに関する基礎資料6—被害者報告書2』、風響社、2014年、78頁。

本系列「內蒙古文革檔案」所收文獻在重新電子輸入時，已將文革期間專用的簡體字和繁體字一律統一為現行繁體字；除明顯的錯別字以外，未作任何改動。

目次 | CONTENTS

編輯書前註：

1. 本書內容為史料檔案，有些文革時期的詞彙和現今我們所習慣的正確用字並不相同。例如「付主席」（副主席）；「揮午」（揮舞）等等。這些不同的用字，為尊重歷史、呈現特殊的文革文化，我們將予以保留。
2. 由於原受害者所寫的報告書屬於揭露中共所犯人道主義罪行的第一手資料，我們在編成本系列第四書、第五書收錄之被害者報告時，除系統性選輯、重新排序以外，也決定將其中手寫文件以及部分有修改痕跡的印刷檔案以原件掃描的方式呈現，以期讀者能從更為深刻地見證歷史。

1.5・22通訊，第二期（1969.06.10）

大字報選：歷史的諷刺——揭內蒙「文教界逼供信指揮部」傳達二月四日中央接見滕氏的「指示」

「謠言只要重複多次，就能使人相信。」這是德意志帝國赫赫有名的「謠言家」戈培爾的混蛋哲學。

然而，在六十年代的今天，不知怎的，我們的滕海清同志卻也受到這種影響。他造的謠，也不少，也很離奇，其中不能令人容忍的是，他竟敢冒天下之大不韙，連篇累牘地造起中央的謠來。

說來滕氏還是比較「明智」的，他編造好了謠言，驅使其婁羅，當傳聲筒，大肆傳謠，真是不顯山不露水，幹出了不可告人的勺當[1]。

滕氏借「文教界逼、供、信指揮部」政治打扒手烏×××之流的口，共「傳達」八條。這八條確乎是層層下達，給一些人打了氣、壯了膽，因而在「逼、供、信指揮部」領導下，把「偉大的挖肅」搞得「轟轟烈烈」起來。

滕氏的傳聲筒，對二月四日中央接見滕氏的「指示」，傳謠之一曰：「中央認為內蒙文化大革命形勢很好，成績很大，評價很高。」

傳謠之二曰：「關於『內人黨』問題，中央首長說，我們的林付主席很早就向主席彙報了，內蒙搞『內人黨』搞對了，成績很大，形勢很好，出現的一些問題是支流，要幹下去。總理問：『內蒙清理階級隊伍清理出多少壞人？』滕說：『25萬。』從高錦明問題揭發之後，從革委會內揪出二百多人。康老說：『內蒙很複雜，壞人很多。……這一段把群眾發動起來了，對革委會內部的壞人，處理時候要慎重，革委會要增加工人、農民、牧民、少數民族幹部。』總理說：『內人黨』內的首要分子，也可以起義。江青說：『內人黨』首要分子也會分化，也可以起義，一般內人黨徒要登記。」

傳謠之三曰：「高錦明問題，江青說：『高錦明犯了嚴重錯誤，實在是

1　編按：疑為「勾當」的錯字。史料原文如此，編輯保留。

不像樣子。康老說；『高錦明的錯誤很嚴重，一貫犯錯誤，對他的批判是正確的。』』

謠傳之四曰：「關於造謠問題，江青問：『你一離開內蒙就有人造謠，有沒有？』滕答：『有』，江青問：『有無人出來給你講話？』滕答：『沒有，我也不需要有人出來給我講話，這是階級鬥爭的反映。』張春橋問：『你這次接見還未回去？』滕答：『回去。』春橋說：『回去一次好，免得敵人造謠』。」

傳謠之五曰：「『為什麼滕司令員上次未見報，沒有名字的問題。』中央首長說：『這是工作上的疏忽，因你住在家裡，未住在京西賓館，工作上疏忽了，給階級敵人鑽了空子。』」

傳謠之六曰：「為什麼滕司令員在北京等了那麼長時間，中央首長說：『現在中央很忙，正在處理其他省市問題，同時，我們相信內蒙工作搞得很好，很放心。』」

傳謠之七曰：「軍隊問題。」（略）

傳謠之八曰：「內蒙形勢大好。張春橋說：『內蒙形勢大好，成績很大。』張問中央其他首長：『這種說法大家同意不？』中央首長答：『同意』。姚文元說：『內蒙清理階級隊伍搞得很早，成績很大，還取得了經驗』」。

夠了，僅就這樣八條，試看滕氏已經滑得多遠？！拿毛主席《5・22》指示對照一下，在照妖鏡下，滕氏靈魂的深處，確有十足的妖氣。這個活生生的現實，如今，恐怕老滕自己也奈難推卻了。

老滕啊！老滕！歷史是嚴酷無情的。江西蘇區打AB用，鄂豫皖打改組派的教訓你忘記了嗎？我們黨內曾連續出現的以瞿秋白、李立三、王明為代表的三次「左」傾機會主義路線，曾給中國革命造成多麼嚴重的後果？！

無獨有偶，老滕的「左」傾機會主義路線正是王明路線的翻版。在六十年代，你重蹈覆轍，所為何來？你幹那麼多不可告人的勾當，卻白天說黑話，所為何來？「卻把自己的恥辱拿來吹嘘。」這是十足的江湖騙子。任憑你挖空心思去造謠吧，須知你們造的謠越多，出的醜就越大，這就是歷史的辨證法。

列寧教導我們說：「**吹牛撒謊是道義上的滅亡，它勢必引向政治上的滅亡。**」滕氏所做所為，不是可以印證這個偉大的真理了嗎？謊言掩蓋不了現實，它只能是一道紙糊的圍牆，紙非但保不住火，並將使火燒得更旺。「滿園春色關不住，一枝紅杏出牆來。」請看今日批滕的烈火，不是突破了滕氏的一座座紙糊的圍牆，形成燎原之勢？！

當前，批滕的群眾運動，阻力很大，干擾頗多。那些滕氏的婁羅們，猶在苟延殘喘，以待東山再起。讓他們叫罵什麼「批滕絕沒有好下場」吧，叫他們捶胸拍案，發瘋發狂吧，這一切都將為同滕氏的拙劣表演一樣，成為歷史的諷刺。

「兩岸猿聲啼不住，輕舟已過萬重山！」

宣教口批滕聯絡站

人民出版社《批滕站》

六月五日

我們弟妹四個的控訴

我們要用血的事實憤怒控訴磚廠廳建一小撮階級敵人和別有用心的人互相勾結狼狽為奸，在挖「內人黨」中肆意踐踏黨的政策，活活的打死我爸爸常義榮，殘害我們全家的滔天罪行。

我爸爸常義榮、媽媽劉枝都是武川廟溝公社人，都是貧下中農，都是共產黨員，在土改、土改複查時，爸爸媽媽是區鄉幹部和貧下中農一道鬥地主分田地。一九五三年調到呼市，我爸爸生前原在廳建一隊擔任黨支部書記。去年五月調到磚瓦廠車間搞政治工作，我媽媽是個工人。從我記事起我爸爸媽媽用無限忠於毛主席一顆紅心為黨為人民，對我們的影響最深。沒想到磚瓦廠一小撮階級敵人乘這次挖「內人黨」大搞階級報復，給我媽媽扣上「內人黨聯絡員」的帽子。給我爸爸扣上「內人黨支部書記」的罪名，非法抓起、私設公堂、殘酷肉刑，把我媽媽搞成殘廢，把我爸爸活活打死，奶奶從此得了半身不遂的重病，一小撮階級敵人和別有用心的人是經過事先祕密策劃的，在一九六八年十二月二十九日了毒手，先抓了我媽媽。這天晚上九點，下著鵝毛大雪，北風呼呼，由廳建張××帶的一夥暴徒闖進我家，蠻不講理，抓上我媽媽就走，當時我爸爸不在家，媽媽身體有病，抓走我媽媽後，我奶奶就昏過去了。我們姐弟四個數我最大才十三歲，最小的弟弟五歲，我們當時嚇呆了，我們哭呀！叫呀！誰理我們？原廳建一夥暴徒刑訊、威迫媽媽咬爸爸。張××說什麼：「你得好好交待，常義榮得處理他，留下孩子國家照管」。整整逼了兩天。這個陰謀沒有得逞，後他們給我爸爸造了許多謠言。從我爸爸被抓起來到被打死，我們全家都不知道。在這當中我們沒有辦法，媽媽被抓，爸爸又不回來，奶奶讓我們找爸爸，那兒也找不到，我們問磚瓦廠送來工資的人，我爸爸那兒去了？他騙我們說：你爸爸外調去了，奶奶病的不能起來，我們連飯也不會做，每天只能喝些糊糊，一直到過大年爸爸還不回來。我去看看媽媽，人家不讓見。爸爸的下落又沒有，我們多麼想見我們的好爸爸媽媽呀！每年春節晚上我們一家人總是圍火爐旁聽奶奶爸爸給我們講苦難的家史，聽奶奶講：我爸爸六個月時，生活沒辦法，把我大姑賣到山西五合換來糠菜糊口，吃人的舊社會熬不下去，當爸爸十二歲時吃人的舊社會把爺爺逼死了，寡母孤兒災難更大了，只好討吃要飯……。

記得爸爸經常教育我們：孩子們要記住：你們的爺爺是舊社會、國民黨逼死的；是毛主席共產黨救了咱全家人的命，要不是毛主席爸爸也早死了，那能有咱們今天的幸福生活。你們要好好聽毛主席的話，做毛主席的好兒童。

今年過春節別人家買吃買穿歡度佳節，可是我們家奶奶病，弟弟妹妹哭，爸爸媽媽誰知在那兒想著我們？誰還有心去包餃子……。

二月二十四日禍從天來，我爸爸被磚瓦廠的一小撮階級敵人打死了。我的好爸爸他是在高喊毛主席萬歲聲中光榮的犧牲了。二十五日媽媽被表哥從師院保出來，回家時媽媽也被整得不像人樣了，我都一下認不出來了，驚急的奶奶又一次昏過去了，從此我們全家人每天在哭聲和淚水中渡過，奶奶從此得了半身不遂，全家人都吃不進飯，可是廳建磚瓦廠的一小撮階級敵人還嫌害得我們不夠，他們串通一氣給我們爸爸扣上「內人黨骨幹分子畏罪自殺」的罪名。媽媽一說就被扣上「為內人黨骨幹分子翻案」的大帽子。我們全家親眼看到磚瓦廠一夥強盜一樣地威逼我媽媽簽字，馬上火化。我媽媽堅決不同意，我們堅決要求看屍體，他們幾次無理拒絕。他們像國民黨一樣壞，活的時候不讓知道，不讓見我爸，死了也不讓見。就這樣，他們做賊心虛地單方面地把我爸爸偷偷的燒成一把灰。兩次強行把骨灰盒扔在我們櫃上，當即把我奶奶氣暈過去了，他們揚長而去。

爸爸生為毛主席生，為捍衛毛主席的革命路線而獻身，不僅表現在他生前地整個革命工作和被審訊中的堅強表現，而從他的遺物中也清楚地表明這一點。爸爸被非法隔離後一直不讓戴主席像章，他就把一枚金光閃閃的毛主席像章帶在裡邊。

鐵的事實證明，我爸爸媽媽都是堅強的共產黨員。我要向爸爸媽媽學習！我要繼承他們的革命事業，我們要控訴，我們要呼籲，我們強烈要求廳建革委會，市革委會內蒙革委會和造反派叔叔、阿姨大姐大哥們給我爸爸徹底平反，追為烈士，開追悼會，把殘害我爸爸的兇手揪出來，嚴懲殺人兇手，實行無產階級專政，捍衛毛主席的革命路線，捍衛黨的無產階級政策。

常秀芬、常秀萍、常秀明、常四明

調查報告：觸目驚心的數字

錫盟革委會有工作人員49人（不包括生建部）揪出高錦明以後，按敵我矛盾揪鬥37人，占工作人員總數的75.5%。

盟直屬機關54個單位，總計挖出「內人黨」1,482人，占盟直屬54個單位職工總數的31%。（此數字不包括懷疑對象）。

錫林浩特運輸公司有職工607人，向內蒙、錫盟上報挖出的「內人黨」數字224人，占全體職工總數的36.9%。224人中有168人公開公佈為「內人黨」，其中工人135人，幹部33人。168人中共產黨員有33人，占全公司黨員總數70%。168人中有老造反派68人，占168人的40.5%，這個單位從去年10月到現在關押78人，占全體職工總數的12.9%。直在今年五月二日左右，還關押59人，這59人中，初步瞭解最少有47人是沒有重大問題的革命群眾。

錫林浩特中學共有教職工總數83人，挖出「內人黨」36人，占教職工總數42%。全校教師57人，挖出「內人黨」26人，占教師總數的45%，全校共產黨員總數有15人，被打成「內人黨」的11人，占全校貧下中農教職工總數的

48%。

蘇尼特右旗人口3萬，到今年三月份挖出「三黨」（內人黨、統一黨、沙窩子黨）「三廳」（黑虎廳、白虎廳、黃虎廳）分子3,945人，占全旗總人數的13.45%。「三黨、三廳」分子3,945人中，有蒙族3,449人，占挖出總數的87.4%。3945人中，有工人174人，貧下中農、貧下中牧1,581人，一般幹部688人，合計2,443人，占挖出總數的61.9%。腦幹諾爾公社人口一千，被打成「內人黨」的700，公社負責人說：這個公社只有6個人可以接近。全旗到今年一月份止，打死、逼死自殺85人。新民公社出身於貧農的小學教員呂月新，去年11月23日晚9點被關押，到第二天早晨6點被活活打死。駐當地×宣隊逼迫天津醫療隊寫病死的驗屍證明，被醫療隊拒絕。看了上面觸目驚心的數字，會得出什麼結論？唯一正確的結論就是：滕海清在挖肅鬥爭中地地道道的徹頭徹尾的推行了一條「左」傾機會主義路線。

錫林郭勒盟革委會

錫林郭勒日報社記者

聯合調查組

五月十六日

地點：內蒙革委會

大院電話：26512374

《5・22通訊》第二期，內部刊物，不得外傳

內蒙古自治區革命委員會機關批滕聯絡總站

1969年6月10日

2. 5・22通訊，第三期（1969.06.12）

調查報告：事實勝於雄辯——巴盟中後旗挖「內人黨」情況

巴盟中後旗共有七萬七千多人，農區人口是五萬三千人，牧區公社、牧場和旗級單位共有二萬四千人。在牧區、牧場和旗級單位的二萬四千多人中挖出的「內人黨」達二千五百餘人。

一、打擊革命幹部、鎮壓造反派：

旗級各單位幹部、職工總人數五百八十名，被打成「內人黨」的二百三十三名占幹部職工總數的39.5%。

原旗委共有職工七十二人，被打成「內人黨」的達三十八名，占50%；造反派三十二人，被打成「內人黨」的是二十九名，占90.6%；特別是蒙族幹部和蒙族黨團員全部被打成「內人黨」。

公檢法職工幹部總人數六十三名，被打成「內人黨」的四十八名，占80%；造反派二十三名，均被打成「內人黨」。

文教系統總人數四十五人，被打成「內人黨」的二十二名，占49%；造反派二十二名被打成內人黨的有二十一名，占95%。

二、打擊貧下中牧，挖社會主義牆腳

1、勝利公社總人口是二千三百人，被打成「內人黨」的有四百名，其中四類分子僅占十人，其餘三百九十人全是貧下中牧（農），占全社貧下中牧（農）一千三百二十八人的29%公社一個黨委、七個支部，共四十六名共產黨員，全被打成「內人黨」。

2、桑根達來公社飼料基地有七十四個勞動力，被打成「內人黨」的有五十八名，占78.4%；其中貧下中農（牧）五十二人，占70%；歷史有嫌疑的2名，占2.7%；可以教育好的子女4名，占5.4%。一個共產黨支部被打成「內人

黨」支部，五個黨員中有四個被打成「內人黨」；三名共青團員則有二名被打成「內人黨」。

3、川井公社直屬十一個單位，有職工一百零八人，被打成「內人黨」而關押的有十五人，在「獄」外被迫登記者十人，被懷疑者四十八人，共七十三人，占職工總數的67.6%；十九名共產黨員中有十五名被打成「內人黨」。

三、破壞紅色政權，顛覆無產階級專政

這個旗除原旗委、人委、文教、醫院、第一、二完小外，其餘所有公社、牧場和機關都成立了「三結合」的革命委員會。但滕海清破壞了紅色政權，自毀了長城。

下面是各級革委會和專政機構被破壞的情況。

單位名稱	革委會人數（委員）	被打成「内人黨」人數	比例
公社：			
桑根達來	革委會委員9人	被打成「内人黨」9人	100%
巴音	革委會委員9人	被打成「内人黨」6人	64%
烏蘭	革委會委員13人	被打成「内人黨」10人	76%
川井	革委會委員11人	被打成「内人黨」9人	81%
巴音杭蓋	革委會委員9人	被打成「内人黨」9人	100%
巴音前德門	革委會委員9人	被打成「内人黨」8人	89%
寶音圖	革委會委員9人	被打成「内人黨」4人	44%
杭蓋戈壁	革委會委員9人	被打成「内人黨」5人	55%
胡蘆斯太	革委會委員11人	被打成「内人黨」7人	45%
昂根	革委會委員13人	被打成「内人黨」7人	53%
勝利	革委會委員12人	被打成「内人黨」10人	83%
新胡熱	革委會委員9人	被打成「内人黨」4人	44%
烏力吉	革委會委員9人	被打成「内人黨」6人	64%
潮格	革委會委員9人	被打成「内人黨」8人	89%
寶力高	革委會委員9人	被打成「内人黨」6人	64%
烏蓋	革委會委員8人	被打成「内人黨」3人	33%
巴音寶力高	革委會委員11人	被打成「内人黨」5人	45%
巴音戈壁	革委會委員9人	被打成「内人黨」3人	33%
小計	革委會委員188人	被打成「内人黨」117人	63.3%

單位名稱	革委會人數（委員）	被打成「内人黨」人數	比例
牧場：			
巴音	革委會委員5人	被打成「内人黨」3人	60%
勝利	革委會委員5人	被打成「内人黨」4人	80%
巴音杭蓋	革委會委員5人	被打成「内人黨」4人	80%
巴音前德門	革委會委員5人	被打成「内人黨」4人	80%
昂根	革委會委員5人	被打成「内人黨」3人	60%
杭蓋戈壁	革委會委員5人	被打成「内人黨」2人	40%
莫林	革委會委員5人	被打成「内人黨」2人	40%
同和太	革委會委員9人	被打成「内人黨」6人	64%
小計	革委會委員44人	被打成「内人黨」28人	占63%
行政機關：			
旗革委會	革委會委員18人	被打成「内人黨」9人	50%
農機局	革委會委員5人	被打成「内人黨」1人	20%
畜牧局	革委會委員4人	被打成「内人黨」2人	50%
水利局	革委會委員4人	被打成「内人黨」1人	25%
糧食局	革委會委員5人	被打成「内人黨」2人	40%
招待所	革委會委員4人	被打成「内人黨」1人	25%
商業局	革委會委員8人	被打成「内人黨」4人	50%
銀行	革委會委員4人	被打成「内人黨」2人	50%
食品	革委會委員5人	被打成「内人黨」2人	40%
郵電	革委會委員5人	被打成「内人黨」1人	20%
農林局	革委會委員5人	被打成「内人黨」2人	40%
中學	革委會委員4人	被打成「内人黨」1人	50%
農具局	革委會委員4人	被打成「内人黨」2人	50%
皮毛社	革委會委員5人	被打成「内人黨」1人	20%
靴鞋社	革委會委員5人	被打成「内人黨」2人	40%
財稅局	革委會委員5人	被打成「内人黨」3人	60%
小計	革委會委員77人	被打成「内人黨」30人	40%
專政機構：			
旗武裝部	革委會委員18人	被打成「内人黨」14人	79%
邊境8個派出所警察	革委會委員48人	被打成「内人黨」46人	95%
牧區18公社武裝部長	革委會委員26人	被打成「内人黨」22人	84.5%
小計	革委會委員92人	被打成「内人黨」82人	88%

四、對貧下中牧（農）實行法西斯專政

1、桑根達來公社飼料基地社員王全達，漢族，貧農，共產黨員，37歲，在挖「內人黨」時，因不承認，遭到火鉤烙鐵燙遍全身，把燒紅的火鉤插入肛門，生殖器被燒掉，另外還被剝光衣服，從頭頂往下傾倒滿盆火炭；在三九天多次裸體被趕到野外凍僵，或被推到冰灘上黏凍皮肉，活活剝皮，最後慘遭折磨致死。兇手們為了殺人滅口，把屍體扔進井裡，詭稱王全達「自殺」。但拍攝下來的死難者的照片和血衣俱在，殺人兇手罪責難逃。

2、川井公社白同生產隊社員，轉業軍人吳青龍，蒙族，貧農，共產黨員，38歲，被打成「內人黨」以後，兇手猛對他實行法西斯酷刑達十幾種之多，五次被打暈過去。因為吳青龍同志站在黨的立場，堅持原則，在受刑中被打得昏死過去，並被割掉舌頭。暴徒們的這種慘無人道的惡毒手段，達到了絕滅人寰的地步。

3、曾經兩次見過我們偉大領袖毛主席的內蒙古著名勞模——「母女英雄」道力格亞同志，系世代奴隸出身，在舊社會飽嘗辛酸，是毛主席解放了她，但在偉大的毛澤東思想新時代，像這樣一個熱愛祖國，忠於毛主席的勞模，竟然也被打成「內人黨」、「叛國集團」成員實在難以令人相信。她在經受了多次的非法拷打之後，現已精神失常。

4、額爾賴賀喜格同志是出席過全國民兵積極分子代表大會的代表，榮獲過中央軍委的獎勵（一支半自動步槍），並榮幸地被我們的偉大領袖毛主席接見過。在這次「挖肅」中也被打成「內人黨」，非法禁閉四十二天，經受了（用鉗子擰舌頭、吊打等）十幾種刑法。

總之，諸如上述用血肉批成的實例，舉不勝舉，而刑法之殘忍，受害者之慘狀，筆者實不忍詳述。僅在三個月的所謂「挖內人黨」運動中受刑致死，或被逼死難者大有人在，據不完全統計，該旗死難者多達四十餘人。

（轉自「內大」中縱戰報）

舌頭就這樣的被割了——記吳青龍同志受害過程

莫須有的罪名

「你是內人黨！」

「你是叛國分子！」

這是一九六八年十二月下旬的事。吳青龍同志就這樣第一次被所謂「挖肅派」們扣上了莫須有的罪名。然而，在吳青龍同志義正嚴詞的批駁下，他們的可恥目的未有得逞。

吳青龍同志是原遼寧阜新人，今年三十八歲，蒙族，貧農出身，轉業軍人，現在巴盟中後旗川井公社白同生產隊，當社員。在滕海清「左」傾機會主義路線的迫害下，在挖「內人黨」時他被一小撮暴徒們割掉了舌頭！

「我要證據」

一九六九年元月中旬，吳青龍第二次被揪鬥了。

暴徒們為了使吳青龍同志承認是「內人黨」、「叛國分子」，使盡了種種法西斯刑法，什麼「罰凍」、「罰站」、「抽打」、「拳打腳踢」，什麼「車輪戰」、「挖心戰」都用完了。但吳青龍同志沒有承認自己是人民的敵人。吳青龍同志說：「什麼內人黨，叛國分子，過去我連聽都沒聽過！」「我心裡只有一個中國共產黨和偉大領袖毛主席他老人家。我祖祖輩輩子孫後代永遠忠於我們心中的紅太陽毛主席！」「我要證據！」他們根本沒有什麼任何證據。吳青龍同志把他們辯的理屈詞窮。於是，暴徒們更變本加厲了。等到第四天時吳青龍同志的身體全部凍壞，頭部胖腫，滿身傷痕，身神再也無力支持了。這樣，他只好承認自己是「叛國分子」，而沒有承認「內人黨」。暴徒們搞了七天七夜車輪戰以後，實在得不到什麼東西，於元月二十七日放他回家放羊了。

要叛國集團其他成員

第三次揪鬥是一九六九年二月七日。暴徒們逼吳青龍同志交待「叛國集團其他成員」。他們指名引供，問吳青龍同志說：「巴音抗蓋公社革委會常委三生和曾格，是不是？」吳說：「我從來不知道什麼川抗叛國集團案件。在法西斯刑法下雖然招認了自己是叛國分子，這本來有無限的心愧，又怎麼供出別的同志呢？讓我供出的這些同志都是貧下中牧（農），苦大仇深的同志，怎能惡心亂咬好人呢！」這樣，吳青龍同志不但沒有供別人，而且把自己所承認的「叛國分子」也推翻了。於是，暴徒們更加慘無人道，白天搞車輪戰，夜間在雪地裡凍，烤火爐，並用棍棒、皮鞭、皮帶、皮條、馬拌抽打。吳青龍同志，在這期間昏過三次。等他第二次承認自己是「叛國分子」時，才叫他去和地、富、反、壞、右一起勞動，達四十二天之久。

舌頭被割掉了

一九六九年三月二十三日到四月三日，第四次揪鬥吳青龍同志。這是幾天對吳青龍同志施加的刑法最嚴，手段最苦。當時，貧宣隊已經進駐該隊。吳青龍同志想：「這回好辦了，早已盼望的貧宣隊已來了，該說實話的時候了。」所以他當場就推翻了原來承認的「叛國分子」一事。但正相反，馬上遭到了「跪園木棒」、「跪石頭子」、「跪方凳腿」、「烤火爐子」等法西斯刑法，第四次昏過去了。等他醒過來的時候，自己已經躺在冰冷的冷房地上，摸摸頭，已腫得斗大了，全身血淋淋。

三月二十九日貧宣隊突然調換。當新貧宣隊還沒有來，就在半夜間撞進十來個人打他。吳青龍第五次打昏過去了。

三月三十日早晨大約四、五點鐘時候，吳青龍醒過來了。第一眼看見了臉底下地上一大片血，見了自己的鮮血又昏過去了。中午時分吳青龍同志又醒過來時頭腫得斗大，心臟、肝臟劇痛，全身劇痛尤其嘴裡出血過多，嘴乾了。渴得要命，拿起頭一天剩下的半碗水要喝。但怎麼也張不開嘴巴了。自己就忍受劇痛，用手扒開嘴，滿嘴吐出成塊凝固的血塊。吳青龍同志想這又是內臟出血，想動一動舌頭。怎麼也動不了啦。用手一摸，呵！半截舌頭已經被割掉了，剩下的半截舌頭腫得成了滿口粗。……

吳青龍同志的舌頭，就這樣地被割掉了。

可以割掉舌頭，但割不掉忠於毛主席的一顆紅心

法西斯暴徒們，知道吳青龍快要死了。因此在第五天就把他放了。但，忠於毛主席、忠於毛澤東思想、熱愛祖國、熱愛社會主義的貧農的兒子吳青龍同志，從死亡的邊緣爬起來。他想：「我心裡只有偉大的領袖毛主席他老人家，只有一個黨，就是中國共產黨。我們貧下中農永遠忠於毛主席和中國共產黨。」暴徒們雖然割掉了他們的舌頭，但割不掉他忠於毛主席的一顆紅心。

他戰鬥了！

今天吳青龍同志高舉毛澤東思想偉大紅旗，為了捍衛毛主席的無產階級革命路線，為了加強無產階級專政，投入了批判滕海清「左」傾機會主義路線的戰鬥。

站在草原望北京，心中想念毛澤東。

（內大《井縱戰報》記者）

《5・22通訊》第三期，內部刊物，不得外傳
內蒙古自治區革命委員會機關批滕聯絡總站
1969年6月12日

3.5·22通訊，第四期（1969.06.16）

調查報告：莫旗挖「統一黨」的六步曲

我們莫力達瓦旗自「挖肅」以來，泡製出來什麼反革命組織「民族統一黨」，藉著挖「統一黨」的時機，公檢法的趙××夥同一小撮反革命分子篡奪了旗革委會之權，顛覆了各級紅色政權。他們挖「統一黨」的六步曲是這樣的。

第一步，做準備，定指標。他們以想像代替事實。公安機關軍管會付主任張××於68年10月去盟開會，聽說鄂溫克旗、海拉爾等地破獲了「統一黨」，回來後就肯定莫旗也有「統一黨」。理由是：莫旗是少數民族地區。烏蘭夫不能扔掉莫旗，尤其莫旗曾有過「要求成立自治州」的活動和「救命黨」。為此首先抓住了公社特派員蘇巨陽，法庭庭長敖福德，對於處理反革命組織「救命黨」中的某些缺點做為缺口，肯定他們是「統一黨」，因此對他們二人進行十幾天的慘無人道的車輪戰、大武鬥的手段，逼供承認「統一黨」，同時就迫使他們亂咬別人。特別是旗革委會成員採取了指名道姓地逼供，同時又以武鬥逼著走資派亂咬亂供。旗直屬達斡爾族環節幹部被他們咬得一個沒剩，一般幹部也幾乎全都被咬。他們還提出了挖5,000名「統一黨」的指標。付總指揮朱××說：「鄂溫克旗二萬人中已挖出1,000人，我們莫旗十萬人口，幾千人中也算保守。」

第二步，大造了輿論。說什麼：「統一黨沒有證據，不做記錄」，「單線聯繫」，「不發生橫的關係」「入統一黨不履行手續」。還說什麼：「統一黨的口供就是我們最好的證據，只要他供了就是誰」「三人口供就是證據，可以定案」，還說：「統一黨在莫旗是人馬齊全，糧草具備的龐大的反黨叛國組織，原旗委就是『統一黨』的司令部」，以此蒙蔽群眾，大搞武鬥、逼供信。

第三步，亂提口號，把嚴肅的階級鬥爭引向了民族鬥爭。提出「民族統一黨」是以少數民族為主，甚至有的人說：「老達子翻天、達斡爾人沒有一個好的」，「少數民族環節幹部95%以上都是統一黨」，因此挖「統一黨」起初就把矛頭對準了達斡爾族等少數民族，因而旗直屬351名少數民族職工中被揪鬥、被逼、掛名掛線人占少數民族職工總數的95%以上，剩下的幾名，雖沒有被點名道姓，但也是被列為重點懷疑對象。好多單位的達斡爾族職工一個也沒剩，如商業系統達斡爾族50名職工中，被打成「統一黨」的49名，只剩下一名站錯隊的××，占達斡爾族職工的98%，各單位、各公社也有類似情況，嚴重的破壞了民族團結，有的地方少數民族語言也受到了限制。有的壞分子甚至說：「三十年不讓這些老達子翻身。」旗革委會辦事機構工作的少數民族幹部全部被揪出來，一個沒剩。

第四步，篡權。他們組成了「挖肅」指揮部，由少數幾個人獨攬大權，專橫跋扈，目無革委會，把「挖肅」指揮部擺在旗革委會之上，停止和罷免旗革委會委員也經「挖肅」指揮部批准。「挖肅」指揮部成立之後，奪了旗革委會的大權。各級革委會處於空架子，辦某一件事，都請示「挖肅」指揮部。並且在公社和旗直屬各機關都成立了「挖肅」領導小組。旗革委會，二十二名委員中，除趙××和一個紅衛兵小將剩下外，全被打成「統一黨」和為「統一黨」翻案的「黑後臺」，占委員總數的91%。剩下的一名紅衛兵也是懷疑對象，下放到農村。因而旗革委會只剩下一名「二月逆流」的急先鋒——趙××一個人執政。十七個公社的革委會委員共190名，被打成「統一黨」的151名，占總數79%，各大隊及生產隊的領導班子大多數都被打成「統一黨」，處於癱瘓狀態。

第五步，把矛頭最終指向了廣大貧下中農轉復軍人、共產黨員。到目前為止被打成「統一黨」的貧下中農兩千四百多名，約占全旗貧下中農成年人總數的百分之二十強，其中被揪鬥和關押的一千二百多名。這些被打成「統一黨」的貧下中農裡，少數民族約占50%（莫旗10萬人中少數民族占20%）有的生產隊少數民族的貧下中農全部被打成「統一黨」。汗古爾河公社東敏生產隊32名勞力中，92名貧下中農全被打成「統一黨」，剩下的三名是四類分子，卻沒有被打成「統一黨」，而是成為「挖肅」積極戰士。杜拉爾公社貧下中農200戶左右，其中被打成「統一黨」的160多戶，占80%多，其中後沃爾奇生產隊40多戶，只剩下三戶。類似事例很多。全旗被打成「統一黨」的人已達3,700名，其中死亡28名。很多單位依靠的對象，大部是地富反壞右子弟和政治歷史上有問題的人。被鬥者一供到這些傢伙時，他們馬上就恐嚇說：「別陷害好人」。地主子弟×××說：「趁著這個機會就打呀、鬥啊！好解疙瘩……」他的臭老婆也是地主子弟，說什麼：「地主現在革命了，貧下中農不香了……」等。

第六步：為了鞏固逼、供、信的假案，提出了「擊退翻案妖風」的口號，又一次打擊了廣大工人、貧下中農和無產階級革命派，對廣大群眾落實政策的要求，都說成是「統一黨翻天」「為烏蘭夫翻案」。

莫力達瓦旗革命委員會上訪團

一九六九年五月二十六日

白音汗公社挖「內人黨」所造成的嚴重惡果

巴林右旗白音汗公社，十一個生產大隊（其中六個牧業大隊，42個生產小隊），六千多人（其中蒙族近三千人）。在挖「新內人黨」中，使三結合的公社革命委員會遭到了破壞，否定了「四清」和文化大革命的成果，為「二月逆流」翻案，挑撥民族關係，破壞民族團結，打擊了黨的依靠、團結力量，給成千上萬的好人加上罪名，大搞逼、供、信，實行法西斯專政。

一、顛覆了公社、生產大隊和生產隊的三結合權力機構，進行了反奪權。白音汗公社革委會委員共有十四人組成。八名蒙族委員中有七名已被打成「新內人黨」，停止了職務，被關押、隔離。在被打成「新內人黨」的委員中，有主任委員（原公社武裝部長、民兵代表），有貧下中農代表三名，有革命幹部代表二名，還有革命群眾代表。

公社以下有六個牧業大隊和二十四個小隊的三結合領導班子被強行改組了。尤其令人不能容忍的事，把我區最早的互助組之一、紅旗單位、全國全區有名的紅旗牧業大隊，在挖「新內人黨」中，被指名定成「老大難」單位；把多次出席自治區、昭盟，曾兩次見過我們偉大領袖毛主席的先進代表人物拉喜道爾吉同志，打成「新內人黨」。不管他身患重病，強行抬進會場，進行車輪戰。

二、實行資產階級專政，大搞逼供信。公社直屬機關有職工幹部95名，48名被打成「新內人黨」，占52%。蒙族幹部50名，有32名被打成「新內人黨」，占64%。共產黨員34名，其中16名蒙族幹部，全部被打成「新內人黨」。有兩個共產黨支部被打成「內人黨」支部。6個牧業大隊共有黨員134名，其中98名被打成「新內人黨」。5個農業大隊共有黨員80名，有25名被打成「新內人黨」的變種組織成員。由貧下中農組成的一個88人的群眾組織《8・1兵團》，被打成反革命組織。有軍隊轉業幹部13名，其中9名蒙族幹部全部被打成老土匪和「內人黨」分子。貧下中牧被打成「新內人黨」叛國分子的有105名。全公社被打成「新內人黨」及其的變種組織的人共364名。僅在公社直屬機關內，全家被打成「新內人黨」的就有10戶。

這樣多的「內人黨」及其變種組織，究竟是怎麼「挖」出來的呢？一句就是私設公堂，酷刑拷打逼出來的。所用的刑法是：上吊，毒打，壓杆（壓在脖子上），綁小繩，蹲凳子，「噴氣式」等四十來種。有的人四十晝夜不讓睡覺，進行車輪戰，大搞逼、供、信。所以人們不但被迫自己承認「內人黨」，而且兄弟、父子、夫妻、朋友之間也互相亂咬，幾天之內，就挖出了幾十個、幾百個、幾千個內人黨。有一個牧業大隊主任在毒打之下，要他供「內人黨」的證據，他沒有辦法，只好交出了一個調劑各戶牛奶的統計數字和飼料播種計劃做為「證據」，才算停止對他的審訊。更為嚴重的是，他們為了從無辜打成「內人黨」的同志中找「證據」，竟然把遵照毛主席「**備戰、備荒、為人民**」偉大指示所制定的戰備計劃（只有武裝部領導上掌握的機密計劃）硬說成是「叛國計劃」，公佈於眾，進行批判，嚴重地破壞了備戰部署。

被打成「內人黨」的家屬有了病，不許請醫生治療。有兩戶家屬的小孩得重病因得不到及時治療而死去。公社完小女教師敖敦高娃在打成「內人黨」，讓抱著不滿一周歲的小孩彎腰，在脖子上壓杆子，在寒冷的冬天把孩子放在冰涼的凳子上。

他們大搞逼、供、信的後果，僅公社機關被打成的32個「內人黨」中，就有17個人頭腦糊塗，手腳失去知覺。

他們在公社直屬機關，把被打成「內人黨」的人，採取了「組織措施」。

組成了三個勞改隊：一是帶著白袖章帶罪送到生產隊同地富反壞右一起勞動。二是被解放了的幹部組成一個隊，不許他們參加任何政治活動，在機關監督勞動，美其名「勞動鍛煉」。三是對被關押的人員設專人跟著監督勞動，叫「在勞動中立新功，求得從寬處理」。

三、全面否定偉大的「四清」運動成果。我公社按毛主席親自主持制定的《二十三條》進行的偉大的「四清」運動，從政治、思想和組織上都取得了偉大成績。在公社直屬機關培養的積極分子16名（民族幹部），這次都被打成「內人黨」。把在「四清」運動中鞏固，充實和改選了的大小隊領導班子成員全部或大部打成了「內人黨」，在四清運動中清理出來的牧主分子看到這些積極分子被打成「內人黨」，帶上白袖章被鬥，便惡狠狠地說：「你們也有今日，和我們一樣了吧！」他們還說：「四清是黑四清，假四清，真復辟」，全面否定了偉大的「四清」運動。

四、為「二月逆流」翻案。他們把成立最早、批判反動路線，頂「二月逆流」的兩個造反派組織——公社《紅旗戰鬥隊》和蒙完小《紅色造反戰鬥隊》打成「叛國投修組織」，把這兩個戰鬥隊的全部戰士和支持他們的同志全部打成了「內人黨」。對每一個戰士都實行慘無人道地毒打和逼、供、信。

五、挑撥民族關係，嚴重地破壞了民族團結。他們以所謂民族鬥爭代替階級鬥爭，實行一個民族壓迫另一個民族的極其反動的罪惡活動。他們煽動群眾說：「『內人黨』叛國集團，是單一蒙族組成的。時機一到，他們就會殺我們（指漢族）的頭。」

他們不讓我們用蒙語說話。一說蒙語，就說我們「都是頑固不化的民族分裂主義分子，還不改『內人黨』的本性。」教訓我們「要說中國話。」（指漢話）。當時我們想，「我們是蒙族，難道用蒙語說話就是叛國的『鐵證』嗎？」

上述這些，就是我們在滕海清「左」傾機會主義統治下的遭遇和處境。但是，儘管這樣，絲毫也動搖不了我們草原革命人民對偉大領袖毛主席的無限忠誠，對偉大的社會主義祖國的無限熱愛。我們的顆顆紅心，是永遠忠於偉大領袖毛主席和偉大的毛澤東思想的。

堅決批判滕海清的「左」傾機會主義！
用鮮血和生命保衛毛主席！

昭盟巴林右旗上訪團
1969年6月10日

《5・22通訊》第四期，內部刊物，不得外傳
內蒙古自治區革命委員會機關批滕聯絡總站
1969年6月16日

4. 5・22通訊，第五期（1969.06.19）

調查報告：關於內蒙建築公司圍剿「內人黨」情況的報告

圍剿「內人黨」究竟圍剿了什麼人

內蒙建築公司是由原廳建公司，設計院等單位合併而成的，主要是搞建築安裝和勘測設計的。現有職工二千二百八十二人，其中工人約一千八百人，占80%。在六八年十二月到六九年三月底的四個多月中，在滕海清「左」傾錯誤思想指導下，由公司革委會郭××，張××等人，以圍剿「內人黨」為藉口，用駭人聽聞的法西斯肉刑手段，把大批的革命工人，革命幹部、革命造反派，共產黨員，共青團員打成了反革命「內人黨」，殘酷的鎮壓人民群眾，實行了資產階級專政。

據初步統計，公司第一批被打成「內人黨」的有一百二十一名，被點名和已被確認為「內人黨」還沒有來得及抓的二百三十一名，共三百五十二名，占全體職工的15.43%。其中90%以上是工人和工農出身的幹部。

原廳建公司的50名科級以上幹部中，被打成「內人黨」的和被點名以及被確認為「內人黨」的三十九名，占78%。自殺一名，情況待查。

原設計院室主任以上幹部共十六人，打成「內人黨」的十一人，懷疑二人，占81%。其中自殺一人，情況待查。另外三人因其他問題，也在審查中。

圍剿「內人黨」的基本手法是：把原中共廳建公司黨委「剿」成「內人黨」黨委，把基層組織打成「內人黨」的基層組織，把原設計院總支打成「內人黨」的總支。

被打成「內人黨」的有「五多」：

1、黨團員多。機電安裝處原有中共黨員三十三名，已打成「內人黨」的十一名，被大會點名的十九名，共三十名，占全處中共黨員的90.8%。原設計院被打成「內人黨」的二十四名，中共黨員十八名，共青團員（包括超齡團員）6名，全部是黨團員。公司機關幹部中被打成「內人黨」的十七名，其中十五名是中共黨員，占88%。據初步統計，被打成「內人黨」的中共黨員占全公司中共黨員的70%左右。

2、出身於勞動人民和苦大仇深的老工人多。二處被打成「內人黨」的二十一個人中，貧農和市貧家庭出身的十五名，職工和中農家庭出身的五名。公司機關被打成「內人黨」的除一名家庭出身於剝削階級外，其餘全部是出身於貧下中農和工人家庭的。三處被打成「內人黨」的十八人中，絕大部分是出身好，本人在舊社會受過苦的老工人。

3、歷次政治運動中的積極分子和革命造反派多。被打成「內人黨」的廣大工人、幹部、黨團員，在歷次政治運動中，大部分一向是站在最前列的。在文化大革命中，有的始終站在毛主席革命路線一邊的革命造反派，有的初期曾站錯了隊，但在《紅八條》下來後很快就站到毛主席革命路線一邊，在大批判和清理階級隊伍以來也是積極的。

4、轉業軍人多。我公司處（科）級以上幹部中轉業軍人很多，不少擔任著基層領導工作，他們的絕大部分一直保持著解放軍的光榮傳統，忠於毛主席，有的身上還殘留著彈片。這次很多也被打成了「內人黨」。

5、基層革委會的主要負責人多。第二，第三工程處的第一、第二把手，機電處的第一把手和主要成員，維修部的第二把手都被打成「內人黨」。還有一處、加工廠、運輸隊的主要負責人也列入被抓對象。動搖了新生的紅色政權，使全公司的抓革命促生產受到了嚴重的損失。

圍剿「內人黨」究竟是怎麼搞的？

由六八年十二月郭、張等人派人到烏盟取經，然後就大造輿論，說什麼：「加入內人黨沒有證據，是口頭發展的，閒談中就可以發展你是內人黨。」

「重證據不適於搞內人黨，因為他是非常祕密的組織」。

「入內人黨的人，如果交待了，全家被殺。」「入內人黨的人，上不傳父母，下不傳兒女，連老婆也不說。」，但又說：「有一個人入了內人黨，全家也都是內人黨。」

「如果有人向你暴露了自己的身分是內人黨，你也就等於入了內人黨。」

以上這些自相矛盾的唯心謬論，都是郭××、張××等人親自講的，把他們的想當然當作事實為所欲為。

公司革委會的一個成員公開說：「駐集寧的人民解放軍××師都是內人黨。」「烏盟是內人黨的老窩，咱們公司是由烏盟回來的，肯定有一大批內人黨。」這個人在設計院《圍剿內人黨》動員大會上殺氣騰騰地說：「設計院的內人黨不是一個兩個的問題，而是有一大批，還有中央委員」。有的人公開說：「公司中共黨委就是內人黨黨委，基層支部就是內人黨支部」。「你們這些共產黨員就是兼掛內人黨員牌子的雙料貨」；「共產黨的書記就是內人黨的書記」。這就為以後我公司挖出數量驚人的「內人黨」做好了輿論準備。

十二月下旬轉入了「圍剿內人黨」的高潮。他們目無黨紀國法，踐踏《六六通令》等中央一系列的政策，深更半夜闖入工人和幹部家裡進行大肆搜捕，隨意抓人，抄家，關押，拘留。公司籠罩了一片白色恐怖。

他們「圍剿內人黨」的搞法是：由少數人控制專案，首先是對公司和設計院一級的當權派進行嚴格行逼供，逼出有關「內人黨」的所謂「證據」。根據他們的假口供，在抓處（科、隊、室）一級的幹部，再採取同樣的逼供手段，進一步擴大打擊面，層層下挖，矛頭指向一般幹部和工人。對一般幹部和工人，仍然採取這種逼供，誘供，套供等手段，以達到證實上面的「介紹人」和繼續咬別人的目的。在這種情況下，趙××一個人就咬了130多人，涉及到30多個單位，遍及呼市、烏盟、赤峰等地；吳××和李××也咬了70多人；其他當權派也是一樣。他們說：「不咬不行，不咬就打，不咬就說破壞挖肅」。

他們圍剿「內人黨」唯一奏效的辦法，就是私設公堂，嚴刑拷打。為了避開廣大群眾耳目，嚴密封鎖消息便於武鬥，他們遠離本單位到××學院找了一座宿舍樓，外面掛著「學習班」的牌子，實際上是私設的公堂。各處（隊）也有類似的「學習班」。在這個「學習班」裡黑沉沉陰森森，不掛毛主席像，見不得陽光，充滿了行刑、吆喝，辱罵聲。武鬥刑法達到了令人髮指的殘酷程度。張××自己說得很明確：「我們可不是吃素的」，「到這裡來不是死也得扒一層皮」，「這裡有七十二種刑法，你們知道不知道。」群眾把這個「學習班」叫做「人間地獄」，「閻王殿」，「虎口」、「渣滓洞」等。在各處（隊）辦的「學習班」裡被打成「內人黨」的工人和幹部，當聽到：「你要不承認『內人黨』，給你升級，到×學院去嘗嘗我們的厲害」時，就被迫承認或是成批登記。

他們使用的肉刑，雖不到72種，但也是相當可觀的。如：

高級噴氣式、戳肋骨、熬夜，開腦筋，推磨、打夯、小雞點昱、踢小肚子、掛大石頭，跪角鋼，跪暖氣片、跪管子、跪板凳、篩煤球、擦屁股，胯下傳活人、吃豬蹄，吃酸棗，大彎腰、掛凳子一個到六個，大彎腰背駝桌椅，用老虎鉗子捏手指，煙頭薰人、懸樑吊打，打嘴巴、拽頭髮、手指間夾筷子或鋼、擰胳膊、扳指頭、套爐子、車輪戰、鑽床、鑽凳子、半蹲式平舉板凳、壓杠子、燒手指、擰耳朵、脖子上掛桌椅左右方向各轉50到100次、頭撞牆，用板子砍小腿骨、打盒子板、掛煤塊或磚塊，頭掛自行車再大彎腰、舉板凳上加開水、拳打腳踢、火燙、火烤、罰站、打脖蹓、大彎腰手提轉椅腿、朦眼堵嘴後毒打，……。等等近60種。這是滕海清「左」傾機會主義血腥鎮壓群眾的鐵證。

被打成「內人黨」的工人和幹部，都不同程度地嘗到了這些獨具風格的刑法，由幾種到幾十種。不僅在肉體上受到了嚴重摧殘，在精神上受到的折磨是難以形容的。現在普遍有神經衰弱、失眠、記憶力減退、關節疼痛，腰椎麻木、浮腫等後遺症。有的還有內傷，有的難以從事體力勞動。

參加武鬥的人有：誣衊偉大領袖毛主席的人，有進行報復的保守組織頭頭、還有國民黨兵痞、勞改釋放犯。他們當中有人說，「你要承認『內人黨』我們就對你親，不承認就對你狠」。更不可容忍的是，打人最多，最狠的人，在郭、張眼裡都成了「積極分子」。如設計處出席公司「首屆學代會」的八名代表中，多數都是打過人的人。其中打人最凶的，還被指定為內蒙革委會生建部「學代會」的代表。革命群眾氣憤地說，「這那裡是學習毛主席著作的積極分子，是破壞政策和打人的積極分子」。

郭××等人不僅對本單位的人進行武鬥，還把其他單位的假「內人黨」抓來毒打逼供，拉線掛鉤。其中有市革委會的，地毯廠的、第五分校的。張××還親自帶人到別的單位去打人，給找「介紹人」。所以在呼市是出了名的。外單位的同志說：「你們公司在文化大革命中露了兩手，一是二月逆流中白茬皮襖大頭鞋到處反奪權，還有這一次打人最厲害，刑法比鳩山還要鳩。」

我公司持續四個多月的，大規模血腥鎮壓群眾的事件，是在滕海清「左」傾嚴重錯誤思想指導下造成的。這是兩個階級、兩條道路，兩條路線的激烈鬥爭在我公司的反映。毛主席教導我們：**「徹底的唯物主義者是無所畏懼的」**。我們將衝破一切阻力，揭深批透滕海清的「左」傾機會主義在我公司的流毒，為捍衛毛主席的革命路線奮鬥到底，讓毛澤東思想陽光永遠普照建築公司，永遠普照內蒙草原。

《5・22通訊》第五期，內部刊物，不得外傳
內蒙古自治區革命委員會機關批滕聯絡總站
1969年6月19日

5. 5・22通訊，第六期（1969.06.16）

滕海清同志的反動「多中心論」必須徹底批判

內蒙古自治區無產階級文化大革命形勢大好。自治區革命委員會成立以來，在以毛主席為首、林副主席為副的無產階級司令部領導下，廣大無產階級革命派和各族革命群眾，緊跟毛主席的偉大戰略部署，深入地開展了活學活用毛澤東思想的群眾運動，狠抓了階級鬥爭，在革命大批判、清理階級隊伍，牧區劃階級、抓革命、促生產等方面，都取得了很大的成績。這是我區無產階級文化大革命運動的主流。

最近，偉大領袖毛主席，嚴肅地指出：「**內蒙已經擴大化了。**」中央首長也多次地指出我區當前運動中存在的一系列問題。毛主席和中央首長的指示是完全正確的，非常及時的，我們堅決擁護，並堅決貫徹執行。

自從十二中全會以來，滕海清同志違背了十二中全會決議精神，嚴重的背離毛主席的革命路線，從「左」的方面嚴重的干擾和破壞了毛主席的偉大戰略部署，破壞了毛主席各項無產階級政策的落實，大大的推遲了鬥、批、改的進程，給自治區無產階級文化大革命造成了極其嚴重的惡果。滕海清同志的錯誤是嚴重的、系統的、全面的，在對形勢的分析上、對待高錦明同志的問題上、在對待革命委員會的問題上、在挖新「內人黨」的問題上、在對待革命群眾和革命群眾組織問題上、在一元化領導和民主集中制問題上、在對待無產階級司令部的態度上、在對待少數民族的問題上，都犯了極其嚴重的原則性錯誤。這些錯誤的要害，就是大搞反動的資產階級「多中心論」。

一、關於對形勢的估計問題

正確的方針、政策、部署，來源於對政治形勢的正確分析和對階級勢力的正確估量。如果對形勢估計得不正確，就不可能正確理解毛主席和黨中央制定的方針、政策、部署，就會出現一系列錯誤做法，甚至會迷失方向，走到邪路上去。

滕海清同志對自治區形勢的分析，包括對自治區二十年的分析，對三年來文化大革命形勢的分析，都是極端錯誤的，是反馬列主義，反毛澤東思想的。

滕海清同志首先否定內蒙的二十年存在兩條路線鬥爭，斷言「只是烏蘭夫的一條反革命修正主義路線」，如果說有鬥爭，「也是雞毛蒜皮的」。他竭力誇大敵情，誇大烏蘭夫的反革命勢力，說烏蘭夫「組織了一套套明班子和暗班子，……一股股反革命勢力，擰成了一條又粗又長的烏蘭夫黑線。」還有「為烏蘭夫效勞的分子，為烏蘭夫效勞的走卒」，還有「為烏蘭夫爭權的人」，還有「為烏蘭夫及其代理人喊冤的人」，還有「右傾機會主義勢力」，還有「保右傾機會主義勢力」「合成一股反革命勢力」，「同時還可能包括我們造反派頭頭中個別的人有可能投靠他們的陣營」等等。把幹部隊伍看得一團漆黑，「洪洞縣裡沒好人」。他公然說原自治區黨委、人委機關好人只有百分之五、六十，他把自治區的廣大幹部和群眾，特別是廣大蒙族幹部和群眾，推到了烏蘭夫一邊。這樣，滕海清同志就從根本上否定了毛澤東思想和毛主席革命路線在內蒙古的統治地位，否定了無產階級專政在內蒙古的主導地位，把內蒙古的天看成了烏蘭夫的天。

其次，在十二中全會以後，滕海清同志對自治區兩年文化大革命偉大成就採取了否定的態度，對形勢做了完全顛倒歷史的分析。去年十二月三十一日在他親自批發的《從二月逆流到九月暗流》一文中，把無產階級革命派粉碎「二月逆流」鬥爭的偉大勝利，看成是「一場歷史的誤會」，把「二月逆流」中站在毛主席革命路線一邊的革命領導幹部，攻擊是「一個批准的為『二月逆流』翻案的總導演」，把在「二月逆流」中浴血奮戰，經受了巨大鍛鍊和考驗的內蒙無產階級革命派攻擊是由「烏蘭夫暗班子、那些反革命兩面派組成的。」於是他斷言那些混進革命造反派隊伍的烏蘭夫勢力，就充當著死保黑線的的保皇軍，其中某些竊取了「造反派頭頭」地位的傢伙，扮演著殘酷鎮壓革命「小人物」的假洋鬼子的角色。「一些狡猾的反革命兩面派又鑽進了我們的肝臟裡來」。這樣，就把「二月逆流」鬥爭否定了，把廣大的無產階級革命派和革命領導幹部否定了，從而就否定了奪權鬥爭的偉大勝利，也就從根本上完全否定了三年來文化大革命的偉大勝利。

由於滕海清同志對內蒙的二十年和三年來文化大革命形勢的完全錯誤的分析，就必然導致他在其他一系列重大問題的錯誤認識與錯誤指導。在反傾向鬥爭中，導致了「一貫反右論」。他歪曲說：「整個文化大革命以來，一直是反右，六六年文化大革命開始以來都是反右」，「左是局部的，右是普遍的，左是好克服的，右是不好克服的，」「越是勝利的時候越要反右」，「幹部解放不出來也是右」，「政策落實不下去也是右」，總之，在滕海清看來一切問題都是右。在今年二月初已經在全區範圍內出現了嚴重的擴大化和逼、供、信的情況下，他還要「繼續狠反右傾」。認為反「左」，就是去替敵人說話，就是給敵人翻案，給右傾機會主義者翻案，給高錦明翻案。這樣，不僅完全違背了毛主席關於反傾向鬥爭的教導，而且越走越遠，越陷越深，在一系列重大原則問題上，背離了毛主席革命路線，背離了毛澤東思想，背離了毛主席無產階級政策的軌道。

二、關於高錦明問題

滕海清同志在「一貫」反右、「主要危險是右」的錯誤思想指導下，他把高錦明同志為抵制他的「左」傾錯誤而提出的正確意見，看成是障礙，所以，扣上「右傾機會主義」的大帽子，大整特整。高錦明同志在前段工作中有缺點，有錯誤，進行同志式的批評，是完全應該的。而滕海清同志提出的所謂「高錦明問題」實際上不單純是高錦明同志本身的問題。滕海清同志是以突出「反對高建明右傾機會主義路線」的手法，全面地抵制了黨的八屆十二中全會精神的貫徹執行，嚴重干擾了毛主席的偉大戰略部署，全面地抵制了毛主席無產階級政策的貫徹落實。大家都記得，就是在十二中全會公報發表的前一天，公佈並大量印發了滕海清同志在北京做出的「對當前自治區工作的意見」。這個「意見」，不傳達毛主席在十二中全會上的最高指示，不傳達十二中全會的精神，採取突然襲擊的手法，閃電似的提出了「高錦明問題」，要大家起來「反對高錦明的右傾機會主義路線」，揪出「反革命兩面派」，擊潰反革命的「九月暗流」廣大革命群眾對此感到十分突然，一下子把革命群眾的注意力引導到「高錦明問題」上。當時十二中全會公報在十月三十一日公佈時，呼市地區的社會輿論已被「高錦明問題」佔領了。

緊接著，滕海清同志不經常委討論就召開了自治區第四次全委擴大會議。這個一共開了十七天的，名為貫徹十二中全會精神的會議，根本沒有認真地傳達、學習、討論毛主席、林副主席在十二中全會上的重要講話和十二中全會的其他文件，根本沒有批判劉少奇、烏蘭夫和「二月逆流」，整個會議從頭到尾，大會小會，集中全力，狠揭猛批高錦明及其所謂右傾勢力。整個會議簡報和資料一共五十多期，幾乎全部是批判高錦明的。在十一月十八日即大會結束的前一天，滕海清同志做了兩萬字的長篇講話，在報告中，不突出毛主席的最新指示，不突出十二中全會的精神，通篇批判高錦明。他提出：高錦明的右傾機會主義路線「時間最長、涉及面最廣、流毒最深、危害最大」，「遍及全區」，造成了一次「全區性最集中、最突出、最囂張的一次反革命翻案逆流」。所以，他要求「在全區範圍內開展群眾性的清算右傾機會主義路線的批判鬥爭」，「從上到下把右傾機會主義路線批臭」，說什麼「這是一場奪權與反奪權，復辟與反復辟，翻案與反翻案的鬥爭」。

在滕海清同志的一手操縱下，第四次全委擴大會議通過了「把徹底批判高錦明右傾機會主義路線的鬥爭進行到底」為中心內容的會議紀要。會後，全區批判高錦明，層層大抓「小高錦明」。高錦明交給群眾大小會批鬥近五十次，抓出來的「小高錦明」不計其數。從此批判高錦明代替了十二中全會精神的貫徹執行，代替或壓倒了批判劉少奇和烏蘭夫，代替了批判「二月逆流」，代替了十二中全會提出的各項戰鬥任務的落實。

滕海清同志還用批判高錦明代替了兩條路線鬥爭的學習運動。他別有用意的、實用主義的只提「當前我們同右傾機會主義路線的鬥爭」，不提也不組織學習我黨四十八年的兩條路線鬥爭史，特別是毛主席無產階級革命路線同劉少奇反革命修正主義路線鬥爭的歷史。在他看來，「高錦明是我區右傾機會主義的總代表」，高錦明「就是為劉少奇方案，為烏蘭夫反黨叛國集團翻案」的，「與高錦明右傾機會主義路線的鬥爭是與烏蘭夫反黨叛國集團鬥爭的繼續」，「抓住這場鬥爭，就是抓住了階級鬥爭的要害，抓住的關鍵，抓住了根本。」

滕海清同志在對待高錦明同志問題上，還採取了像赫魯曉夫那樣的搞突然襲擊的手段，嫁禍於人。滕海清同志一九六八年九月十三日就說「內蒙與烏蘭夫的基本矛盾解決了」九月二十二日常委擴大會議紀要提出：「挖烏蘭夫黑線的鬥爭取得基本勝利」。僅僅一個多月以後，滕海清同志突然改換了腔調，並採取了倒打一耙的手法，把右傾機會主義路線的大帽子完全扣在高錦明同志頭上，對高錦明同志全盤否定，千方百計地想把高錦明打倒。滕海清同志審閱發表的《從「二月逆流」到「九月暗流」》這篇文章，這個問題就一清二楚了。這篇文章全盤否定高錦明同志，說高錦明同志反烏蘭夫是假，保烏蘭夫、為烏蘭夫翻案是真；頂「二月逆流」是假，為劉少奇翻案、為「二月逆流」翻案是真。稱高錦明是「我區右傾機會主義路線的總代表」，「為『二月逆流』翻案的總導演」，「這是一條翻案線，一條復辟線，一條浸透血污的罪惡線，它的每根纖維，都纏在烏蘭夫黑線上」，並給高錦明同志戴上了「六個一貫」（一貫反對活學活用毛主席著作，一貫反對抓階級鬥爭，一貫反對三面紅旗，一貫以生產壓革命，一貫與烏蘭夫同坐一條板凳，在路線上一貫「劃」不開的大帽子，非置高錦明同志於死地而後快。

滕海清同志如此大整特整高錦明同志，不瞭解情況的人，都以為這一定是經過請示中央批准的，因為，一個革委會主任，是沒有權利把一個副主任交給群眾批鬥，發動全區批判，現在真相已經大白，「高錦明問題」是滕海清同志上欺中央，下騙群眾的一個大陰謀。滕海清同志在十二中全會以後，在全區大反所謂高錦明右傾機會主義路線的實質，就是為他推行「左」傾機會主義，推行反動的資產階級的「多中心即無中心論」，與中央分庭抗禮，大搞獨立王國掃清道路。

三、關於對待革命委員會的問題

偉大領袖毛主席教導我們：「**革命委員會好**」。毛主席親自批轉的上海市革委會關於解決四百個「老大難」單位問題的報告中指出：對革命委員會總的原則是補臺，而不是拆臺。《人民日報》《紅旗》雜誌《解放軍報》在「革命委員會好」的社論中指出「革命委員會是革命群眾運動中湧現出來的新事物。它還在發展。一切革命的同志，都應該愛護它，支持它。要警惕和揭露階級敵人從右的或極『左』的方面來動搖、顛覆革命委員會的陰謀。」因此，對革命委員會的態度問題，是一個重大原則問題，是一個大是大非問題，也是對這場文化大革命的根本態度問題。

滕海清同志是怎樣對待革命委員會的呢？他在反高錦明同志的「所謂右傾機會主義路線」的同時，把矛頭指向各級革命委員會。他惡毒地攻擊革命委員會是「派性合股公司」，「不純，不齊，不力」，「使用了一批老好人，和事佬」，「是按派性需要建立起來的」。因此，他提出對革命委員會要來一次「大審查、大清理、大整頓」，大抓「鑽進我們肝臟裡的敵人」，大抓反革命兩面派。並且要經常不斷地從組織上「吐故納新」。他鼓吹再來一次大亂，他說「這個亂是革命的亂」，「是革委會鞏固發展和完善的必然過程」。在滕海清同志這種「揪革委會一小撮」的思想指導下，在全區範圍內，上至自治區革命委員會，下至每個工廠、生產大隊革命委員會都來了一次革委會「吐故納新」運動，有的地方甚至提出了「重新奪權」的口號。這樣，幾個月的時間，滕海清同志就把各級革命委員會，有的搞垮了，有的搞癱瘓了。無產階級革命派，在以毛主席為首，林副主席為副的無產階級司令部的領導下，經過浴血奮戰，艱苦奮鬥，剛剛實現的「全區一片紅」，還不到一年的時間，就被滕海清同志一手葬送了。

據極不完全的統計，到去年十二月底，全區、盟旗（縣）兩級革委會就被「吐故」揪鬥三百六十六名，占整個成員二千三百八十人的百分之十五點三。自治區、盟市兩級結合的原副盟長、副廳局長以上幹部共三十六名，不到二個月的時間就撤職、揪鬥和批判了二十名。有的盟（如錫盟），旗縣以上革委會的第一、二把手幾乎全部被揪鬥；有不少公社，生產大隊的革委會的成員全部被揪鬥；我區剛剛樹立起來的先進典型阿巴嘎旗，杭錦後旗革委會的主要成員都打成了「內人黨」。沒有被揪鬥的，大部分已經靠邊站。另一個先進典型寧城縣貫徹滕的「左」傾錯誤，殘酷鎮壓貧下中農和革命群眾。自治區，盟市兩級革委會結合的原副盟長、副廳局長以上的幹部，能照常工作的，也只有李樹德，雷代夫等少數幾個人。旗縣一級的情況則更為嚴重。

「揪革委會一小撮」，還搞到了革委會工作人員頭上，不少革委會的工作人員來了一個大調整、大換班，自治區革委會生建部就「吐」出四十多人，政治部和辦公室也吐了不少。有的組把民族幹部全都打成或懷疑成「內人黨」，多數都「吐」出去了。

「揪革委會一小撮」的結果，不少單位出現了資本主義復辟，那些一直對抗毛主席革命路線的「二月逆流」的幹將，又重新上臺，他們殘酷的鎮壓工人，貧下中農（牧）、革命造反派，公開為「二月逆流」翻案。

「揪革委會一小撮」的結果，使解放幹部的工作來了一個大倒退。去年六月的統計，副盟長，副廳局長以上的幹部，要打倒的占百分之五十八點四，到今年二月，打倒的比例就上升到百分之七十五，解放出來的僅占百分之十三。自治區直屬機關毛澤東思想大學校，廳局長以上的幹部僅僅解放了百分之五。這個事實是不正常的，是不符合毛澤東思想的。

面對上述嚴重情況，滕海清同志如果還有一點毛澤東思想的話，還有一點對毛主席的忠心的話，應當迅速採取果斷措施，糾正「左」傾嚴重錯誤。但是，滕海清同志毫無改正錯誤的誠意，反而高喊「革委會的班子癱瘓了，有的垮了……我看是好事」，「這是群眾革命性的表現」，「是最可貴的」，「應當表揚與鼓勵群眾的革命性」。所以，滕海清同志還要每年這樣的「整頓一次」。滕海清同志的「揪革委會一小撮」，實質上是「揪軍內一小撮」反動透頂的謬論的翻版，它把鬥爭矛頭指向了新生的紅色政權，破壞了無產階級專政。正因為如此，廣大革命群眾嚴厲批判滕海清同志是顛覆各級革命委員會的罪魁禍首。是破壞無產階級專政、自毀長城的罪魁禍首。

四、關於挖「新內人黨」問題

半年多以來，圍剿「新內人黨」一直是我區運動的中心。它基本代替了我區清理階級隊伍工作的全部內容，而且使整個運動陷於停滯狀態，使生產和很多重要的工作，受到了一次極大的衝擊，使民族關係達到空前緊張的程度。現在我們不禁要問，這樣搞究竟有什麼根據？滕海清同志胸中的全局是什麼？手中的典型是什麼？確鑿的證據又在哪裡？

滕海清同志對「新內人黨」的基本分析是完全錯誤的，是毫無根據的。他完全背離了毛主席關於重證據、重調查研究的教導。他在沒有任何根據的情況下，就一口認定所謂的「新內人黨」是一個以烏蘭夫為總頭目的、全區性的、龐大的蘇蒙修間諜特務組織。去年十一月二十五日他在華建的一次講話中就說：「烏蘭夫還有一個暗黨，它表面上是共產黨，實際上是『內人黨』」「烏蘭夫暗黨這一套班子是很強大的，是暗班子，掌權的一套班子，有些已經混到了革命委員會，在革委會裡掌權，光烏盟就發現三千多人。一直到今年（按：指六八年）六月間，他們還在發展黨員。他們比叛徒、特務還危險」。又說：「『內人黨』有黨委、有支部、有領導小組。」他們「為什麼加入烏蘭夫的黑黨呢？就是因為那些人是烏蘭夫的死黨。」「他們是蘇蒙修的情報機關，是搞顛覆活動的一個反革命組織」。

在這以後，滕海清同志在一些講話中還經常說：「『內人黨』有很大勢力，『內人黨』不解決，內蒙的無產階級文化大革命就不能取得徹底勝利」，「黨、政、軍，真是三裡五界都有『內人黨』，他們掌握了一部分實權，特別是混進了軍隊，有的權被他奪去了。」「現在還沒有發現哪一個單位沒有內人黨。」

今年二月在北京的彙報會上他又宣佈說：「『新內人黨』的組織已基本摧垮了」。然而，時至今日「新內人黨」的組織究竟是什麼卻還弄不清楚。這種荒唐已極的論點以後竟然又出現在革委會的正式文件之中。

截至到目前為止，時間已經過去了半年多了。而滕海清同志卻還拿不出一件像樣的證據來。滕海清同志對所謂的「新內人黨」的基本分析究竟有什麼根據？顯然這是大可懷疑的。他為什麼要這樣搞，這是令人深思的。

在挖「新內人黨」的基本部署和基本做法上也完全是錯誤的。儘管滕海清同志對「新內人黨」的基本分析是完全錯誤的，如果他在具體工作中能夠注意執行黨的政策，後果也不致於如此嚴重。然而，事實正相反，他完全背離了黨的政策的軌道，肆意踐踏黨的政策。

他在沒有經過任何的調查研究，沒有經過黨委會核心小組成員和常委們的任何討論，就在全區範圍內，從上到下，從工廠、機關、部隊、學校，到農村的生產隊，牧區的蒙古包，普遍地開展圍剿「新內人黨」的活動，並且拋開了三結合的革命委員會，另外組織了一套指揮系統。

毛主席一再教導我們：**「清理階級隊伍，一是要抓緊，二是要注意政策。」「要重證據，重調查研究，嚴禁逼、供、信。」「要穩、準、狠，注意解決準字。」**可是半年多來，滕海清同志卻從不強調執行政策，把抓緊和執行政策對立起來，他說：「抓緊是首要的，第一位的，沒有抓緊就談不到注意政策。」他強調「新內人黨」就是沒有什麼證據。不管是真是假，「挖」

出來就是成績。在執行過程中，又經常散佈什麼「有了逼供信也沒有什麼了不起」，「死了幾個人也沒有什麼了不起」……謬論。在滕海清同志的這種嚴重的「左」傾錯誤思想的指導之下，《內蒙古日報》拋出了「狠是基礎」的反毛澤東思想的理論，胡說什麼「狠是個基礎，如果對敵人不狠，那就談不上穩和準」，「要在狠的基礎上解決準字」……在這樣的情況下，嚴重的擴大化，嚴重的逼供信，就迅速地在全區普遍發展了起來。他說是「有多少，挖多少」，而實際卻是「挖多少，有多少」。很多地方實行的完全是資產階級專政，各種刑法有幾十種、上百種，慘無人道，簡直就是法西斯暴行。這一時期全區非正常死亡的人數，急劇增加，現在還無法做出全面的統計，從一些地區反映的材料看，是驚人的。

矛頭對準誰這是一個方向問題。滕海清同志「挖」內人黨，究竟打擊了誰，這是一個很重要的問題。在全區究竟抓了多少「新內人黨」，現在沒有一個準確的統計數字。究竟是打擊了什麼人？是打擊了敵人，還是打擊了自己的同志？這裡僅舉幾個典型事例：

呼盟的鄂溫克旗、莫力達瓦旗，共產黨組織全部打成「新內人黨」組織。各級政權是「一套班子（指原來的領導班子）兩面政權」，說「共產黨的組織關係就是『內人黨』的組織關係」，「新班子（指革委會）被『內人黨』篡權」等等。鄂溫克旗革委會十六個委員，十一人被揪。該旗八個公社、三個牧場革委會第一把手全部被揪，第二、三把手二十個，十七個被揪；三十一名常委十八個被揪；四十八個會員二十八個被揪，四十六個生產隊領導班子，百分之八十五被揪。旗革委會二十八名工作人員，十九名被揪。

莫力達瓦旗革委會革命委員會二十三人揪出十九人，其餘四人，有兩名軍人，一名工人和一名生產隊的幹部。專案組認為革委會是「統一黨」的新班子。旗、社、隊各級領導班子多數癱瘓，南化公社九個委員，有八個打成「統一黨」，剩下一個牧民也是「吐故」對象。

科右前旗歸流河公社光明大隊第一、二小隊，五百多人，三十戶蒙族，揪出「內人黨」七十多個，百分之八十都是貧下中農，其中蒙族戶都是「內人黨」，漢族中傳說「蒙族要叛國投修，殺漢人」，蒙族說：「漢人整蒙古人。」滕海清搞的是民族分裂主義。

科右中旗，全旗六十六個共產黨支部，有四十四個被打成「新內人黨」支部，占百分之六十七，被打成「內人黨」的一千六百四十七人中，有一千三百三十一人是共產黨員，占百分之八十一。旗裡群專拘留了一百零七人，貧下中農占百分之八十一。

集寧市級機關學習班，共有學員二百零四人，揪出「內人黨」一百四十七人，占百分之七十二；黨員一百一十七人，揪出「內人黨」九十九人，占百分之八十四；部局長以上幹部三十七人，揪出「內人黨」三十四人，占百分之九十四。

巴盟五原縣十七個公社，揪出「新內人黨」四千六百五十八人，其中旗級機關二百九十五人，農村四千三百六十三人（其中貧下中農三千五百九十九人，占百分之八十二點五；中農六百一十六人，占百分之十四，其他一百四十八人，占百分之三點四。）全旗共產黨員的組織基本上被打成「新內人黨」，絕大多數共產黨員被打成「新內人黨」分子。十七個公社常委全部打成「內人黨」總支，全縣百分之九十九的生產大隊支部被打成「新內人黨」支部。

還有很多地方統計表明，被打成「新內人黨」的有五多；貧下中農（牧）多，共產黨員多，造反派多，領導幹部多，革委會成員多。

挖「內人黨」嚴重擴大化，打擊廣大工農兵基本群眾的事例是舉不勝舉的，但從上邊這些觸目驚心的典型事例，可以清楚的看出，打擊的絕大多數是我們的階級弟兄，是我們的依靠力量，這不是方向路線錯誤是什麼？在全區我們有多少階級弟兄因為被打成「內人黨」而妻離子散，家破人亡，看到這些，我們能不感到痛心嗎？特別是，這個嚴重錯誤，是在十二中全會以後，毛主席提出了注意解決「準」字一再強調貫徹執行政策並且發表了一系列最新指示的情況下發生的，這就更看出滕海清對毛主席的態度問題。

挖「新內人黨」現已造成了嚴重的後果。毛主席教導我們說：「**民族鬥爭，說到底，是一個階級鬥爭問題。**」滕海清在挖「新內人黨」中，直接反對了毛主席的這一馬克思列寧主義的原理。黨的民族政策遭到了空前的破壞，民族關係緊張。

階級陣線搞亂了。兩年多的文化大革命，無產階級革命派浴血奮戰建立起的紅色政權，搞得癱瘓或半癱瘓了。無產階級革命派的骨幹隊伍被搞垮了，廣大革命群眾的積極性受到嚴重的挫傷。

牧區剛剛取得的劃階級的成果遭到嚴重的破壞了，剛剛劃出的貧下中牧又被打成了「新內人黨」。廣大的貧苦牧民又一次地被打了下來。在滕海清的眼裡，蒙族和其它少數民族幹部和群眾都是烏蘭夫線上的，好人少，壞人多。他的這個觀點是反毛澤東思想的。

在很多地區，黨的下放知識青年的政策也遭到破壞。有些地區依靠城市下鄉知識青年去搞「內人黨」，結果打擊了基層幹部和貧下中農，造成了極大的矛盾。

由於滕海清同志把軍宣隊，工宣隊，貧宣隊推到了第一線，嚴重的損害了我們廣大群眾的關係，破壞了毛主席的偉大戰略部署。

生產遭到了嚴重的破壞，毛主席的「**抓革命，促生產**」的偉大方針受到了嚴重的干擾。目前全區工農牧業生產上的嚴重情況，已經開始暴露出來。而且有些後果，還將會在後一個時期進一步暴露出來。

五、關於對待群衆運動和革命造反派態度問題

對待群眾的態度是毛主席革命路線的核心，是毛主席無產階級革命路線同劉少奇資產階級反動路線鬥爭的焦點。能不能正確對待群眾，是對毛主席忠不忠的大問題，是對毛主席革命路線的基本態度問題。南口機車車輛廠支左人員總結、堅持了「三條原則」「九個一樣」。按照毛主席的教導，按照這些原則，看一看滕海清同志做的怎麼樣？

滕海清同志完全和毛主席的革命路線背道而馳的。在滕海清同志看來，內蒙的廣大幹部是不可信的，內蒙的各族廣大群眾是不可信的，滕海清同志腦子裡是沒有群眾的，劉少奇的「群眾落後論」在他腦子裡是根深蒂固的，把群眾當成阿斗，把自己當成諸葛亮的老一套還未革除。他搞的不是群眾運動，而是運動群眾。從三次全委擴大會議以來，他經常散佈什麼，他想怎麼打就怎麼打，想捂就捂，把自己凌駕於群眾之上，根本沒有把群眾放在眼裡。當出現錯誤時，滕海清同志不首先檢查自己責任，檢查自己究竟執行的是什麼路線？自己有那些錯誤。而是把責任推到下邊，推給群眾。比如當中央批判自治區出現的嚴重擴大化、逼供信錯誤時，他不做檢查，而是怪群眾「政策水平跟不

上」，說什麼「我早就說了嘛！應該抓什麼，不應該抓什麼？可是下邊不聽，結果打擊面越來越大」。看，他把這個任務推得多麼乾淨。這是赫魯曉夫慣用的手法，在滕海清看來，成績就是他自己的，錯誤都是群眾的。

其次，在對待革命造反派問題上，滕海清同志也完全背離毛主席革命路線。

不錯，滕海清同志來內蒙的前一段時間裡，根據中央指示，曾經支持過革命造反派。但是，後來由於造反派對他違背毛主席革命路線，推行「左」傾路線，特別是大高反動的資產階級的多中心論等錯誤進行抵制時，他就對造反派懷恨在心，所以對革命造反派就進行打擊、壓制、分裂、鎮壓。在去年春季，公然提出支持「革命小人物」，「打倒假洋鬼子」的口號，把一部分革命造反派打成「假洋鬼子」「右傾勢力」，極力鼓吹「重新站隊論」，把矛頭對準了革命造反派。在滕海清同志親自批發的「從二月逆流到九月暗流」的文章裡說「二月逆流掩蓋了一些矛盾，使得烏蘭夫的暗班子、那些反革命兩面派，乘人人亮相之機，鑽進了革命造反派隊伍」。看！他惡毒的把矛頭全指向了革命造反派。半年多以來，滕海清同志一再胡說什麼「對造反派要進行階級分析」，「對造反派受壓要進行階級分析」，一再鼓吹「重新站隊論」，甚至把有些造反派打成「新老保」，進而用「挖肅派」代替了造反派，這是為「二月逆流」翻案的一個重要步驟。

滕海清同志在壓制革命造反派方面，凡是能夠緊跟他的人，他就支持，凡是不跟的，就視為「右傾」，讓他靠邊站，凡是抵制他的，就鎮壓，甚至打成反革命。他採取的主要方法有：

①支一派，壓一派，拉一派，打一派。今天支這派壓那派，明天支那派壓這派，挑動群眾鬥群眾。這種方法在師院，內大，農院，林院等單位是很典型的。

②分裂革命造反派。去年有一個時期，滕海清同志大力主張從造反派組織中往出「殺」，一個時期，「殺」出之風在全區盛行，是一些本來聯合起來的組織，又重新分裂。魯迅兵團領導上雖有過一些右傾，但是滕海清同志不是幫助，而是通過殺出來辦法，把魯迅兵團搞垮。滕海清說：「魯迅兵團我看垮了好！」結果把幾千人的革命組織整垮了。

③對於犯錯誤的造反派，滕海清不是按照毛主席幫助、批評、聯合的原則

去辦，而是採取了一棍子打死的辦法進行鎮壓。看對東聯，決聯站和工人公社就是這樣。

總之，對待群眾的態度，對待群眾運動的態度，對待革命造反派的帶態度，這就是對無產階級文化大革命的態度，就是對待毛主席革命路線的態度。滕海清同志在這方面所做所為，和毛主席的革命路線完全是背道而馳的。

六、關於「一元化」領導和民主集中制的問題

毛主席教導我們：「**革命委員會要實行一元化的領導**」。又教導我們說：「**沒有民主，不可能有正確的集中，因為大家意見分歧，沒有統一的認識，集中制就建立不起來。什麼叫集中？首先要集中正確的意見。在集中正確意見的基礎上，做到統一認識，統一政策，統一計劃，統一指揮，統一行動，叫做集中統一。**」

半年多來，滕海清同志完全違背了毛主席的教導，公然破壞了革委會的一元化領導，破壞了民主集中制，大搞以我為核心，在自治區革委會內出現了一種極其不正常的局面。

破壞集體領導，「一人化」代替了「一元化」。在四次全委會期間，大部分常委對滕海清同志的錯誤意見和錯誤做法不滿意，不積極擁護，甚至是採取了抵制的態度。他就認為常委們「都被高錦明統過去了」，因此，就公然甩開了常委會，只開核心小組擴大會。使核心小組的幾個成員，淹沒在多數的廣大成員之中，這樣就為他對高錦明同志的突然襲擊，找到了合法的形式。在四次全會後，幾個月不召開常委會，許多重大問題，也不叫常委們知道。核心小組會，實際上被所謂的「核心小組辦公室會議」所代替。不是常委的劉樹春等人，可以參加核心小組會，而經過中央正式批准的常委、付主任，連參加常委會議的權利也沒有了。在實踐中，形成了一種常委之內有常委，常委之外還有常委，核心之內有核心，核心之外還有核心的極不正常的局面。同時，把滕辦淩駕在革委會之上，另立系統，發號施令。有許多重大問題，都是由滕辦直接指揮的。總之，「一元化」領導變成了「一人化」的領導。

獨斷專行，個人獨裁，一個人說了算。許多重大問題，不經集體討論，就自做主張，個人決定。如對盟市以上一些領導幹部，可以隨心所欲地表態。他

個人一句話，就可以打倒一個幹部。宣判高錦明同志政治死刑的大毒草《從二月逆流到九月暗流》一文，不和常委研究，也不和核心小組成員研究，就可以個人批發。在公開場合，又說高錦明同志問題是內部矛盾。陰一套，陽一套，這不是地地道道的兩面派行為嗎！在許多問題上，出爾反爾，反覆無常，今天可以這麼說，明天又可那麼說，舉不勝舉，那裡還有什麼高度負責的政治嚴肅性。

毛主席說：「**只要是大事，就得集體討論，認真聽取不同意見，認真地對於複雜的情況和不同意見加以分析**」。而滕海清同志，根本聽不得不同意見，更聽不得反對意見，大搞一言堂。在對待高錦明同志的問題上，在對待挖「新內人黨」的問題上，許多常委，許多革委會工作的同志，是有不同意見的。而他對這些持有不同意見的同志，一律錯誤的認為是「右傾勢力」、「保高勢力」、「給敵人翻案」等等。不僅不准說話，甚至採取了封鎖政策。革委會政治部下去搞調查的同志發現挖「內人黨」中的嚴重問題後，回來彙報，滕海清不聽，一意孤行，給革命事業造成嚴重後果。

大樹個人威信，竭力突出個人。在所謂反高錦明右傾機會主義路線的鬥爭中，極力把自己標榜為正確路線的代表，把功勞歸於自己，把錯誤推給別人。滕海清說的「同烏蘭夫的根本矛盾解決了」這樣具有根本性的嚴重錯誤的話，可以輕鬆地收回，別人有錯誤，就得一棍子打死。在呼市，在全區許多地方，竟然把內蒙的兩種兩條路線鬥爭，歸結為以滕海清同志為代表的毛主席革命路線同以高錦明為代表的右傾機會主義路線的鬥爭。一再宣傳，滕一去北京，內蒙就出現反覆，似乎說，滕若是長期離開內蒙，那麼內蒙古就會出現資本主義復辟，在內蒙古地區，毛主席革命路線還占不占統治地位？可見滕把自己竟突出到什麼地位上去了？！半年來滕的講話連篇累牘，大量印發，像雪片一樣飄滿了全區。而毛主席的最新指示，我們印發了多少？我們宣傳、貫徹得怎麼樣？在有些單位，滕海清同志的講話，竟然被列為天天讀的安排之中。長期以來，在呼市街頭上出現了「反滕就是反革命」的大標語，毫無反對的表示。甚至在劉樹春的親自指揮下，竟把歌舞團中對滕有過不滿言論的一些同志，打成了現行反革命小集團，實行了群眾專政。

由於滕海清同志獨斷專行，大搞一言堂，粗暴地破壞民主集中制，使一些堅持正確意見的同志受到打擊、排斥，使一些有不同意見的同志不敢講話，在自治區革委會內出現了一種「人人自危」的局面。接著又在幹部安排上，利用反對「復舊」的口號搞宗派主義的一套做法，安插親信，排除異己。這樣，滕海清就更加為所欲為，講所欲講，欺上瞞下，使他那一套「左」傾機會主義，能夠進一步的得到貫徹。

七、關於對以毛主席為首、林副主席為副的無產階級司令部的態度問題

以毛主席為首，林副主席為副的無產階級司令部，是全黨、全軍、全國和廣大革命群眾的唯一領導中心。全黨、全軍、全國只能有這樣一個中心，不能有第二個中心。對以毛主席為首、林副主席為副的無產階級司令部抱什麼態度，這絕不是一個什麼小問題，而是一個在兩個階級、兩條路線的鬥爭中站在哪一邊的大問題，是要不要把無產階級文化大革命進行到底的大問題。

滕海清同志在這樣一個重大的問題上，錯誤是極其嚴重的，簡直是不能令人容忍的。半年來，不僅對毛主席的一系列最新指示，藉口「特殊」，不貫徹，不落實，我行我素，置若罔聞；而且竟膽敢對中央首長多次的書面指示，或封鎖，不予傳達；或歪曲，斷章取義，不原原本本傳達。

二月四日中央首長接見滕海清同志的指示，據我們瞭解就沒有如實傳達。滕海清關於對高錦明同志問題的指示，就有意加以封鎖。三月九日，中央首長對內蒙問題做了重要的指示。以後，毛主席又做了極其重要指示。三月十六日，康老又一次對內蒙問題做了指示。可是滕海清同志心懷鬼胎，對中央這些重要指示，不僅對常委、核心小組成員隻字不透，就是對「九大」代表，也嚴密封鎖。只是在兩個月以後，才迫不得已地做了很不完全的傳達。

公然採取偷天換日的手法，歪曲康老的指示。早在六八年二月，康老就指出，內蒙敵情複雜，要認真清理階級隊伍，同時指出要認真注意政策，要相信幹部和群眾的大多數。在六八年四月間、七月間，康老二次指出，要認真注意政策，防止擴大化。三次全委擴大會議的幾個政策文件，就是根據康老指示精神寫出來的，是符合毛主席戰略部署的。可是，在六八年十一月四次全委會議上，滕海清同志為了推行他的「左」傾機會主義的需要，不是全面地傳達康老的指示，而是斷章取義。

對上欺騙，在許多問題上，不如實向中央反映情況。如關於「新內人黨」問題，至今也還沒有搞清楚，究竟有沒有還成很大問題。可是早在二月份，就以革委會名義，向毛主席、林副主席報告「目前已基本上把這個反革命集團的組織摧垮了」。這是明目張膽地欺騙中央。

從上面講的幾個問題看，滕海清同志的錯誤是系統的、全面的，是極其嚴重的。是「左」傾機會主義的錯誤。滕海清同志所推行的「內蒙特殊論」、「一貫反右論」，「揪革委會一小撮論」、「重新奪權論」、「重新站隊論」，「狠是基礎論」、「群眾落後論」等等，歸根結底，就是同以毛主席為首、林副主席為副的無產階級司令部分庭抗禮，妄圖把內蒙古自治區搞成一個滕氏獨立王國。滕海清同志錯誤的要害就是「以我為核心」，對無產階級司令部搞反動的資產階級「多中心論」，推行了一條地地道道的不折不扣的「左」傾機會主義路線。

不管滕海清同的主觀願望如何，但在客觀結果上，他的錯誤實踐，就是為「二月逆流」翻案，完成了「二月逆流」的未竟事業；打擊了各族革命人民群眾，保護了烏蘭夫反黨叛國集團，一定程度上起到為烏蘭夫翻案的作用；否定了三年文化大革命的偉大成果。

我們同滕海清同志錯誤的鬥爭實質，就是在革命委員會成立以後的新形勢下的兩條路線的鬥爭。「在路線鬥爭中沒有調和的餘地」，我們對滕海清同志的錯誤，必須徹底揭發，徹底批判，肅清其惡劣影響。我們衷心地希望滕海清同志能深刻認識自己錯誤的嚴重性，徹底革命，用自己的深刻檢查和實際行動落實「九大」精神，落實毛主席「五・二二」批示，痛改前非，再立新功，真正回到毛主席革命路線上來。

（周志華）

調查報告：寧城縣二龍公社社、隊兩級革委會遭到破壞的情況

在大反高錦明同志的內蒙第四次全委擴大會議上，滕海清三次表揚寧城縣：「頂住了高錦明右傾機會主義路線，農村搞了挖肅效果很好麼！」寧城縣

個別領導人就更起勁在農村深挖「內人黨」「國民黨」「社會民主黨」，完全忠實地執行了滕氏的「左」傾機會主義，使社、隊兩級革命委員會遇到嚴重破壞，把許多貧下中農、革命幹部、共產黨員打成內人黨、社會民主黨（以下簡稱兩黨），革命和生產受到很大損失，把寧城這面全區的紅旗單位搞成了滕氏「左傾」黑樣板。

二龍公社有七百多人被打成反革命「兩黨」，其中絕大部分是貧下中農，大小隊幹部和職工，二龍公社及供銷社、學校、衛生院、郵電所、機械廠和信用社七個單位，共有職工一百二十七人，就有八十七人被打成「兩黨」，七十七人被迫「坦白自首」，占職工總數的百分之六十點七。貧下中農出身的職工三十五名，占百分之四十五，共產黨員十四名，占百分之十八點二（占直屬機關黨員總數一半以上）。供銷社共有職工三十二人，就有二十八人被打成「兩黨」，占職工人百分之八十七點五，這個單位有五個共產黨員，四個被打成「兩黨」，「三夫」（車夫、更夫、伙夫）都被打成「兩黨」。

這個公社的武鬥形式有十幾種，輕有罰站，噴氣式，火爐烤，打嘴巴，打脖流，重者挨小綁，用繩子、木棍子、皮鞭子的刑具毒打。貧農出身的共產黨員、公社革委會委員、供銷社革委會主任、支部書記宮憲立，被隔離反省一百一十餘天，多次挨過皮鞭子、繩子等刑具的毒打和捆綁，屁股被打爛，不能坐凳子，只好坐沒蓋子的木箱子，胳膊至今不能回彎。威逼供銷社採購員喬桂三（貧農）交代「兩黨」，用了一種小綁打千的刑法，小綁後往上掀胳膊，照成了神經麻痹，以致殘廢。信用社主任霍占深（貧農、共產黨員），交代「兩黨」時，受的是一種叫「老頭看瓜」的刑法（小綁起來撅著，一個人騎著脖子，一個人往上拉繩子掀胳膊，一個人拉褲腰帶，一個人用膝蓋頂屁股，受刑不過，屙一褲兜子屎，作下了屙稀症。四家大隊共產黨員趙林同志是大隊民兵營長，是殘廢軍人，和敵人作戰時的炮彈皮至今還在身上，這次被打成「兩黨」，把他蒙上眼睛捆綁毒打，逼供一個多月，被迫把六五年由八名民兵排長組成的護橋（鐵路橋）組織，說成是國民黨。桃古吐大隊革委會正付主任都被打成「兩黨」後撤職。老支書鄭玉林受刑不住，吃了耗子藥，群眾及時發覺才免身死，但至今病沒好。

二龍公社廣大社隊幹部經過兩年多文化大革命的鍛鍊和考驗，階級鬥爭和路線鬥爭覺悟有很大提高，經過了群眾選舉，建立了新生的革命委員會，廣大貧下中農都像愛護自己的眼睛一樣愛護紅色政權，但是滕海清說：「革委會有的班子癱瘓了，有的垮了，這是壞事還是好事？我看是好事。」就這樣，在滕海清「左」傾機會主義的摧殘下攪亂了階級陣線，破壞了新生的紅色政權。公社革委會共有十三名委員，就有九人被點名批鬥，占百分之七十，有五人被迫「坦白自首」，打成「兩黨」。常委五人有一名付主任在「寬嚴大會」上當場被捆綁實行專政，有兩名被點名批鬥，交待「兩黨」問題。全公社十五個大隊，就有十三個大隊的共產黨支部被打成國民黨的地下黨部，大隊革委會全部被搞垮，共有十九名正付主任、六名大隊會計被打成「兩黨」，撤掉職務。

這個公社之所以對人民實行資產階級專政，主要是個別領導推行了滕海清的「左」傾機會主義，舊公檢法的流毒也起了很大的作用。這個公社是公檢法搞「挖肅」的點，在公社領導運動的鄭××、×××都是公檢法人員，他們大搞武鬥，逼、供、信等舊公檢法那一套，公社革委會主任鄭××（原公安局教導員），威逼別人交待「兩黨」問題時說：「怎麼加入的呢？一事物和他事物一聯繫就加入了。」在搞逼、供、信時還說：「這些人賤種，給他戴上繩子就說了。外調這跑那跑幹啥，這多解渴。」

二龍公社在滕海清「左」傾思想指導下，把許多多年的共產黨員、老幹部打成「兩黨」，使大小隊和公社的紅色政權遭到嚴重破壞，廣大幹部和群眾這三年來文化大革命中煥發出來的革命積極性遭到了嚴重挫傷，現在是老的被撤掉，新的不願幹，工作沒人抓，群眾有意見，造成這個公社很多大隊領導班子癱瘓狀態，革命無人管，生產生活沒人抓，革命和生產受到很大損失。

寧城縣革命工人、革命群眾聯合調查組

五月六日

《5‧22通訊》第六期，內部刊物，不得外傳

內蒙古自治區革命委員會機關批滕聯絡總站

1969年6月16日

6. 5・22通訊，第七期（1969.07.02）

滕海清大搞民族分裂罪責難逃——揭穿教育廳挖「新內人黨」中的一個陰謀

滕海清藉口挖「新內人黨」，把成千上萬的少數民族幹部、工人、貧下中農、貧下中牧、解放軍指戰員及革命群眾打成反革命分子，實際上是從「左」方面大搞了民族分裂活動。滕海清及其小山頭「滕辦」直接插手的教育廳，在挖「新內人黨」中所幹的民族分裂勾當便是一例。教育廳（包括教幹校、儀器供應社，下同）的民主幹部共有31人，其中蒙古族27人，達斡爾族4人；共產黨員15人，共青團員8人，群眾8人。在挖「新內人黨」中，在滕海清及其小山頭「滕辦」的直接策劃下，在個別別有用心分子的肉刑下，把十九名民族幹部打成「新內人黨」，占民族幹部的61.3%（4名達斡爾族（三個黨員，一個團員）幹部全部打成「新內人黨」）把8名民族幹部懷疑成為「新內人黨」。打成的和懷疑的共二十七人，占民族幹部的87%；三名也因歷史問題而被群專，這樣一來，沒有擔風險的只剩一人了。滕海清把教育廳幾乎所有的民族幹部推向敵人一邊，把忠於毛主席的少數民族共產黨員、共青團員、革命幹部打成反革命分子，把所有貧下中農出身的民族幹部打成或懷疑成「新內人黨」，這不是搞民族分裂主義是什麼？

對十六名所謂「新內人黨」進行隔離審查，使用殘酷的肉刑，不堪言狀。「專案組」的人員對這些民族幹部辱罵：「打死你不如一條狗，狗還能扒皮吃肉，你有什麼用？」「你媽那個×的……」「你們幾里哇啦的說些什麼？以後不許講！」「把你的黑話（指蒙古語）全部交出來……」這些人明目張膽地踐踏黨的民族政策，這不是歧視少數民族又是什麼？被殘酷肉刑摧殘的這些民族幹部，有的被打得骨折，有的被五花大綁，手銬腳鐐；有的被火爐烤，受到「熱情幫助」；許多同志被脫下棉褲、毛褲懸空跪在三棱朝上的鋼軌上，這還嫌不狠，還往腿肚子上放石頭，上兩人搖晃，把這些人折磨得死去活來；有的被揪頭髮往牆上使勁撞；有的被搞車輪戰連續一個多月不得睡覺，全身浮腫，有的人被武鬥得不能站立只能爬行；有的被折磨的精神失常。這些被武鬥的民族幹部多數都落下了不同程度的殘疾。這是滕海清搞民族分裂的鐵證！

受滕海清及其小山頭「滕辦」表揚的教育廳，在挖「新內人黨」的陰謀活動中，不僅大搞民族分裂活動，而更毒辣的是把矛頭指向「紅八條」肯定的革命領導幹部權星垣同志和內蒙革委會常委那順巴雅爾同志。為此目的，他們往「滕辦」送了數份整權星垣、那順巴雅爾同志是內人黨的黑材料。曾兩次在大會上慷慨陳詞地宣佈：「過不了三天就把那順巴雅爾揪回來，他的下場比誰都慘！」有時在隔離室向所謂知情者誘供：「你們的這面旗倒了」「過不了幾天那順巴雅爾就得乖乖滾回來！」「你不要感情用事，你不咬他，他也在裡頭！」滕海清在一次講話中也講到那順巴雅爾是「內人黨」。那順巴雅爾是地方上結合進內蒙革委會至今尚能站得住腳的唯一蒙族常委，滕海清如此苦搜空腸地非要把他打下去，這不是搞民族分裂是什麼？

教育廳「內人黨」專案組的人最近承認：教育廳搞內人黨沒有一個確鑿證據。那我們就要問：滕海清為什麼毫無根據的把大批民族幹部打成「新內人黨」硬往敵人那邊推？很清楚，這是因為滕海清歧視少數民族，這是因為滕海清要搞民族分裂，滕海清大搞民族分裂罪責難逃。讓我們各族人民團結起來，以毛主席「民族鬥爭，說到底，是一個階級鬥爭問題」的偉大教導為武器，徹底批判滕海清反動的民族觀！

（教育廳批滕聯絡站）

《5・22通訊》第七期，內部刊物，不得外傳

內蒙古自治區革命委員會機關批滕聯絡總站

1969年7月2日

7.5・22通訊，第八期（1969.07.11）

調查報告：固陽縣挖「内人黨」情況調查

在滕海清「左」傾機會主義路線的指導下，固陽縣借挖「內人黨」為名，把矛頭對準廣大的貧下中農、工人、共產黨員、革命幹部、青年學生。固陽的情況是整個內蒙古地區兩個階級、兩條路線鬥爭的一個縮影。

一、挖「内人黨」打擊一大片

固陽縣革委會個別領導人忠誠地執行了滕海清同志的「左」傾機會主義路線，曾多次在全縣有線廣播大會上大放厥詞，說什麼「固陽縣存在一個不大不小，人數眾多，埋藏很深的反革命集團」，說固陽的「共產黨就是內人黨組織」等等。××××部隊政委×××在「大會戰」上也說什麼「固陽縣的政權過去一直掌握在敵人手裡，文化大革命中政權又被『內人黨』掌握，縣委是南京政府」。他們和滕海清一樣，完全錯誤的估計了形勢，嚴重混淆了兩類不同性質的矛盾，攪亂了階級陣線。在「地富反壞右已經是烏蘭夫的人了，內人黨不在他們當中發展，專在貧下中農、共產黨員中發展」的錯誤思想指導下，固陽縣的廣大貧下中農、工人、共產黨員、革命幹部、青年學生都被打成了「內人黨」，殘遭了嚴刑毒打，殘廢者有之，死亡者有之。

據初步統計：固陽縣除四個國營農牧場外的各單位2000名共產黨員，1860名打成人「內人黨」，占共產黨員總數的90%以上，把貧下中農近20,000人打成「內人黨」分子。（其中已登記的有12,000人，因挖「內人黨」停止而尚未來得及登記的有7000多人），占全縣人口總數的13%以上，占全縣勞動力總數的30%以上，死亡83人（包括打死和逼死的），傷殘情況無法計算。

全縣科局長以上幹部有160餘人（包括公社書記），打成「內人黨」的有150多人。舊縣委原有幹部92人，76人被打成「內人黨」（黨員70人，團員3人），尚有九人被懷疑。縣工商局共28人，23人被打成「內人黨」（貧下中農

21人，黨員10人，團員6人）。

從年齡上看，有下自三歲嬰兒，十二、十三歲兒童，上至七十多歲老頭，六十多歲老太太也都打成「內人黨」。

忽雞溝公社共4000多人，挖出「內人黨」450餘人。轉復軍人30多名全部打成「內人黨」，公社原有幹部12名，11名被打成「內人黨」，留下一名是倒賣像章，投機倒把分子；公社革委會7名委員全部打成「內人黨」。有的轉復軍人申辯說自己參加人民解放軍多年，不是「內人黨」，卻遭到破口大罵：「你們當兵是給烏蘭夫的部隊當的兵」，再反駁時，就讓學「愚公移山」，意思是：你再搗亂，你這頂內人黨反革命分子帽子要子子孫孫戴下去，永世不得翻身。該公社有個二黑公小隊，全隊共43戶，39戶懷疑成內人黨，那四戶有兩戶是地主，一戶是神經病患者，一戶是61年來路不明的移民作為挖肅積極分子。

二、打擊了貧下中農

毛主席教導我們：「沒有貧農，便沒有革命。若否定他們，便是否定革命。若打擊他們，便是打擊革命」。但是固陽縣某些負責人卻與毛主席的偉大教導背道而馳，唱的是滕氏路線的調調：「內人黨在貧下中農黨團員當中最多」。於是乎，對廣大的貧下中農，黨團員大搞武鬥，大搞逼供信，實施慘無人道的法西斯專政。

新建公社磴口大隊有個貧農社員叫王慶兒是個軍屬，共產黨員。他被打成內人黨後，沒有咬貧下中農，偏偏咬了四類分子，結果遭到毒打，打得他死去活來，還對他運用種種刑罰坐老虎凳，腳上墊五塊土坯；倒著吊過七次；把雙手雙腳捆起來吊著，肚子上放七塊大炕板（共約二百斤重），還把肚子沖下，脊背上放八塊炕板。還有什麼炒傀壘，擲炸彈等，把老漢折磨得不成人樣。他的兒子原在河北部隊，正準備發展入黨，該大隊貧宣隊給他所在部隊去了一份材料，說他父親是地地道道的「內人黨」，結果這個同志被提前轉業回家。王慶兒現已打得殘廢，無法生產。東風吃老公社朝幹大隊有個叫田嬉娥的貧農女社員，共產黨員，65年前一直是大隊書記，因吐血有病三四年不幹了。她50年參加工作，51年就當了鄉長，59年當勞模出席全國群英會代表，光榮地見到過毛主席。去年12月份挖內人黨一開始就把她抓起群專了。大隊幹部僅有兩個黨員也都成了「內人黨」。田嬉娥同志死也不承認自己是內人黨，這樣就嚴刑拷打，穿上皮襖帶上皮帽低頭彎腰在爐旁烤，烤的汗珠往下直流，隨後推到門外讓挨凍，整了八天。他們說：從你開始第一炮要打響，如你不承認，真的也挖不出來了。在她承認放出後，就跟同志們說：「這裡面一定有壞人，我的問題一定要給我鬧情楚」。結果又遭逮捕，說她在搞翻案，是反革命，又關了三個月。當中他們跟田嬉娥同志要黑名單，她說她作第二個劉胡蘭，不能陷害革命同志，又是一頓毒打，還說她是賀芝林黑線上的人。

縣糧食系統的丁雄同志，是貧農出身，革委會主任。在他被隔離前曾對家裡人說過：「我是共產黨員，不能胡說。」隔離後，每天遭到毒打，丁就給他們講政策，一講政策他們就生氣，於是就把打手叫來重打，打了半個多月，後來戴上手銬群專去了，說是「群專代管」，根本沒有辦任何手續。小孩送飯只能把飯放到大門口上，愛人送過餅乾，皮衣，人家不收，罵她是「破鞋」。丁雄同志受過鋼鞭、羊刀、老虎凳的滋味，臉上、身上打破流出來的血讓舔盡，真是受盡了酷刑折磨。目前腦子、腰、腿都打壞了，成了殘廢，愛人也搞得精神失常。

毛主席說：**「誰是我們的朋友？誰是我們的敵人？這個問題是革命的首要問題。**」但是，固陽縣卻是人妖顛倒，敵我不分，階級敵人乘挖內人黨之機跳出來，進行階級報復，廣大的貧下中農無不人人自危。在挖內人黨當中，×、×宣隊依靠都是些地富反壞右、國民黨員，三青團員，比如，忽雞溝公社勞改釋放犯張××，新建公社偽保長劉××，就是他們的依靠對象。利用這些人大搞逼供信，進行武鬥嚴重的踐踏了黨的政策，殘酷的迫害貧下中農、革命幹部，完全是階級報復。

三、鎮壓了革命造反派

固陽縣原有兩大造反派組織「8·29」和「5·18」，革委會成立時兩派都有群眾代表參加。自所謂的「挖肅」以來，尤其在高錦明同志打成「右傾機會主義路線總代表」並進行全區性批判後，「5·18」幾乎大小頭頭都打成「內人黨」，5個頭頭被打成壞頭頭。「3・26」事件後，「5·18」在各級領導班子裡的成員都被打成反革命兩面派、黑手、小爬蟲、五虎（白面虎，笑面虎，母老虎、紙老虎，淨面虎），特別是挖「內人黨」以來，「5·18」戰士幾乎全被打成內人黨。在挖「內人黨」的過程中，嚴重打擊了革命造反派，實際上是顛倒歷史。為「二月逆流」翻案。

四、搞垮了紅色政權

我們偉大的領袖毛主席說：「**革命委員會好。**」對新生的紅色政權每個革命者都應愛護她、幫助她、鞏固她，但是滕海清同志去別有用心地在革委會裡搞什麼「吐故納新」。由於這個錯誤思想的指導，結果通過大抓「小高錦明」、大挖「內人黨」，固陽縣縣級和縣級以下各單位、各公社、各大隊的紅色政權99.3%遭到了破壞，縣革委會成員除4905支左人員外，僅剩下2人，全縣各公社、各大隊革委會原領導班子成員總共剩下13人。忽雞溝公社革委會7名成員全被吐了出去，上臺的主任李××，原是公社信用社會計，因貪污300餘元，於1961年開除後，在家搞投機倒把，挖「內人黨」時，當上了公社×宣隊隊長，接著就當上了革委會主任。該公社有7個大隊，32個小隊，委員會全部癱瘓。又如，新建公社磴口大隊幹部有5人，有4人被打成「內人黨」，留下的一人，也是重點懷疑對象。因為他是抓生產的，準備以後再用。

這些情況說明，在滕海清同志的「左」傾機會主義路線指導下，固陽縣的大挖「內人黨」和「吐故納新」，實際上是搞挎了新生的紅色政權。

五、搞假「平反」，繼續踐踏黨的政策

固陽縣的「平凡」是在四月中旬開始的。這個「平反」實際上是假平凡。主要材料不但不交給本人或銷毀，被平反者還得先寫「保證自己不是內人黨」，如果是就從嚴處理，還要寫十七年的表現和檢查書，最後還要感謝貧宣隊。有的雖被「平反」，但在「平反」前還要被鬥一次。三號大隊吳虎同志提出要平反，公社徐××說：「黨的政策今天跟明天不一樣。」吳說：「把貧下中農都打成『內人黨』，叫誰去保衛毛主席，保衛黨中央？結果吳虎就又被批鬥了一天。有的貧下中農說：「我被平反，要感謝偉大領袖毛主席。」挖肅分子說：「這樣說不行，還得感謝挖肅積極分子！」直到五月二十四日，固陽縣

有的負責人對要求平反的人施加壓力，說什麼只要不離開固陽，不批判滕海清的錯誤，就可以給吃、給錢、給看病，甚至可以介紹到瀋陽去看病，否則一概不管。這就是所謂「平反」的真象！

（摘自內大54戰報）

錫盟關於滕海清同志搞垮各級基層革委會調查報告

一、目前狀況

盟、縣、旗、市、公社以及工、礦、企、事業單位各級革委會目前的狀況基本分三種：（1）垮臺（少數）；（2）癱瘓（多數）；（3）多元化（少數）。盟、旗、縣、市革委會的特點是「一結合」，軍代表掌權，實質上是「軍管革委會」。

二、滕海清同志對待革委會的指導思想

滕海清同志對內蒙各級革委會的成立不是看作毛主席革命路線的勝利，而是看成資本主義復辟，把各級革委會不是基本看作無產階級戰鬥指揮部，而是看成資產階級司令部。錫盟緊跟滕海清同志「戰略部署」的《××》派，去年十一月、十二月份大造輿論，說錫盟是資本主義復辟。滕海清辦公室的祕書李×，去年十二月到錫盟視察時，也曾公開說：「現在實際上是重新奪權，只不過不這樣提而已。」

三，滕海清搞垮革委會的手段

（1）工宣隊、軍宣隊奪權。在錫盟，工宣隊、軍宣隊進駐的單位，工宣隊、軍宣隊和革委會的關係大部分處於頂牛狀態，有不少工宣隊、軍宣隊乾脆奪了進駐單位革委會的權。例如進駐錫林浩特畜牧獸醫學校的工宣隊、軍宣隊進駐的第二天就宣佈「工宣隊領導革委會」，接著連續發佈三號「通告」，奪了學校的黨、政、財、文大權，將革委會主任、副主任、常委一起關押起來，

長達五個多月不放，就連學生上街請幾個小時的假，都得工宣隊批准，包括革委會成員在內。

（2）成立凌駕於革委會之上的其他組織。

盟革委會內成立了不受革委會領導的「鬥、批、改領導小組」、「聯合調查組」、「專案組」。「鬥、批、改領導小組」「聯合調查組」不通過革委會，直接伸手基層革委會，發號施令。「聯合調查組」負責人劉金虎（有嚴重政治作風問題被開除黨籍者）的權力比盟革委會主任、副主任還要大。他在阿巴哈納爾旗擅自宣佈旗革委會四個造反派副主任和常委都是死捂階級鬥爭蓋子的右傾分子，在蘇尼特左旗，他擅自宣佈旗武裝部部長、政委都是壞人，下令抓了起來。「專案組」將十幾名造反派趕出去，換上二十多名保守組織的頭目。它從成立到現在從來沒有向盟革委會常委彙報過一次工作。「鬥、批、改領導小組」、「聯合調查組」、「專案組」三足鼎立，架空了盟革委會，顛覆了基層革委會。在一部分基層革委會內，也成立了「鬥、批、改領導小組」，其作用和盟革委會「鬥、批、改領導小組」完全一樣。

（3）對革委會大搞「吐故納新」。

滕海清同志通過一個「大反」（大反右傾機會主義路線），兩個「大抓」（大抓「內人黨」、「反革命兩面派」），把大批已經結合的革命領導幹部和革命群眾代表吐出革委會，這是滕海清同志搞垮革命委員會的主要手段。列如：全盟54個單位，結合的群眾代表214人，通過「一個大反」，「兩個大抓」吐故或揪鬥119人，占原結合人數的55.85%。現在盟革委會沒有一個革命領導幹部，全盟十三個旗縣、市革委會中，只有蘇尼特右旗、蘇尼特左旗、化德縣、太僕寺旗，藍旗，白旗革委會中各有一個領導幹部。

四、後果

（1）破壞了革委會的「三結合」，使「三結合」變成「一結合」，變成了軍事管制。

（2）搞垮了各級基層革委會，使鬥、批、改運動不能在革委會的強有力的領導下，有領導、有組織、有計劃的進行。

（3）總之，否定了毛主席「革命委員會好」的偉大教導，顛覆了毛主席親手培植的革命委員會。

錫林郭勒盟革命委員會
錫林郭勒盟日報記者
聯合調查組
1969年5月16日

錫盟幹部情況調查

一、目前幹部狀況：

1、全盟狀況：

全盟處局長以上幹部101人，結合4人，使用2人；全盟正副旗縣委書記，正付旗縣級幹部95人，只結合7人；全盟場（廠）、礦領導幹部（相當於旗縣委書記）65人，結合不到5人；全盟科長付科長級幹部688人，結合88人，解放19人，靠邊站的29人，未定性的（實際都處於被打倒狀態）396人，打倒70人。

2、原盟委（黨群口）情況。

共有幹部223人，被揪出174人，占78%。
其中：付處長以上幹部52人，揪出52人，占100%。
付科長以上幹部171人，揪出120人，占70%。
共產黨員161人，揪出129人，占80%。
蒙族幹部121名，揪出103人，占85%。
造反派21名，揪出13人，占62%。
黨群造反總部常委5人，揪出5人，占100%。
黨群各戰團負責人14人，揪出12人。
現在的領導小組5個人，全不是造反派。
專案組現在16個人，只有一個是造反派。

3、部分旗縣狀況：

化德縣付科長以上幹部（包括縣委書記、縣長）160人，只結合兩人，使用3人，占付科長以上幹部總數的3.1%；打倒、揪鬥、反省者占總數的76.9%。

阿巴嘎旗付科長以上幹部80人，僅有兩人留作革委會工作人員使用；

西烏珠穆沁旗付科長以上幹部137人，解放43人，其餘都被關、被管或隔離反省；

蘇尼特右旗付科長以上幹部114人，86人沒解放，占付科長以上幹部總數的75.5%，旗委委員18人，只解放1人；

阿巴哈納爾旗付科長以上幹部94人，打倒、揪鬥、靠邊站的90人，占付科長以上幹部總數的96.8%，旗委委員17人，全部打倒。

董必武同志的警衛員齊炳山和羅榮桓同志的警衛員郝愛成本來是阿巴哈納爾旗已經結合進革委會的環節幹部，也被打成「內人黨」，慘遭毒打和非法關押。

二連浩特付科長級以上幹部30人，只解放了3人。

二、滕海清對待幹部的指導思想

滕海清同志在今年3月份內蒙政治工作會議上曾這樣說：「內蒙只有一個司令部，即烏蘭夫的反黨叛國司令部，不存在兩個司令部，不存在兩個司令部的鬥爭」。滕海清辦公室的一個祕書李×在錫盟公開講：「從盟到公社第一、二把手都是『內人黨』。他們掌了權，不就是復辟嗎？」他們認為在烏蘭夫統治時，內蒙只有一條線，就是烏蘭夫黑線，因此將幹部的絕大多數打成烏蘭夫黑幫，把內蒙的幹部看成了漆黑一團。

三、滕海清「打擊一大片，保護一小撮」的手段

內蒙革委會成立後，滕海清同志就沒有重視解放幹部的工作，使大批幹部掛起來。「挖肅」開始後，特別是通過一個大反（大反高錦明右傾機會主義路線）、兩個大抓（大抓反革命兩面派、大抓反革命內人黨）、實行打擊一大片，保護一小撮，不但把已經打倒和未定性的絕大多數幹部打成「內人黨」，

而且把已經結合和解放的絕大多數幹部也打成「內人黨」、右傾機會主義分子、反革命兩面派。例如：蘇尼特左旗付旗長以上幹部7人，全部被打成「內人黨」，付科長以上幹部114人，有110人被打成「內人黨」。阿巴嘎旗公社級幹部41人，全部被打成「內人黨」。西烏珠穆沁旗已經解放的付科長級以上幹部43人，被打成內人黨、右傾機會主義分子、反革命兩面派的27人。多倫縣原縣委書記郭登弟已解放，並結合到西蘇旗革委會擔當第一付主任。多倫縣原付縣長卜銀魁結合縣革委會常委，後調錫盟運輸公司革委會當第一付主任，這兩個領導幹部沒有任何重大問題，很受群眾歡迎，但在多倫縣人武部支持下，原保守組織很少的幾個群眾，趁「挖肅」之機，又起來揪。當時多倫縣人武部批示道：撤消郭登弟西蘇旗革委會付主任職務，撤消卜銀魁錫盟運輸公司革委會付主任職務，揪回多倫，進行軍管。

一個縣人武部就奪了錫盟革委會、內蒙革委會的幹部管理大權，誰慣得他們如此？滕海清！

錫盟革委會、錫林郭勒日報

記者聯合調查組

1969年5月16日

徹底揭穿「一張名單」、「一起案件」的政治陰謀

內蒙銀行是推行滕海清「左」傾機會主義路線的一個典型單位。自去年九月以來，在滕海清「左」傾機會主義路線的指導下，借挖「內人黨」之機，殘酷武鬥，偽造「罪證」，大搞政治陷害陰謀，把矛頭指向共產黨組織和廣大共產黨員，指向革命造反派和革命群眾，指向新生的紅色政權，實行反奪權，為《二月逆流》翻案，復辟資本主義。

內蒙銀行包括工勤人員共有一七七人，挖出所謂「新內人黨」七十九名，占全行人員的44.6%，其中所謂「證據確鑿」的「內人黨」四十二人。他們把內蒙銀行共產黨的黨組打成「內人黨」的黨組（後來又改成「內人黨」的核心小組），共產黨的支部打成「內人黨」的支部，共產黨的小組打成「內人黨」

的小組。除去特務、叛徒、走資派外，把占61%的共產黨員打成「內人黨」骨幹和黨徒。

內蒙銀行在挖「內人黨」過程中，製造了一起又一起的怪事，出現了一連串古怪離奇的事件。現在重揭露「一張名單」、「一起案件」。從這兩個東西可以看出滕海清「左」傾機會主義路線在內蒙銀行流毒之深，大搞政治陷害的罪行。

一張名單

內蒙銀行在挖「內人黨」中，於今年一月二十一日，挖出了一張所謂「內人黨」原始名單。這是一張複寫的、紙張很舊的，在一九六七年八月二十五日已經查封了的卷櫃裡取出來的。上面開列了二十一名「內人黨」分子，有名字，有加入日期，但在整個名單上找不到「內人黨」三個字。這張原始名單，當眾宣佈是經過公安廳儀器化驗，科學鑒定，證明是「確鑿無誤」的。並複製大量照片，分送有關部門。滕海清親自過目，加以肯定，被樹成「全區第二、呼市第一」最完整的「內人黨」原始名單。

這張原始名單出籠後，就被用來作為神經戰的武器。一方面在群眾中公佈挖出了原始名單，另一方面，對於名單的全部內容進行嚴格保密。成天揮舞著這張「王牌」喊叫：「我們有了『內人黨』原始名單，你們不要跳，一個也跑不了，現在是抓一個準一個。」用這張原始名單確實蒙蔽了一批群眾。同時造成了人人自危的緊張局面，誰也不知道自己是不是上了這張生死簿。他們為了弄假成真，還特意跑到北京妄想騙取公安部的信任，結果遭到碰壁。

「假的就是假的，偽裝應當剝去。」

我們為了解開他們偽造「罪證」，搞政治陷害的陰謀，從三月份開始，進行了調查研究，取得了「內人黨」原始名單的全部內容。查明這張名單在人員構成上，所謂加入「內人黨」時間上，形成這張名單的日期上，以及今年一月二十日偽造的「現場」和假現場的「旁證」，都是一個破綻百出的「物證」。經過揭露和鬥爭，在五月十七日，他們才被迫當眾宣佈：這張「內人黨」原始名單，「經過反覆核實」，「查明是偽造的」。

這張所謂「內人黨」原始名單，是在滕海清「挖肅」大競賽中，在武鬥的逼迫下，從一個叫色××××那裡打出來的。他們為了證明這張「內人黨」

原始名單是真的，偽造了「經過公安廳儀器化驗，科學鑒定」的情節。經過查明，公安廳對這張名單文字書寫時間，技術鑒定上解決不了。更不能化驗這張名單是「內人黨」原始名單。公安廳只是提供了三條分析意見：一、名單是由色××××親筆書寫；二、名單是在卷櫃查封前，放入卷櫃內的；三、如果卷櫃上的封條肯定是在一九六七年八月二十五日封的，名單的書寫時間應定在1967年8月25日以前。這一切充分說明是一個陰險的政治詐騙案。這張「內人黨」原始名單的破產，給滕海清一記響亮的耳光！

一起案件

滕海清在挖「新內人黨」中，曾多次吹噓，他破獲了許多政治案件。在內蒙銀行也毫不例外地破獲了一起所謂「三十八號案件」，即「內人黨」中央設在內蒙銀行的「三十八號蒙修情報站」。這個「三十八號案件」的真相到底是咋回事呢？就是內蒙銀行二樓三十八號房間，在一九××年到一九××年期間，經原內蒙黨委書記處批准，內蒙公安廳借用這個房間進行過公安業務工作，所以被定名為「三十八號案件」。據我們瞭解，「三十八號房間」的工作是經中央公安部批准的，是搞敵人的。與銀行本身毫無關係。內蒙革委會的領導同志親自查閱過這項工作的檔案，並做了肯定。

那麼，紅色的「三十八號房間」，怎麼被搞成「蒙修情報站」了呢？在挖「內人黨」過程中，有的群眾不知這間房子是幹什麼用的，發生了懷疑，提出查實澄清。但是，他們為了達到不可告人的目的，夥同烏蘭夫在分行的代理人吳廣榮等一小撮階級敵人，炮製了這個觸目驚心的「三十八號案件」，借機大搞逼、供，信。他們在一月二十五日，當眾宣佈「破獲了一個長期以來裡通外國，為蒙修直接提供國家政治經濟軍事情報的三十八號案件」，「搞出了電臺、密碼、呼號」。隨後，又編造了「向蒙修發送了銀行存放款數字、信貸和貨幣流通情況，農牧業存放款數字，金銀儲備，人民幣發行，以及機構、人員設置情況」等等大量的經濟情報。有情報，就得有特務，有情報員。所以把捏造的「情報」的「數字和情況」，又同銀行的具體工作人員聯繫在一起。而掌管這部分工作的同志大都是共產黨員和革命造反派。這樣，就把一大批包括打字員在內的共產黨員和革命造反派，拉進了「三十八號案件」，打成了既是

「內人黨」，又是「特務情報網」成員的「雙料反革命」。

他們把「生米做成熟飯」以後，才開始去搞所謂調查研究。於是在今年二、三月間，派出兩名人員到公安廳瞭解情況，當時公安廳軍管會的負責同志告訴他們「三十八號房間」的工作，是紅色的，是搞敵人的，根本與銀行沒有關係。可是他們不但不去糾正這個錯誤，反而一意孤行，把自己編造的所謂「三十八號案件」，畫成漫畫，在四月十日，舉辦了「內蒙銀行反革命『內人黨』罪行展覽會」，公開展出，繼續欺騙內蒙銀行和呼市的廣大革命群眾。

我們為了捍衛毛主席的革命路線，戳穿「三十八號案件」的政治欺騙，從三月份開始進行了大量調查。並與五月二十六日上午到內蒙公安廳軍管會走訪了副主任劉長柏同志。他在接見我們時，又重述了今年二、三月間接見銀行調查「三十八號案件」的兩個同志時，說過的一段話：「我告訴他們，三十八號房間，是我們公安機關向銀行借的，肯定是紅的，不是黑的。我還講：『如果你們不相信，可以問李樹德同志和郝廣德同志。有關這個案子的具體內容，有沒有電臺等問題，為了保護國家機密，我不能告訴你們，但肯定是紅的，不是黑的。』」

事實勝於雄辯。喧赫一時的內蒙銀行「三十八號案件」破產了！它使廣大革命群眾看清了在滕海清「左」傾機會主義路選統治下，打擊、陷害共產黨員、革命造反派的又一個政治陰謀。

一張「內人黨」原始名單，一起「三十八號案件」，從表面上看是毫無關係的兩件事；但從本質上看，則是有緊密聯繫的兩個偽造案件。「內人黨」原始名單，是給內蒙銀行暗藏著一個龐大的「內人黨」反革命組織找「依據」，而「三十八號案件」則是證明內蒙銀行不僅潛伏著龐大的「內人黨」反革命組織，而且還進行了「大量的投修叛國活動」。他們就是用這兩張「王牌」，對上進行長期欺騙，對外大肆招謠撞騙，藉以吹噓內蒙銀行「挖肅先進單位」的「偉大成果」的。

「山窮水盡疑無路，柳暗花明又一村。」叫他們的「一張名單」和「一起案件」的兩張「王牌」，見鬼去吧！

內蒙銀行革命造反派和革命群眾

一九六九年六月十二日

滕海清同志的「左」傾嚴重錯誤 給牧業生產帶來的嚴重危害

在滕海清同志的「左」傾機會主義錯誤的指導下，把大批的貧下中農（牧）、基層革命幹部打成「內人黨」。幾乎所有的基層紅色政權被摧垮了，生產無人負責；貧下中農（牧）這支生產主力軍受到殘酷鎮壓，生產積極性受到嚴重打擊。農牧業生產遭受嚴重破壞。

以呼盟東新巴旗為例：

這個旗科局長以上幹部共有174名，除3人以外，都被打成「統一黨」或「內人黨」。烏胡勒寶力格公社這級幹部，除勘察員、車夫外都被打成「內人黨」。這個公社80%的貧下中農（牧）都被打成了「內人黨」。因此使生產遭受的損失令人痛心。敖拉諾爾大隊1,839頭牛，死亡845頭。15,792隻羊，死亡1,492隻。975匹馬，死亡41匹。敖拉諾爾大隊從一月十五日至三月二十二日，共六十六天就死牛220頭，羊512隻，馬28匹，平均每天死亡11.5頭（隻）。

呼盟的西新巴旗各級革委會大部分人被打成「內人黨」，生產處於無人過問的狀態。這個旗1968年底有牲畜760,000多頭（隻），幾個月的時間就損失48,000多頭（隻）。賽汗塔拉公社5,000多頭牛，死亡即達2,000多頭，80,000多隻羊，死亡30,000多隻，2,000多匹馬死亡200多匹，共折款86萬多元，可買東方紅拖拉機57台，或解放牌汽車43輛。克爾倫公社8,025頭牛，死亡437頭。

內蒙革委會生建部批滕聯絡站

1969年6月5日

《5·22通訊》第八期，內部刊物，不得外傳

內蒙古自治區革命委員會機關批滕聯絡總站

1969年7月11日

8.關於西蘇旗問題的反映（1969.07.20）

觸目驚心的復辟　史無前例的酷刑——從西蘇旗的典型報告看滕氏「挖肅」的本質

編者按：本報登刊了錫盟西蘇旗典型報告的全文。它清楚地告訴人們，在無產階級專政條件下，資產階級的代表人物是怎樣地利用他們所竊取的職權大搞資產階級專政和資本主義復辟；它用血淚的事實告訴人們，那些打著紅旗反紅旗的赫魯曉夫式的人物是怎樣卑鄙地變無產階級專政為資產階級專政，甚至是法西斯式的專政。

再沒有比這些道貌岸然的偽君子們更可恥的人了，也再沒有比這些資產階級陰謀家更惡毒的人了。把全旗人口總數的百分之二十五打成什麼「內人黨」，而且這百分之二十五中又幾乎全是革命工人，貧下中農（牧）。這就是統計數，百分之二十五！

他們在幹革命嗎？不錯，在革廣大人民群眾的命！在革無產階級的命！他們可以在抗日革命軍人的身上進行日本法西斯侵略者所不能再進行的第二次摧殘，在他身體二十七處法西斯槍彈的傷疤上再燒他二十七火鉤！多麼「鮮明」的「階級愛憎」，多麼可恥的背叛啊！他們在清理階級隊伍嗎？不錯，把造反派全都打成「內人黨」，把貧下中農（牧）全都打成「內人黨」，這在給哪個階級哪個王朝哪個獨立王國「清理階級隊伍」呢？！

他們僅僅是犯了政策的錯誤？非也！這份極平常的調查報告所提供的百分比是最嚴厲的判決書。歷史上有哪個暴君、酷吏和奴隸主發明過比在滕海清同志「左」的嚴重錯誤所指導下所發明的更殘暴荒淫更下流、更令人髮指的刑法嗎？在這些刑法的發明家的身上能看到一點共產黨人的味道嗎？！

這不是復辟又是什麼？這不是資產階級專政又是什麼？那些沒有直

接受害的善良的人們對這些事是觸目驚心的；那些滕氏獨立王國的公民們也該是觸目驚心的。

這是千千萬萬份這樣的調查報告中極平常的一篇，這是滕氏獨立王國治下的一個極平常的縮影。

關於西蘇旗問題的反映

內蒙革委會核心小組：

（一）「挖肅」概況

西蘇旗位於祖國北疆，面積×萬×千×百××平方公里，有××個牧業公社，×個牧場，×個農業公社，加旗所在地共××××多人。

六八年六月二十五日，老滕派遣××××部隊介入西蘇，又於七月二十四日親自在溫都爾屆德王府點燃「挖肅」烈火。老滕指示：「××××部隊陳付政委邱付參謀長等幫助你們工作，……上次我在集寧和他們部隊首長談了，西蘇旗、察右後旗、黃旗、化德支左歸他們管起來，武裝部要與部隊合起來。」又說：「你們那裡投修叛國的不會少，他們統統是烏蘭夫線上的人，我們抓階級鬥爭，就是要與他們鬥爭。」「你們西蘇旗複雜，但總還有百分之四十、百分之五十是好的吧。」給西蘇旗「挖肅」定了調子。老滕很重視手中這個典型，在內蒙日報《打倒假洋鬼子》之後到《從「二月逆流」到「九月暗流」》之前，三次發表文章，向全區推廣西蘇旗「挖肅」經驗，並準備三月份在西蘇旗召開「挖肅」現場會議。下面我們看看這是個什麼樣的典型：

一、鎮壓廣大工人、貧下中農（牧）、共產黨員、革命幹部的黑典型。六九年一月，旗革委會宣佈，全旗挖出「內人黨」、「統一黨」「莎窯子黨」、「新蒙青黨」「黑虎廳」「白虎廳」「黃虎廳」「青虎廳」等反動組織三十多種，「內人黨」及其變種組織成員××××人，占全旗總人數的13.45%，其中蒙族×,×××人，占挖出總數的87.4%。×，×××人中，工人×××人，貧下中農（牧）×,×××人，國家幹部×××人，合計××××人，占挖出總數的61.9%。三月一日又宣佈，全旗挖出×,×××多人，並提出「大幹兩個月，全殲內人黨」的戰鬥口號。四月中旬向盟彙報，全旗挖出×,×××人，占總人數的23%。據我們最近初步調查全旗共挖出近×千人，約占總人數的25%以上。非法關押達×,×××人，非正常死亡初步查實×××人。

但，旗革委會隱瞞了這個真實數字。五月初旗革委會祕書李彩新（無產者）向盟記者趙晨陽反映，西蘇挖出×,×××人，六月五日旗革委會付主任陳必如宣佈時，把全旗挖「內人黨」總數縮減到××××人，非正常死亡只承認××多人。

在挖出近×千「內人黨」中，百分之九十以上貧下中農（牧），全旗共產黨組織被打為「內人黨」組織，×百來名共產黨員，被打成「內人黨」的×百多名，占全旗黨員的85%以上。全旗×××名國家幹部被打成「內人黨」，占全旗國家幹部的85%以上。旗委付部級以上幹部全部被打。公社一級幹部×××名，只剩下4名不是「內人黨」，生產隊一級幹部×××名，除25名懷疑外，都被打成「內人黨」分子。

二、大搞武鬥、逼供信，嚴重破壞黨的政策的黑典型。

全旗所有「挖肅」學習班，都設禁閉室、審訊室。大搞武鬥，大搞車輪戰，大搞逼供和誘供。武鬥刑法是多種多樣的，有「壓杠子」「過電」「扎火罐」「坐火爐」「脖子掛鐵器」「用鐵棍子打」「用膠皮鞭子打」「上手銬子打」「吃麻花」「鉗手指」「剝衣凍」「插竹簽」「吊頭髮」「手脂挾子彈」「開水湯」「吃豬瓜」「老虎橙」「火鉤子燙」等主要刑法一百多種。同時，六八年底到六九年三月，旗公檢法軍管組三次利用無產階級專政機構判決五十四名無辜貧下中農（牧）子女，打成「內人黨」變種「統一黨」成員，而後宣佈釋放，以示寬、嚴、外之別。更為嚴重的是許多階級敵人充當了「挖肅」積極分子，對貧下中農（牧）實行了階級報復：

張洪真，新民公社貧農社員。三八年入伍抗日，身負二十七處傷，是二等一級殘廢。「挖肅」中慘遭階級敵人的迫害，二十七處傷口又被燙了二十七爐鉤子。

李洪霞，新民公社貧農，教員。揪鬥她時，剝光她的衣服，逼她裸身跳著「搖擺午」唱〈北京有個金太陽〉更殘暴的是往她褲襠裡放鞭炮，對她進行人身摧殘。

段老太太是都手木公社貧農社員。揪鬥時把她一根肋條打斷後，又逼喇嘛往她身上爬，強行喇嘛做下流動作。這種刑法叫「配種」。

胡達古拉是售貨員，懷孕五個月也被毒打，更下流的是國民黨兵痞宋洪恩獸性發作，強行從她褲襠裡拔毛。

李文優是朱日和農場工人，被鬥時，把他的小便和腦袋拴在一起，把煙頭插到屁股裡。

白音朱日和公社白音塔拉大隊的貧牧社員呢瑪，對他批鬥時，用磚燒紅了往身上燙，全身三分之二被燙傷。

概括一句，就是挖的多，打的殘，作的絕，河南有個收羊糞的也挖進去了。貧下中牧說：「再挖連牛羊也挖進去了。」

三、支一派壓一派，為二月逆流翻案的典型。

一九六八年四月，旗人武部格日滿都乎（付部長），借旗革委會成立之機，打著「支持小人物」旗號，排擠、打擊造反派，為他自己、為二月逆流翻案打了第一炮，在此基礎上，刮起了為二月逆流翻案的妖風。

1、旗革委會成立之後，階級敵人製造了一啟嚴重的「四二八」政治事件。它的要害是陷害革委會主任包玉林同志，是妄圖分化、控制革委會。對此，錫盟革委會核心小組曾做過正確結論：「四二八」是一啟嚴重政治事件。然而，滕海清在八月二十六日把此事件定為：「這個事件是一度混進革委會竊居了主任職務的『內人黨』徒包玉林，懷著他不可告人的目的一手造成的。」「這件事情是階級敵人搞的」等等，把包玉林同志打成階級敵人，小高錦明、九月暗流的代表等，以此，打擊鎮壓革命造反派，為二月逆流翻案。

2、在「挖肅」中，把六七年五、六月呼三司、人武部表態支持的造反派組織及革命群眾，全部被打成「內人黨」的黑據點，黑勢力。革命造反派90%以上被打成「內人黨」，150多名戰鬥隊級以上的頭頭只剩下一名還是懷疑對象。新民公社革命造反派三百多人，全部被打成「新內人黨」變種「新尖兵團」成員。把一些在二月逆流中衝殺出來的如冷庫、中學、土產、烏蘭牧騎等單位打成「老大難」「馬蜂窩」，並非法把江青同志早在六四年就肯定了的文藝單位——烏蘭牧騎，定為「內人黨」的輿論工具加以取締。

3、在「挖肅」中，軍宣隊邱付參某長說：「西蘇兩派都站錯了，不存在造反派，都是革命群眾組織。二月逆流在西蘇旗是不存在的。」「長征派不適合掌權，壞人多。」軍宣隊周祕書在呼市林業廳專案組對××說：「西蘇旗一派掌權全然無錯，就應當一派掌權，現在可以看清楚了吧！長征派的都有問題。」有意地挑動派性，因此，在挖肅中，旗直各單位，各公社革委會成立」，大部分是二月逆流的黑幹將掌權。因此，許多造反派受到排擠、打擊，如皮毛廠就有十七名被開除。大部分生產隊領導班子的產生是有很大問題的。

四、破壞民族團結，破壞「抓革命、促生產」，破壞黨的政策的黑典型。

「挖肅」初期指導思想是純碎的民族觀，嚴重破壞了民族團結。我們調查了賽漢勒吉、布士木吉、若干敖如三個公社，原革委會蒙族幹部全部被挖，全部生產隊第一把手都安排為漢族擔任，其中大多數都是有問題的來歷不明的人。在他們掌權後，任意揮霍集體財產。同時，在下面廣泛散佈反動的民族觀，敖公社支左的李司務長說：「過去烏蘭夫重用的都是你們蒙古人，沒有這次文化革命我們的頭也被殺了。你們吃的、穿的都是共產黨的，你們是對不起共產黨的，……過去是烏蘭夫的天下，現在是毛主席的天下，你們要老實交待。」蒙族老鄉膽驚受怕，敖干希里大隊六十七歲的老貧牧達木丁曹，聽說蒙古人都必須登記，否則就要「七鬥八鬥」，被迫先背好「統一黨」三個字，到大隊登記站又嚇忘了，只好二次回家背好再去。全大隊十四歲以上的蒙族幾乎全部登了記。因此，給廣大蒙族群眾造成極大精神負擔，民族情緒弄得很緊張。

廣大貧下中牧和主要勞動力被打成「內人黨」，革命極積性受到了嚴重挫傷，牧區生產處於癱瘓，當前放牧和剪羊工作受到影響，造成損失。

隨著「挖肅」深入，牧區出現許多新富牧、新牧主。把大批貧下中牧推到團結對象邊，嚴重踐踏黨的階級路線，布士木吉公社，在挖肅中把有一臺縫紐機一個半導體，的劃為新富牧，對被打成「內人黨」的人稍表現不滿情緒，就把階級成份給提一級等，嚴重破壞黨的政策。

（二）我們為什麼第二次上訪：

黨中央對內蒙當前工作的重要指示下達後，西蘇革委會主要負責人本應堅決迅速地落實黨的政策，糾正錯誤，穩定局勢，但是與廣大革命群眾的願望相反，落實政策出現了種種阻力：

第一，旗革委會已癱瘓。主要頭頭，陳必如（付主任），邱維善（常委），多日不知去向，朱喜田（主任）、代克昌（付主任）外出；郭洪德（常委），逃之夭夭。剩下郭登弟（付主任）和孫樹（常委）楊萬喜（學生常委）三人，後兩人說：「生產的管、群專的管，別的不管，別找我們。」

第二，旗革委會常委郭洪德帶頭，帶領基層革委會頭頭數十人，帶著拍照、複製的「新內人黨」材料赴京上訪，無視中央5・22指示，繼續對抗群眾。

第三、秋後算帳大棒還在揮午，政策至今不認真落實，錯誤不承認，支左的主要負責人陳必如態度非常惡劣，更談不到糾正錯誤。民族團結惡化，大批蒙民因思想工作根本沒做，強烈要求上訪。

至此逼上梁山，我們二次赴呼，強烈要求解決西蘇問題。

（三）我們的要求：

第一，要求老滕必須收回在西蘇旗反毛澤東思想的「七二四」講話，對西蘇旗「四二八」事件的錯誤批示和「內蒙日報」三次發表推廣的所謂「西蘇旗挖肅經驗」的文章。

第二，針對西蘇旗具體情況，我們提出解決西蘇旗問題的具體意見（附後）請予以及時批示。

錫盟西蘇旗上訪團

一九六九年六月十四日

《工人東方紅》

1969年7月20日

9.呼和浩特市革委會政治部、生建部關於呼市計劃口被打成「新內人黨」問題的平反公告（1969.12.17）

最高指示

有反必肅，有錯必糾。

提高警惕，保衛祖國。要準備打仗。

團結起來，爭取更大的勝利。

呼和浩特市革委會政治部、生建部關於呼市計劃口被打成「新內人黨」問題的平反公告

一、在前一段清理階毅隊伍中，特別是在挖「新內人黨」的過程中，在「左」傾錯思想指導和資產階級多中心論的影響下，在計劃口，以反擊所謂「九月暗流」和挖「新內人黨」及其變種租織為名，嚴重違背了毛主席**「要重證據，重調查研究，嚴禁逼、供、信」**的教導，毫無根據地把呼市計劃口當作「老大難」、「螞蜂窩」、「右傾機會主義樣板田」、「內人黨在呼市爭奪和盤據的一個重要陣地」來搞，並給一部分同志扣上「右傾勢力」、「現行反革命」、「壞頭頭」、「老班底」、「黑幹將」、「黑高參」等等莫須有的罪名，錯誤地把中共呼市計劃口黨委打成「內人黨」黨委，把其所屬支部、小組錯打成「內人黨」支部、小組，把一部分同志錯打成「新內人黨」並隔離審查，把一部分同志進行圍攻點名，同時，還錯懷疑了多同志，犯了嚴的逼、供、信和擴大化錯誤，致使這些同志在政治上遭到迫害、精神上遭到折磨、肉體上遭到摧殘、人格上遭到侮辱。錯誤是嚴重的，教訓是沉痛的：混淆了兩類不同性質的矛盾，破壞了革命的大聯合和革命的三結合，癱瘓了計劃指揮部及其所屬的基層革委會（小組），推遲了鬥、批、改的進程。我們深感對不起偉大領袖毛

主席，對不起廣大革命群眾。在此，我們懷著十分沉痛的心情，向這些被誤傷的同志們表示賠禮道歉！向被誤傷同志受牽連的家屬、親友表示賠禮道歉。

二、偉大領袖毛主席教導我們：**「有反必肅，有錯必糾。」**根據毛主席的《五・二二》批示和中央對內蒙當前工作的指示，根據內蒙革委會有關政策規定精神，在此，特給被錯打成「新內人黨」並隔離審查的有計委：劉俊卿、李文昌、王德臣、凌馭、韓雪明；物資局：趙福、殷寶山、周鑫伊、烏素玉，統計局：賈金泉、金琳；勞動局：李明定；科委：景生富；農辦：道尼要特，儲運公司：焦文才、韓祿、宋希賢、徐榮春、曹有明、史殿海、裴炤、郭和義、李少清；木材公司：牟聖樸、楊祿、谷忠義、徐浩然、馬四苗、郭儀；服務公司：王玉珍、翟玉珍，建材公司：石辛珠，劉福；機電公司：楊志學、馬澤山、劉林；化工站：喬寬富等37名同志。被圍政點名的有計委：任佩蓮、李存元；物資局：梁文周、曾華堂；統計局：田瑞芳、王慶珍、張之俊；科委：青梅；機電公司：王義舉、王國忠、張忠；儲運公司：張金良、邊崇元；木材公司：張金波、呂福旺；金屬站：李國良等16名同志，一律予以公開徹底平反，消除影響，恢復名譽，給予信任。對被錯懷疑的74名同志，一律予以解除懷疑。

三、在反擊所謂「九月暗流」期間，把計委高玉厚同志打成「現行反革命」是錯誤的，現給予公開徹底平反，消除影響，恢復名譽。

四、對上述同志所整的一切所謂「新內人黨」和所謂「右傾勢力」的材料，一律追回，當眾銷毀。確實無法追回的，我們鄭重宣佈：一律作廢。以後，如發現仍有轉移、複製、保存上述同志的所謂「新內人黨」和所謂「右傾勢力」問題的材料者，要嚴加追究，嚴肅處理。本人所被迫寫的所謂「新內人黨」、所謂「九月暗流」的材料，全部退回本人。

五、切實做好善後工作。對上述被誤傷同志，發給本人平反證明；對由於「左」傾擴大化和逼、供、信而致傷、致病、致殘的同志，由所在單位負責予以治療；對被誤傷的同志而受牽連的家屬、親友、及有關單位，發給平反通知書，挽回影響；對因被打成「新內人黨」期間所造成的個人財物損失按上級指示精神，由所在單位給予合理解決。

六、遵照偉大領袖毛主席**「要實事求是」「要重證據，重調查研究，嚴禁逼、供、信」**的教導，經過呼市計劃口廣大革命同志的積極努力，認真調查，又經呼市革委會派駐呼市計劃口落實毛主席《五・二二》批示檢查組的進一步查證，沒有發現任何證據說明呼市計劃口及其所屬單位有「新內人黨」及其組織成員。因此，我們現在鄭重宣佈：呼市計劃口及其所屬單位，根本不存在「新內人黨」組織及其成員。有關整理和散發的呼市計劃口及其所屬單位所謂「新內人黨」和所謂「九月暗流」的一切材料，宣佈一律作廢，永遠無效。

七、團結起來，準備打仗。當前，美帝、蘇修正加緊勾結，陰謀侵犯我們偉大祖國。大敵當前，我們熱切希望被錯打成「新內人黨」的同志，以團結為重，胸懷大局，不許計較個人恩怨。一切革命同志都要以革命利益為重，團結一致，共同對敵。堅決響應毛主席**「提高警惕，保衛祖國」**，**「要準備打仗」**的偉大號召，認真落實《八・二八》命令、《七・二三》佈告、《五・二二》批示，**「抓革命，促生產，促工作，促戰備」**，團結起來，共同對敵，加強戰備，爭取更大的勝利！

1969年12月17日

10.土右旗四家堯人民公社的虐待蒙古人方法：追究問題審問錄（1968.05.28）

追究问题。　　68.5.28

1. 董老迈有没有电台？（何志文）
2. 中[illegible]不参加劳动，贩卖[illegible]，他是不是参加[illegible]？
3. 下[illegible]，有人说是[illegible]地主。（何志文）
4. 在[illegible]训班学习期间，文[illegible]常去活动，不知干什么。
5. [illegible]不做工作，不知搞什么名堂。（常志中）
6. 董[illegible]过去一天也不劳动，抽大烟，[illegible]大队，是不是富农，我认为是破产地主。（王[illegible]）
7. [illegible]静祥[illegible]，怕别人谈他的问题。是不是三青团员？
8. [illegible]是不是三青团员？
9. 邵[illegible]是不是三青团员？
10. 许[illegible]历史上有什么问题？（[illegible]）

11. 陪嫁的黄凤岐翔，过去在天水受训练过，五分之八九十是三青团员和国民党员。回来的又在王答那当了随从副官，对这个人应追究。（李树林）

12. 将军党的礼言纪党的黄胡声，成本本的地主，他现在是小土地经粗，他有土地2—3顷、雇长工1—2个，其父也当过特别股。以后接收的村户，他在62、63年陷了口粮粮。

13. 呼和浩特黄玉福过人，回请时下了台，现在为什么又当了会计？他在文化大革命中为什么将造反派都要打倒黄？（李克中）

14. 寻委会人员王孙背过枪，跟过大官，有无恶权？

15. 〃　　〃郝宇南其父罪恶累累，郝宇南也当过班长，其父过去当军官，他去就续回两部面。不知为什么。速听群众反映的。（王拉也）

16. 黄志亮过去当过兵，当过伴千，成分不清，错当像。他过去一直抗出受过训，据说受训的人都是国民党员。（王拉也）

17. 黄志远成分有问题，过去纪实要抢保护什么？（王拉也）

18. 王福忠小时是个大烟鬼，赖皮，还参加国民党军，后的麻烦。（他说是地政人员）他来到那祷军内搞了什么名堂？

他老婆曹华是一个国民党特务的老婆。她也是国民党特务。了解社会关系反革，有人说她还有其亲戚，了解在土镇拆拳院是否有问题？

（叶可华）

19. 何四莹路投诚，原是河南的人，在铺子坊也当过兵，一次打三旦穗儿他带着两个人，是用铁丝串着锁了股。他说：在城行那时当兵，跨了一天就跑，搞两板了净城何片。（王文英）

20. 导后阶级斗争盖了为什么搞不开？为什么要伸着老区为学毛著打兵？为什么要结合着老区？（申可华）

11.土右旗四家堯人民公社的虐待蒙古人方法：韓石柱交待問題（1968.12.10）

韩石柱交待问题　1968.12.10.下午4点

参加人：王英、刘占权、牛万华、张三后、刘四解

地点：小召大队办公室

主持人：王英

记录人：白荣成

王英：给他交待政策，并谈交待"内人党"及资料、活动情况。

韩石柱：我也是大队员下中农和公社干部的[illegible]，但是我对内人党不明。如果[illegible]、报告，我没有亲身加入过。58年内政科、杜志林、来开过会，[illegible]所有[illegible]、党委和我也[illegible]了[illegible]，那我就不清楚了。在文化大革命中参加过东方红造反队、四支队，这是[illegible]报名的，在大联合时我退出的。自来参加工东彪战斗队，主要由外统中学党参加组成，参加了大联合，担任了秘书工作。

从我参加[illegible]15元白洋，[illegible]，67年[illegible]

[illegible]，[illegible]自[illegible]山[illegible]里。

内人党没有，就是去年我在58[illegible]大[illegible]，他说我参加[illegible]农民造反队，我在那里没有参加，并说我自愿参加[illegible]。因为[illegible]参加组织，因此没有参加他们。

41

[illegible]的[illegible]来相问，他说斗了你越冤，从来走[illegible]说不去斗，[illegible]不自己[illegible]是私人[illegible]，你们组织红卫兵，贴大字报，我[illegible]在[illegible]不[illegible]斗。他说：我认为不[illegible]，回去给我写大字报。结果我没有写。又一次[illegible]二[illegible]民[illegible]来说：你[illegible]起大联合，[illegible]我参加，我当时说：我们在大联合，怕[illegible]多[illegible]事[illegible]两派，所以我没有参加。

我去学委会时，我和[illegible]学生，他们，下[illegible]情况[illegible]，给我[illegible]到[illegible]的[illegible]，他们[illegible]！我是[illegible]，但是[illegible]有[illegible]不会。

[illegible]我二大兄弟[illegible]菜，介绍我参加了[illegible]、[illegible]、[illegible]，我大兄弟、外父、等58[illegible]的[illegible]会。他告诉我回去也[illegible]组织，且[illegible]，如果[illegible]有不对，可以[illegible]。

12月21日我来党委了医院給我母親配藥
同時找候大夫談話。候說 你来做什么 我說
給我母親配藥 候又說 你是不是想欠一下謝培华 我說看有沒
有影響 他說不用欠啦 他又說 你有什么擔心的 我說
安慰他一下不要害怕 要相信党的政策。不論哪一个
内人党 同時也不冤枉一个好人 即便加入了也是一个受
朦騙的 沒有什么可怕的 我接着又說謝培华是不是牛
群线上的？因为我回去听我母親說过一句話 牛群說
談死謝培华也給我做四个証明 我也从往回去謝培华
也和我談說牛群在村裡搞不团结 和許多人闹意见
同時又說家裡买下一家三哈当接着說我弟弟不知道这么
一回事 結果有些人教我朝那方面談 当時我說他自己
問題自己不知道参加就参加 沒参加就沒参加 实事求是向
组织交待 经公社有关人与我談說不是这么一回事 我才明白
是他的胡說 同時我也不应当有这一种局限的錯誤認識

謝[illegible] 12.21.

逼问材料

逼问人：孙宝，佟兆亮，陆英，白[illegible]，　　　被逼问人：

问：你叫什么名字：

答：黄世英（乃名[illegible]）。

问：当前我们的党是什么：

答：挖肃内人党。从前不知道，看了一本书才知道。

问：看过什么书：书名叫什么：

答：我没读过，书上说了内人党何时成立，中央六条何时撤销。给我们

读后才知道。

问：你以前知道不知道内人党。

答：不知道，现在才知道。

佟兆亮说：你哥哥当[illegible]来的，现在对你的[illegible]。

黄说：我知道。我住过民族学校，四年级加入共青团。我加

入就说加入，是有好处吧。我在四年级去[illegible]学，在

[illegible]中念了两天。

问：你好好考虑一下。

答：少年有无内人党不清楚，

问：你知不知道[illegible]。

答：青年人根本不知道，从参加会[illegible]那位老先生[illegible]比较好，以前他人大

都不知道我们。

孙宝：我怀疑是内人党，因为他父亲是内人党，他就是内人党，

另外，四年级[illegible]，人们说[illegible]。那时我念书，

（1）

（2）

回来给读一下文件。

我入团三次，第一二次没入了，第三次我才入了。

问：你和王扶互相谈论些什么、看了些什么书：

答：这些都没有。

问：你同王拉看过什么书：

答：我好好想一想。你们要我和你们谈，你们不要我给你们写材料。

关于内人党书没人给过我呀。

问：你同君君、石桂子看过些什么书：

答：保卫延安等书，还有我买了几本，记不太清。

12.土右旗四家堯人民公社的虐待蒙古人方法：黃秀英交待大召會的內人黨問題（1968.12.30）

黄秀英交待大召会的内人党问题

在1963年古历七月初九日下午，在召庙北挨东边里间，召开第二次会议，参加人就是四人，就帮乌拉盖，炕上放的一桌子，有乌有才、郭奇山、伏福子、刘巴登、黄特喇、寺土特那外父、伏格扎在地下坐着，郭白楞在地下板凳上坐着，由黄特喇、我（黄秀英）在炕沿边上坐着，把倩乎地下站着，扎巴斯在外间门上站。开始由弟奇山说咱们组成内党委员会，这些人开始讨论，首先由我讨论（郭奇山讲的），随后盖了章，以后由寺子特那[illegible]说了我的名和扎巴斯说了，走在大门口西扎巴斯说：快了、快了。我说：快了，你我开会要说，不说不说。

在这次会议成立了委员会：由弟奇山、乌有才、伏福子、扎巴斯、郭白楞、黄秀英、刘巴登、黄特喇、伏格扎、组成。

根据证明人事实情况 黄秀英

1968.12.30

1968.12.30

(1)

入内人党问题

一、入"内人党"的本末情况：

① 1967年，12月我去呼市那趟，去时，杨三小在叫我说，"四叔，你从呼市返回来，路经五卜树，问问她给咱们把那八十五元要一要？""噢！"我说。12月9日，返回五卜树，在我们侄女家住了一夜，第二天去他家里要钱。"你三叔说，你有我们队里减价钱八十五元，让你给付一付？"我说。"我三叔送了我四十元人情，落下你们四十五元，现在没有，以后有了再给吧！"他答。"四爷爷有个组织"内人党"，也叫"内蒙古人民革命党"，你参加呀不？""中国只有一个伟大的政党，共产党！为什么又出来一个党，这个党一定是（乌兰夫建立）蒙古人的私党，是反对党和毛主席的，你们入去吧！我不入"。

② 68年3月里，我已或当了会计，我从侄女上返回来又问他要钱了。"秋天给吧！现在没有钱了。""四爷爷我给你记上名字了"。我说，"你不要给我记上名字呀！"

③ 在阴历6月29日—7月1日，往侄女上送的我的两个妻侄女，第二天返回来，因为是会计，有责任把队里的债权收回，又问他要钱了，"我三叔给了我人情钱四十元，下余四十五元，冬天拿来付我"。这回看出心情特别不高兴！

④ 阴10月8日，核算决标时期，又去五卜树找他那里要钱，（那时他已在社上开会），引起他对我的不高兴！"哼！"王代谁也不问我要钱，就你问我要，这钱都是我人情，你不知道呀！"他愤恨地说。"谁送你的那么多的人情，为什么不要农人民的血汗，赖债你还身不给人家呢？"我气愤地说。"哼！"我没钱，你把我吃了。"我气得他了真地说。"我要叫你认的我"。过到五卜树挖"内人党"开始，他们给我大量造舆论，"说什么我和他们策划，说什么和他们怎样联系，他和我们怎样掌握……"。那里的群众对此都不相信，因此，这顶帽子就给我戴上了，我要是不要钱，那有这些事呢！在当时挖下打时，他三爹的三兄某自骂过，"某某某，人家问你要了四四钱，你烂了心里，害人家"。愤怒地把唾沫给唾在脸上，又但没有听，在他们一户孙家人攀下，都是内人党，孙家出来大人娃娃没有不是的。"我们孙家出来大大家了，要把我们一户孙家害死。"

二、关于发展问题：

（2）

我的内心活动如下的四个方面：

①"我是一个有历史问题的人，隐瞒没有向组织交代，如果再发展"内人党"，那是罪不容诛的现刑犯"。我那敢与人民为敌，这是我内心活动的一方面。希广大革命人民群众分析。

②"这个"内人党"，我早已清楚是反对共产党反对毛主席，反对社会主义的反革命组织，也是乌兰夫阴谋发展他的可靠蒙人得了反革命权威以后，进行屠杀汉人的组织，而我是汉人，又怎能迷惘还你做出这样的坏事"呢？如果真的发展了"内人党"，新旧问题加在一起，那就是罪大恶极犯"。我那敢做发展"内人党"的坏勾当，这是我内心活动的二方面，希广大革命人民群众分析。

③"自解放到现在20年，当会计员带两次，参加建设15年，仅拿员带一次来说，党和毛主席培养了7年零三个月，由初师到高中，64年暑假在萨中毕业中师结业证。党和毛主席的恩情，对我是天高地厚，我不知该拿上什么珍物，报答党和毛主席对我的恩情。那有心以来发展"内人党"，危害党和毛主席"。这是我内心活动的三方面，希广大革命人民群众分析。

④组织上既然把发展"内人党"人教掌握：

"我以同推测这一定是孙晓，因为他在去年三月在王线士住了10天，他每天和王线士群众吃烟，喝酒，闲谈……。这是相可能的事"。这是我内心活动的四方面，希广大革命人民群众分析。

三、材料对证问题：

按两个方面分析：

①因为罪行严重，他把事实扩大，把拖入"内人党"的种种罪行，嫁祸于人，为了把他的罪恶减轻，手腕之阴险，毒辣，已达极点，我如果把队内的85元钱都送了人情，可能没有这些事了。（查）。

②．而我所说的全是"实事求是"，因此，他向广大群众交代是虚的，目的是为了害人，而我反映的是实的，这样的话，材料就对不上口。

四、附带说明孙晓究竟是个什么人：

补充检查

① 在去年，以前给他们入党的找到某某男参加了内人党了、同时他们说：我们不是谁的伙伴，就像也和我们谈过入党问题，他说今后要和你多联系的联系。我说：你们要保密，发现后不要连累别人。某男在今年夏季又和我说：如果把你揪出来，自己死就算死了也不要连累别人。我说：有我一个人就行啦，同时他也按照不搞，我没有些什么问题。

② 在去年季我们给建谈论参加内人党，当时我没有提什么党。他说：我要发入党的名册就几个。我说：那我就不给你。为什么不开提出什么党，所以他和蔺某说给我提出了。

③ 在今年夏季一天晚上让我到他去我家找我，我到他家。他问我公社对我有什么反映。我说：听不到什么反映，蔺某某这几天文字材料啦，我就一听说蔺某某说的时候有些声高。他却说快我说了，你快去吧。他马上就走去了。

，我出来，到了前边那边，他又和刘在说话，看见我就不说了，又说我们快回睡吧，我就走了。从这些看来是有问题，但我不知道他是否参加了内人党，但从这次表现来看是有问题的。

[illegible] 69年1.1.

13.土右旗四家堯人民公社的虐待蒙古人方法：公社革委會常委擴大會議簡報（1969.01.08）

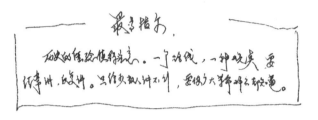

最高指示：

历史的经验值得注意。一个路线，一种观点，要经常讲，反复讲。只给少数人讲不行，要使广大革命群众都知道。

简　报

公社革委会常委扩大会议　（第[illegible]期）　1969年元月8日

在光辉灿烂的69年里，我社革委会常委扩大会议于元月8日正式开幕了。参加这次会议的有革委会全体委员，各大队领导班子和专案组负责人（及专案组成员），各生产队负责成员，各贫下中农负责人，专案组成员，公社全体干部，干部[illegible]共计[illegible]人。这是一次革委会开展两条路线斗争，开门办的一次会议；是把路线斗争引向深入，"吐故纳新"的一次会议。

革委会主任委员白子平在动员报告中说："我们这次常委扩大会议是根据十二中全会的精神，毛主席和林副主席在十二中全会上重要指示，内蒙革委会第四次全体会扩大会议精神，又根据旗革委扩大会议精神，结合我们公社情况召开的。我们这次会议主要以毛主席一系列最新指示为纲，革委会开展两条路线斗争，也就是革委会开门整风，把路线斗争引向深入。一定要按照七届二中全会上毛主席重要讲话上纲上线。"

（1）

韩哲一书记说：“红卫兵运动形势一片大好，我们形势也是大好。现在广大革命群众真正发动起来了，揪出了一小撮坏人，广大群众扬眉吐气，革命群众笑了，坏人哭了。但一小撮坏人还在最后垂死挣扎，我们曾经犯了右的错误。一小撮坏人指桑骂槐，上蹿下跳，就跳出来的坏人也不自在。改为大队班子，改为以社革委会。有人说：“与其革委会是几套班子，新的班子”，我认为不是那样，是坏人在里边造谣性对抗，斗争破坏很大。他们是一小撮坏人操纵了群众的，使坏人得做坏事了。毛主席教导我们说：“革命委员会好”，好就好在“革命”二字上，我们革委会新班子的形象，有实际、有好人。

白子才同志说：这次会议，要结合实际大搞斗批改，还要批判大的叛徒、内奸、工贼，也要结合实际进行批判。要抓好阶级斗争的方向，更进一步，搞好以社革委会阶级斗争盖子、揭开革委会的盖子。从革委会这一级来搞，也要结合实际。要实事求是，个别做好。

白子才说：这次会议要刻苦钻研，利用经验。希望同志们大胆抓，尤其是要大胆抓，绝对要坚持。开用大小字要集中精力，互相促进，学好文件，进一步发动群众关系。总之，这次会议要把革委会作好，要抓两条路线斗争，要上纲上线，坚决肃清流毒。把群众的人民战

抓进行学习。

争打好。

大家怎么办？也要开展路线斗争，毛主席教导我们：[illegible]造反有理[illegible]

思会。

在这次会议期间，也[illegible]同志们在[illegible]批判[illegible]内人党[illegible]。

这次会议一定是传了伟大领袖毛主席[illegible]的指示，[illegible]。

你想先同志们[illegible]、这次会议人多，地方分散，[illegible]同志

们一定要会议[illegible]来了，[illegible]认真[illegible]讨论[illegible]、[illegible]

之[illegible]。

~~希望，大家为了开好这次会议~~

在讨论中一致表态，为了开好这次会议有着[illegible]

决心，不怕[illegible]的精神，八天不行十天[illegible]

~~[illegible]到底地这次会议开好~~。

[illegible]：各大队、[illegible]、各[illegible]队二个[illegible]。

一、"四等指定""571"是国民党特种组织（57大会员）

二、"五一六"组织是国民党大规模的反革命组织，

三、以赵、刘、李为首的地下黑司令部（七名野将）

四、确定1.15个组织是反革命集团（15人）

共 1.四等指定："刘屯、鲁何石、赵英、夏三、代三先也、黄林林、伏原文、陶永土、洪三治。

2.黑司令部：刘志、王保伯、黄欧化、何巨化、黄林觉、王明昊、~~[illegible]~~、杨俶化、黄万山

以上各个组织和个人都彻底平反，并向~~[illegible]~~他们及其家属道歉
受害者同志和其家属

三、林帅要给这些人和党道歉。

关于伏依旭同志，彻底平反、解放，在大会再一次宣布。
揪第？"　　"　　关于我们的问题，~~[illegible]~~

下材料都归本人批回，以附件申请。

14.土右旗四家堯人民公社的虐待蒙古人方法：群專辦公室會議紀錄（1969.01.20）

1969.1.20.

群专办公室开内部会议：

主持人 永向前

参加人 群专八人.

1、学习报纸、阅读转摘报、等.

2、讨论前几工作中存在的问题，以后应该怎样工作怎样做要注意什么？我们群专还要建立些什么机构等

发言：

赵继光：我们的组织是群专，我们的人员组织纪律涣散，愉来了就走了，这样就中途走了不中方了节.

2、我们这几天由于学习不够，所以在工作中掌握政策也不够，在工作中犯了一些错误，我们对这几天抓来的人由于材料不足，又是硬行的活动就用了一些武的

3、主席也最近教导我们对于犯错误的人要重调查研究，重证据，打击面要小，教育面要大，我们就要本着主席的教导办事；

4、以后从下面大队往上送人时，必须有材料，在送人的前一天就材料送来，然后决定收不收的问题。这几天我们对王家营的几个采取了一些行动，这们有一些客观存在需要这样做。以后我们要重视政策攻心，

5、对我们群专，在下面大队和群众中有一些误解和错误的看法，就是认为他们管不下来的人我们能管下来，因为我们用武斗的办法，所以他们也这样吓唬被审的人；在外面我们经有一股歪风.

从以后大队送来人，我们要分别地看待，采取不同的方法解决问题，

6、我们这个组织，除为主要领导，这几天就这样乱哄哄，以后要分开，建立一些机构，应有专案组和后勤组，专案组由五人组成，一个记录，两个外调，两个整理材料，这个组还要由一个（永向前负总）负总，负责下面还有刘亮、牛万恒、张根来、王元外、何长义组成，后勤就和梁胜意可以，因为我还有些客观困难.

永向前：我看专案组就由五个人为赵继光、何长义、牛万恒、张根来、刘亮，后勤有梁胜意来负责吧.

会议决议：专案组 刘亮、张根来、牛万恒、赵继光、何长义，组长赵继光，材料：焦善文.

后勤组梁胜意，王元外负责吧.

1969.1.20.

1969.1.28.下午

时间 1969.1.28.下午

地点 群专办公室

参加人：机关战斗队、专案队、群专

内容：讨论张汉民、赵忠、董之尧、黄之余、梁殿龙 审查情况

记录：王长义

讨论：

白 云：在这几个人中张汉民的交待基本清楚了，按审查材料是不多了，从红卫兵老说）拆的问题。梁殿龙戴的帽子实际问题不大，发展的两个人还不清楚（审查），赵忠也基本清楚了，董之尧大的问题就是武斗中这在老先生了，已闹完了，对红卫兵也要帮了。黄之余就是一个发人，是出罪过的，如果大队要就给他的。

闫印：董之尧是闹他的武斗，大队知道，专政也就在那，都知道，也只是一般问题，审查也可以。梁不知是否有问题，帽子大。

王宾：同意上面两人。梁的说法在反革命组织问题是以说有说明当时是革命还是有些大的政策的。对于5.26事件，他没有交待，谁和他指划的。他到底是什么时候入的内人党的，现在还不清楚。他数的那些内人党是真的还是假有意地把水搅浑，有怀疑。

赵忠，入内人党问题时间有说明，他还有推脱责任的意思。

董之尧在武斗或其他待后时再

高利：赵忠我同意上面同志们的意见。梁殿龙交待不老实态度是不好的，有让他很好地交待。二小大是一个二不做，闹四大队劳动监督改造。

陈建铁：1.首先从张汉民说一下，从他的检查，从我们接触了解来考虑，是接近实际的，也没有什么突出的，只有他的问题情况也都讲清。从他所犯的错误了严重的，但是也已认识过来了，我同意把张汉民解放了。讨论对后面交代问题，参加战斗。

2.梁殿龙我不同意解放。他几次检查都了些真真假假，大帽子扣了一大堆，具体的东西没有说清楚。特别是他发展的那两个自始至终没有交代清楚，我不同意解放。

3.赵忠我暂时同意解放，解放了就不等于没有问题，还要从思想上检查的改造。

4.董之尧这个人如果他的武斗刑事划不上，其它我认为是一般历史问题，我认为可以解放。

关于黄之余问题，大的问题也没有形成事实，其它的也是些较小的事情，因此，我同意把他放回去。

张高旺：我同意陈建勇的发言。有关梁殿龙的问题，大的不说也不敢承认，我怀疑他有意把水搅浑。

王明：张汉民这个同志又是党员，又是公社干部，我认为他交代的不彻底。以他来说就没有发展一个人吗？就没有跟其他人接过头吗？我很不放心。从我们来说也不是自己把自己交代的，是由广大群众揭发出来的，当时批斗出来时，他的态度很不老实。所以我不同意解放。

2.梁殿龙这个人也同样，他所发展的人，都没交代出来，不管有人说他发展的，但是现在还没说出来。以他来说一直都是上边不联系，搞了一套黑进贼。所以我不同意解放他。

3.老黄我现在不表态，大家考虑。

4.董志尧是充分了解他的问题，但从今天我听了他的交代后，我们一定要把他的问题闹清楚。

关于解不解放我不能表态，大家考虑。
索二小这个人我不同意解放。
谢增才：1. 梁在龙的交代我认为是真的，交代的确实不老实。就从八项材料的发出，主要是梁挑起来的。但他自己并没有说出来。另外他的态度也不老实。我不同意解放。
2. 包进我认为这个人在挖肃的时候，他问你是不是反革命组织，包如果问这句话我认为是正当的。
3. 张二虎：这个人我认为他不是一个能上挖的，我认为他一定会知道内情的，所以这个不是跟一般人一样，我不同意解放。
6. 燕二虎：就从他的交代来看都是一般历史问题，现在把他留下来也没有好处，可以解放。

王金堂：解放就不等于他不是叛党分子。解放到群众当中把他问题和我们所掌握的基本上能对得上，并不是说解放了的人就没有问题了，我认为不是这样。
1. 张三虎：从他来说不够理想的交代的，可是经过多次挖出来的。可是这个人自从挖出来之后，他的态度的总的来说还是比较老实。因为他敢把他们活动情况说出来。他参加内人党的时候，让徐仁隆去跟眼谈了些什么，这个问题并没有交代清楚。这个问题闹不清楚我不同意解放。因为他跟谁的谈话大约有一个小时，并不是两句话的问题。农所的联合也不是从内心里联合的，而是表面的。回来之后也没有全部掌握出力。对黑师令部的问题也没有交待清楚。

2. 梁金龙我认为应当把他黑师令部问题闹清楚。这个家伙说话也是一把神拿。这个家伙的从挖出来之后态度很不老实。在活动中上边不顺、主要是梁在龙、梁勇、我们一定要闹清楚他们的问题。
3. 关于包进我同意大家的看法、也同意解放。解放之后给他几个问题让他继续考虑。
4. 索二小这个人是坏里的坏家伙，顾某上重要挖的之后，可以把他放回去。并且给他几个条件。
5. 燕二虎的问题也不是三期的，可是通过他的几次材料，我们总是怀疑他"国民党"的问题。可是这个人我们未没有着手，并没有去内蒙外调，他的问题并没有落实，所以不能轻易的解放。我们问题

我们也应该着手，从中大队来说，因为他们都是农家，所以我很不放心。另外这个人也有活动，那么乱说，寻找团结他做生长工的人。真的是这样吗？我也不放心。上述情况因为我们对他的问题没有很好地做过工作。
白玉才：从我们对燕二虎的问题也调查过，但没有落实下来。当时燕的问题主要是以内西拿组织打人引起来的，整挖又拉到我们上，及其他问题上。无党籍是宣传联翩8句，并不重要资料。

15.中共土右旗委工作會紀要（1978.05.15）

中共土右旗委文件

土右黨發〔1978〕 31號

印發《旗委工作紀要》的通知

各公社黨委、各工作分團黨委、旗直各黨委（黨組）、總支、直屬支部、旗委各部、室、工、貧、婦、團：

現將《旗委工作會議紀要》印發給你們、望認真貫徹執行。有不當之處，請市委和自治區黨委指正。

中共土右旗委員會

一九七八年五月十五日

中共土右旗委工作會議記錄

五月三日至四日，旗委召開了工作會議。旗委常委、人武部、市農業學大寨工作團的負責同志、各公社黨委、工作分團、旗直各部、委、辦、科、局、院、行、工、貧、婦、團以及相當於科局級的中學和企事業單位的負責同志共一百零八人參加了會議。

會議首先由旗委付書記雲福祥同志傳達了自治區黨委委員擴大會議精神。重點學習討論了英明領袖華主席和黨中央同意的《關於進一步解決好挖「新內人黨」問題的意見的報告》，以及區黨委第一書記尤太忠同志在常委擴大會上的講話。與會同志都認為，華主席、黨中央親自批准徹底推倒挖「新內人黨」的歷史錯案，華主席親自修改、審定《報告》，這是華主席、黨中央對我們各族幹部群眾的巨大關懷。表示一定要按照文件精神，講團結、顧大局、把解決挖「新內人黨」遺留問題的工作做好。為實現新時期的總任務發展大好形勢，做出新貢獻。

會上，旗委宣傳部付部長張同同志傳達了市委第二書記宮寶錄同志在全市宣傳部長會議上的總結講話。並對全旗深入開展新時期總任務的宣傳學習運動，提出了具體的貫徹意見。

會議期間，旗委書記董茂同志講了話。市委書記王官厚同志作了指示。董茂同志的講話，首先扼要總結了全旗今年以來的各項工作，分析了形勢、肯定了成績、找了差距。接著分四個方面，部署了下一步的工作，記錄整理如下：

第一、立即掀起大張旗鼓地宣傳、學習新時期的總任務和新憲法的高潮。

黨的十一大和五屆人大規定的新時期的總任務，為我國社會主義事業指明了前進方向，是在相當長的一個時期中，全黨全軍全國各族人民為之努力奮鬥的根本目標。五屆人大通過的新憲法，是我國社會主義革命和社會主義建設新時期大治國家的總章程。各級黨組織要在前段宣傳學習的基礎上，進一步大張旗鼓地、廣泛深入地開展一次群眾性的宣傳、學習運動。這是當前一項極其重要的政治工作。一定要像當年宣傳抗戰、打日本侵略者，宣傳打倒蔣介石、解放全中國，宣傳抗美援朝、保家衛國，宣傳過渡時期總路線那樣，使新時期的總任務和新憲法家喻戶曉、深入人心。使各族人民都動員起來，為實現新時期的總任務而奮鬥。

目前要用一段時間集中宣傳，迅速掀起一個大學習、大宣傳的熱潮然後轉入正常化。要把總任務的宣傳、學習，當作新時期的思想建設工作，當作建設社會主義現代化強國的思想動員。要做到人人懂得總任務的內容是什麼，為什麼要實現總任務，怎樣實現總任務，為了實現總任務自己應該做些什麼貢獻。在宣傳總任務的同時，對新憲法進行普遍的宣傳教育，提高廣大幹部和群眾的政治覺悟，增強當家作主的自覺性，加強社會主義法制觀念，依靠全黨全民的力量，保證新憲法的全部實行以進一步鞏固無產階級專政，有力地打擊社會主義的敵人，使人民群眾更好地團結起來，步調一致地為建設一個偉大的社會主義的現代化強國而奮鬥。

宣傳、學習的文件，以華主席在五屆人大的政府工作的報告為主，學習新憲法和葉付主席關於修改先發的報告，同時要學習華主席在十一大的政治報告，在全國科學大會上的重要講話，學習鄧付主席在全國科學大會上的講話，以及一年多來華主席和黨中央其他領導同志的有關重要報告和講話。學好人民日報四月十八日和五月三日兩篇社論。通過宣傳、學習，應當掌握以下基本精神，就是要高舉毛主席的偉大旗幟，這是黨的十一大路線和新時期總任務的核心，是我們的根本指導思想；要堅持無產階級專政下的繼續革命，堅持黨的基本路線，堅持社會主義道路，以階級鬥爭為綱，三大革命運動一齊抓；要加強黨的領導，堅持群眾路線，調動一切積極因素，團結一切可以團結的力量為建設現代化的社會主義強國而奮鬥！通過這次宣傳、學習運動，要使廣大幹部和群眾深刻領會黨在我國社會主義革命和社會主義建設新的發展時期的綱領、路線、方針、政策、規劃、步驟和方法。使大家進一步認識到，華主席為首的黨中央制定的路線、方針、政策，[redacted][1]堅持了毛主席的無產階級革命路線，是完全正確的。高舉毛主席的偉大旗幟，緊跟華主席的戰略部署，我們就一定能戰勝艱難險阻，勝利前進。

總任務的宣傳、學習，新憲法的宣傳教育，必須同揭批「四人幫」的鬥爭結合起來。要注意揭露「四人幫」假左派真右派的反動面目。要從理論上粉碎他們的反革命思想體系。要發動群眾充分揭露和深入批判「四人幫」凌駕於黨和人民之上，橫行於黨紀國法之外，反對和破壞社會主義法制，煽動無政府主義和極端民主化，妄圖搞亂無產階級天下，實行亂中奪權的反革命罪行，提高廣大幹部群眾對加強社會主義法制重要性的認識，肅清「四人幫」的流毒影響。要抓住各條戰線受影響最深、造成危害最大的問題，澄清他們製造的混亂，明確各條戰線的具體路線、方針、政策。

總任務的宣傳、學習，應成為各條戰線大幹社會主義的總動員。要樹雄心、立壯志、苦幹大幹，為實現總任務做貢獻。要發動群眾，認真討論和修定本部門、本單位實現總任務的具體規劃和計劃及其措施。要搞當年的、三年的，也要搞到八五年的。旗計委要認真修訂全旗的國民緊急計劃，盡快拿出草案，提交常委討論。我們要進一步開展社會主義勞動競賽和增產節約的群眾運動，行業之間、單位之間、社隊之間，掀起一個比、學、趕、幫、超的熱潮。

[1] 編按：史料此處遭塗黑刪除，因此以連續黑格表示。

宣傳、學習運動要加強黨的領導。各級領導幹部都要帶頭宣傳、帶頭學習，作出示範，推動全局。充分利用田間地頭、政治夜校、班前班後，組織好群眾的宣傳、學習，充分利用廣播、文藝、幻燈、櫥窗、專欄、黑板報等形式，大張旗鼓地造成聲勢，進行宣傳、學習、教育活動。宣傳部和廣播站要組織力量編寫一些通俗簡明的講話提綱撰寫和播送學習講座。要總結推廣像手管局那樣一些宣傳、學習的好經驗，和在為實現總任務中的好人好事，努力提高宣傳水平。

要通過宣傳、學習總任務，掀起學習馬列主義、毛澤東思想的新高潮，掀起學文化、學科學、學經濟、學生產管理技能的高潮。

第二、加強團結，顧全大局，切實解決好挖「新內人黨」這一歷史錯案的遺留問題。

《關於進一步解決好挖「新內人黨」問題的意見的報告》，是在中央領導同志的直接幫助下，經華主席親自修改、審定的。為我們確定了方針和政策，是我們做好這一工作的依據。我們一定要遵照華主席、黨中央既要解決的問題，又要穩定大局的方針，積極而慎重地按照黨的政策，把工作做深做細，把這一歷史錯案的遺留問題解決好。什麼是大局？就是《報告》中指出的：「內蒙地處反修前線，保持安定團結，發展大好形勢，加強對敵鬥爭，盡快地把國民經濟搞上去，把內蒙建設好，是革命的需要，是全區蒙、漢各族人民的根本利益。這就是大局，也就是我們徹底解決挖「新內人黨」歷史錯案的根本出發點和落腳點。過去，我們按照《五・二二》批示和自治區黨委〔74〕48號文件精神辦事，在解決挖「新內人黨」遺留問題上做了大量工作，現在，經過進一步落實政策，就要達到進一步增強各族人民的團結，發展大好形勢，加快革命和建設的步伐的目的。怎樣才能做好工作，我想強調幾點具體意見。

〔一〕要傳達好、學習好華主席、黨中央批准的《報告》和尤太忠同志在自治區黨委常委擴大會議上的講話。傳達的辦法是先黨內後黨外、先幹部後群眾。通過傳達學習和反覆認真的討論，要充分認識挖「新內人黨」所造成的嚴重惡果，提高落實黨的政策的自覺性。要十分明確：「所謂『新內人黨』是根本不存在的；當時決定挖『新內人黨』是錯誤的，是原自治區黨的核心小組幾個主要負責人，在林彪「四人幫」反革命修正主義路線的影響下，主觀臆斷、盲目蠻幹、大搞逼供信造成的一大錯誤，因此應該完全予以否定這一嚴重錯誤，混淆了階級戰線，傷害了不少幹部和群眾，損害了各族人民的團結，挫傷了幹部和群眾的積極性，給內蒙古自治區的革命和生產造成了很大的損失。要充分認識華主席、黨中央高度重視這個問題的重大意義。這次徹底解決挖「新內人黨」這一歷史錯案問題，是華主席、黨中央進一步為內蒙撥亂反正完全符合內蒙的實際情況，充分反映了全區八百萬各族人民的共同心願，充分說明華主席同各族人民心連心。解決好這一歷史錯案的遺留問題，必將進一步加強民族團結，調動廣大幹部和群眾的積極性，對於加快自治區的革命和建設事業的發展，實現新時期的總任務，把內蒙建成反修防修的鋼鐵長城，有著及其重要的意義，要充分認識解決這一問題的複雜性，嚴格按照《報告》辦事，對各單位的具體情況要認真調查研究分析，決不能簡單從事。一定要全面地、正確地領會文件精神，把我們的思想和行動統一到《報告》上來不折不扣地按《報告》辦事。防止對文件的偏面理解或各取所需，防止用感情代替政策。總之，要使人人都清楚徹底糾正挖「新內人黨」這一歷史錯案。落實好黨的政策，是華主席、黨中央對內蒙各族人民的親切關懷；人人都清楚這項工作要在黨的一元化領導下，嚴格按照《報告》的精神去做；人人都清楚「既要解決問題，又要穩定大局」是解決這一問題的方針；人人都清楚「三個一定」既是華主席、黨中央對我們的期望、也是我們解決這一問題要達到的目的。

〔二〕要多做團結教育的工作。這項工作，涉及面廣，情況錯綜複雜，還需要做許多艱苦細緻的思想教育工作和團結的工作，要走群眾路線，把方針政策交給群眾，層層都來做工作。各級領導要主動地有針對性地向各方面的幹部和群眾做好思想工作，要以極大的同情心關懷和體貼受傷害的同志和他們的家屬，把華主席的關懷和黨的溫暖送到他們心坎上。對他們的實際困難和要求，凡是政策允許的要積極加以解決。十幾年來，被傷害的同志，姿態是高的，態度是正確的，是顧全大局、識正體的，他們忍受著殘疾和痛苦，為黨繼續工作著，也必須看到參與挖的幹部和群眾絕大多數是不明真相的，有些是被迫的也是要求解決好這一問題，進一步加強團結的。因此要採取多種形式，如登門拜訪，促膝談心，召開談心會、團結會等，我們要求兩方面的同志都要高姿態、要識大體、顧大局，為了國家和民族的利益，為實現四個現代化，團結奮鬥。

少數犯錯誤、群眾意見較大的同志，要主動多做一些自我批評，認真總結經驗教訓，對被傷害的同志，要增強無產階級感情，體貼和同情自己的階級兄弟，積極主動地做好團結的工作。取得群眾的諒解。過去已經檢查了錯誤並得到群眾諒解的，就不要再糾纏了。被傷害的同志及其家屬更要識大體、顧大局、向前看、加強團結。解決好挖「新內人黨」這一歷史錯案問題，是內蒙落實黨的各項無產階級政策中一項極為重要的工作，因此要緊緊抓住揭批「四人幫」鬥爭這個綱，在揭批「四人幫」第三戰役中，要狠揭猛批林彪、四人幫假左真右的反革命面目，批判他們鼓吹「懷疑一切、打倒一切」的的反革命謬論，批判他們唯心主義、形而上學的世界觀，批判他們踐踏黨的民族政策和各項無產階級政策的罪行，也要批判內蒙幫派體系掛帥人物吳濤、黑幹將李樹德、雷代夫等人在挖「新內人黨」問題上犯下的嚴重罪行。要使廣大群眾都知道，林彪、「四人幫」，是挖「新內人黨」這一歷史錯案的禍根，是破壞民族團結的罪魁禍首。把仇恨集中到林彪「四人幫」身上，把對死者的懷念、對傷殘者的關心化為抓革命、促生產的實際行為，消除隔閡加強團結。我們一定要把團結的工作做深做細做好，不利於團結的話不說。不利於團結的事堅決不做，絕不允許任何人，特別是領導同志在背後煽動群眾製造事端。要大力表揚那些姿態高、積極工作的被傷害的好同志和那些肯做自我批評、主動做團結工作的同志。

〔三〕嚴格區分兩類不同性質的矛盾，團結百分之九十五以上的幹部和群眾，共同對敵。對極少數證據確鑿、借機搞階級報復的階級敵人和嚴重違法亂紀、民憤極大的刑事犯罪分子，要重證據、重調查研究，嚴格區分兩類不同性質的矛盾。按照《報告》的審批權限，查清一個、上報一個、批准一個處理一個，決不能搞群眾運動。對誰有意見，可以向同級黨組織或上級黨委寫材料，但在市委沒有批准之前，不准亂點名說這是打人兇手、那個是打砸搶分子。更不允許亂揪亂鬥。絕不能用錯誤的辦法去糾正錯誤。一定要提高警惕。警惕階級敵人破壞搗亂，警惕有人利用資產階級派性，製造事端，分裂群眾，煽動無政府主義。

〔四〕要切實加強領導。在黨的一元化領導下，解決好挖「新內人黨」歷史錯案的遺留的問題。各級黨組織的主要領導同志親自掛帥，重大問題黨委要集體討論決定。自己解決不了的要請示報告。旗委恢復成立落實政策辦公室，雲志厚同志負責辦公室工作。旗委雲福祥同志分管這項工作。各公社、各旗直黨委、總支直屬支部都要確定專人分管，指定黨性強、辦事公道、作風正派的具體工作人員，盡快把基本情況和存在的問題摸深摸細，彙報落實政策辦公室。出現的具體問題要多做工作，不要矛盾上交。更不能把問題推到挖的同志身上。一定要克服某些同志存在的怕麻煩的思想，因為情況複雜而畏首畏尾，不敢抓的傾向。要層層負責，把問題解決在基層。我們要堅決按照《報告》中提出的三個「一定」來進行和檢驗我們的工作。徹底解決好挖「新內人黨」的遺留問題。達到總結經驗、吸取教訓、消除隔閡、團結戰鬥、共同為實現新時期的總任務努力奮鬥的目的。

第三、深入開展「一批兩打」，認真落實黨在農村的各項經濟政策，在揭批「四人幫」鬥爭中，開展打擊階級敵人的破壞活動，打擊資本主義勢力的猖狂進攻的「雙打」，是一場打擊「四人幫」社會基礎的革命鬥爭。對於鞏固無產階級專政、保衛社會主義公有制、加快社會主義建設，都有重要的意義。去冬今春以來，我們揭批「四人幫」和「雙打」鬥爭深入開展，一小撮有破壞活動的階級敵人受到了嚴重打擊，一些貪污盜竊、投機倒把的典型案件被揭露出來了，有些已經受到黨紀國法處理，在派有工作隊的地方，「雙打」成效更為顯著，農村要比城市更好一些，清理收回超支欠款有了很大進展，全旗收回超支欠款達四十多萬元，職工幹部八萬多元，目前，一批雙打正向深入發展。

必須看到，在「四人幫」干擾下，我旗前幾年在政治、經濟各個領域中受到的破壞是嚴重的，因此，必須進一步放手發動群眾，城鄉一起動手，大張旗鼓地把一批雙打搞到底，對於已經搞出來的問題，要抓緊組織查證落實，定案處理，那些至今一批雙打還冷冷清清的單位，要切實加強領導，採取有力措施，放手發動群眾，把拉下的步子趕上來，一批雙打中，要十分注意黨的政策，縮小打擊面、擴大教育面，打擊的重點是有破壞活動的一小撮階級敵人和現行反革命分子，貪污盜竊、投機倒把和各種刑事犯罪分子，對犯錯誤的同志，只要他們願意交待問題、積極退賠，就要本著「懲前必後、治病救人」的方針，一要看、二要幫，不要一棍子打死，為了把運動引向深入，旗委計劃在最近召開一次寬嚴大會。根據坦白從寬、抗拒從嚴的政策，選擇重點案例，從嚴一些、從寬一些，以震懾敵人、教育群眾。

整頓經營管理，落實黨在農村的各項經濟政策，要同「雙打」運動緊密結合，抓緊抓好，前一段，許多社隊在這一方面做了大量工作，要鞏固下去，一抓到底。有關農村經營管理工作，要繼續抓好以下幾點。

一是勞動管理，要從組織形式上建立健全長年的、季節的、臨時的作業組，責任到人、到組。現在，有的同志對這個老是怕、有後顧之憂。「四人幫」打倒了，不會有人再給你戴帽子了吧。我們這樣加強勞動管理，就是要解決出工一流風，出去一窩蜂，勞動磨洋工的問題有什麼不好的呢？

二是必須搞定額管理，要徹底改變那種男十分、女八分、記人頭功的辦法，那實際是鼓勵懶漢的做法，必須在分配上堅持各盡所能、按勞分配的原則，認真執行定額管理、評工計分制度，實行男女同工同酬既要避免高低懸殊，也要反對平均主義，實行多勞多得、少勞少得，要把精神鼓勵同物質鼓勵結合起來，以精神鼓勵為主、物質鼓勵為輔，那種幹多幹少、幹好幹壞、幹和不幹都一樣，是不利於調動廣大群眾積極性的。

三是實行評定基本勞動日的制度，不論是幹部還是社員，都要根據本人身體條件，民主評定全年基本勞動日，本著多獎少罰的原則，在年終，對那些超額完成的社員，給予必要的獎勵。

四是堅持壓縮非生產人員。有些隊脫產幹部和非生產人員比例過高補貼過多、影響了農民的積極性，必須按《十二條》中的規定糾正過來，不管三親六故，該減的要堅決減下來。

五是減少非生產用工，現在換有一些公社和大隊隨意調用生產隊的勞力搞非生產建設有些公社還想蓋公社大院，這些都加重了農民的負擔，也要堅決糾正，所有社隊未經批准調用生產隊的勞力，都要盡快讓他們歸隊，要保證農業第一線有百分之八十五以上的勞力。

六是對婦女勞力要給予適當的照顧，要明確規定婦女勞力可以晚出半小時、早回半小時，給他們以必要的家務勞動時間，對婦女勞力要因人制宜，讓他們心情舒暢地參加集體生產勞動。

七是要堅持民主派工，一定要注意隊幹部利用派工的職權，對一些社員進行打擊報復。一經出現，要充分揭露、給予處理。

八是要搞好財務管理，要建立健全制度，管錢的不能管物，財務要公開，接受群眾的監督。「一年早知道」要普遍搞起來。現在有的地方瞎人瞎馬瞎跌跤。有的地方雖然搞了，只是幹部知道，群眾不知道，這不行。「一年早知道」搞好了，可以調動社員的勞動積極性，我們非搞不行，搞「一年早知道」必須做到收入高於往年，是增產的計劃，開支要控制在百分之三十以下，分配給社員的在百分之五十以上，人均收入要達到六十元以上、口糧在三百八十斤以上，只有這樣的早知道，才能鼓起群眾的幹勁。營業所、信用社的主要任務之一是搞好社隊的經濟核算、財務管理，因此，也要積極幫助生產隊搞好「一年早知道」。

九是抓好計劃管理，人民公社是社會主義的經濟，必須搞好計劃管理，包括生產計劃、財務收支計劃、基本建設計劃、勞動使用計劃、收益分配計劃、牧畜飼養繁殖計劃、機械化管理計劃，計劃要切實可行、留有餘地，一經制訂要堅決執行。

十是要堅持民主辦社、勤儉辦社方針。現在生產隊大、小事情都是隊長說了算，這不是民主辦社的方針。我們要提倡大事小事要讓社員知道，隊委會每月向社員大會報告一次工作，重大問題必須社員大會或社員代表大會決定，不能少數人說了算。比如，進行農田基本建設，改進耕作制度制定種植計劃和增產措施，都必須認真聽取廣大社員的意見，十分重視群眾的實踐經驗做到從實際出發、因地制宜，堅決反對強迫命令和瞎指揮，充分體現社員當家作主的權利，勤儉辦社主要是要注意勤儉節約、反對鋪張浪費，堅決反對幹部多吃多占、白吃白拿、請客送禮，更要注意在生產管理上的浪費現象，例如，在肥料上要糾正忽視農家肥、爛用化肥，要以農家肥為主、合理施用化肥。在飼草問題上，要在作物種植上合理佈局杜絕高價買草，也要注意飼草管理不善造成的浪費；在籽種上，要注意科學下種，防止盲目用種，在灌溉上要合理用水、杜絕海澆漫灌。在農機管理上，要加強駕駛員對機械的維護、保養責任制。今後，大型農機具要集中購置，由銀行審查貸款。

最後一點是關於幾項具體經濟政策。

1、社員房前房後的自留樹，要以現已形成的自然院落的範圍為界限，不要再機械地丈量面積，更不要計算株數，那樣搞是形而上學，是不利於林業建設的。要大力提倡四旁綠化，植樹不種糧的房院地不頂自留地，種糧不植樹的，要頂自留地。

2、豬飼料地要執行旗革委會關於每出售一口商品豬，撥給三分飼料地的規定，這是符合《六十》條規定的。沿山區人多地少的地方，可以按每頭商品豬集體復種麥田。

3、肥料的報酬應適當提高一下，要大鼓積制農家肥的積極性。為了多積肥，可以規定：一些年老體弱或孩子多的婦女，只要積極養豬，並每年出售二頭商品豬，並向集體投肥二十車以上的，就不再動員她們下地勞動，可頂出勤。有的同志還提出，養老母豬的可不可以頂出勤？我看也可以，但必須交夠二十車肥。

以上這些農村經營管理的方針和經濟政策，是我們每個社、隊幹部必須應當弄清弄懂的，不懂得這些方針政策和管理辦法，做農村工作而當外行，就不是一個完全好的幹部。

第四、改變生產條件，抓好當前各項生產。

最近，國家土地研究所一個姓蘇的專家一行四人，根據華主席關於治理河套鹽鹼的指示到巴盟看了看，在返呼途中也來我們土右旗看了一下黃灌區部分鹽鹼程度排乾工程同時聽了我們的彙報，最後，對我旗如何改土治鹼、改變黃灌區的生產條件，提出了很好的意見。他們說：鹽鹼是農業的大敵。鹽鹼的主要原因是大水漫灌、地下水位上升渠系不配套造成的。土右旗目前治鹼的方向是對的。根據這位專家的科學意見，土右旗改土治鹼的途徑仍然是要在水利建設上下功夫，這就是我們以前多次強調過的要增加井灌、擴大洪灌、提高黃灌的方向。全旗分為五類區，即山區、五當溝灌區、水洞溝灌區、美岱溝灌區、黃河灌區對於黃灌區十三個公社的鹽鹼地，要分四個類形去搞水利建設。第一類是能打井的地方都要打井，實行井灌井排；第二類是利用二級提水的地方，搞高標準的園田，不挖排溝；第三類是硬紅泥地，主要靠五級區系配套去控制灌水；第四類是加快五級渠系配套、挖好排溝。對這四種類型，我們要盡快做出規劃、組織實施。能打井的地方要多打井、打深井，井灌區每人先搞二畝集中配套提高單井效益。能引用灌溉的，要加快配套、實行輪灌。在汛期前，把洪灌工程搞上去。五級渠系必須配套，每人也要搞二畝，否則不供水。地塊要縮小，一般田搞成一畝、高產穩產田搞成半畝。達不到標準也不供水。要狠抓建築物的配套，一、二、三排於年底搞完，四排於明年搞完。一、二、三排乾的土方工程要在秋收前完成。四排乾要求封凍前完成。要講究科學用水做好渠道防滲嚴格控制灌水，秋澆地要搞活堰子，搞三畝左右，每次灌水　　方，澆青苗畝次灌水六十方，井灌區，三、四十方。超澆的要加倍徵收水費，不負責任跑了水、造成後果的要追究責任。因此要有明確的管水責任制。從公社到生產隊都要責任到人。有些土地不宜澆水，也可以種旱地。種一些耐旱作物或對降低地下水位有益的作物，如山藥、向日葵、紅柳、草木棲等。此外，深翻多翻、深鋤多鋤、增施農家肥等都是防治鹽鹼的好辦法。

今年農業生產形勢總的講是好的。小麥播種雖因客觀原因沒有完成任務，但底肥足、園田多。播種質量是好的，油料是歷史播種最好的一年。甜菜播種正在緊張進行。植樹造林和農田基本建設也有很大成效。但也要看到，我們各項生產的進度也是慢的，必須在鼓幹勁、把春播和各項生產搞好。

1、要加快進度、提高質量、抓緊搶種。高產作物要按計劃、因地制宜地多種、種好。此外糜子、山藥、穀子，凡是能種的都要種上。

2、自治區黨委劉景平書記和市委趙書記多次指示我們種好甜菜。我們一定要把甜菜種足種好，千方百計完成九萬畝的任務。種子不足要滿足供給。也要發動社員搞一點。種不進去可以移栽，決不能辜負上級黨委領導同志的期望。

3、一定要管好小麥。要適時澆好，必須達到鋤兩遍以上追好肥。力爭奪取小麥豐產。

4、搞好防蟲植保。把防治各種病蟲害的工作做早做好。

5、現有的農家肥要繼續全部送出去。增施肥料，同時要組織好長年積肥專業隊伍。長年不懈多積肥。

6、市委趙書記非常注意抓穩產高產田的建設和改變窮隊面貌的問題，我們一定要始終抓住這兩個問題不放。各公社在會後要盡快將窮隊的情況和改變的方案報學大寨辦公室。

7、要切實採取有力措施，把幹部參加集體生產、勞動的一、二、三制度堅持下去，組織上要有要求、制度上要有措施、時間上要有保證，千方百計去完成、估計完不成就下隊當社員去。旗委、革委會和各部門要少發文件、少開會，也要組織幹部完成一百天的勞動。要實事求是，絕不能弄虛作假。

我們一定要更高地舉起毛主席的偉大旗幟。響應華主席「學習、學習、再學習。團結、團結、再團結」的偉大號召。堅決貫徹執行黨的十一大路線，為實現新時期的總任務，奮發努力，做出新貢獻。

一九七八年五月四日

16.中共土右旗委落實政策辦公室撥款通知（1978.09.05）

復堯閱 楊 1978.9.13.

中共土右旗委落实政策办公室

拨款通知

各公社党委：

现将落实政策经费拨给你们。这笔经费主要用用于因挖"新内人党"致死者抚恤费，丧葬费〔过去未发给者〕以及一些死者遗属，伤残人员特别是牧村，社队干部，群众和城市居民中受害人员急病医治，生活确实困难，必须给予救济等应急使用。一定要从严掌握，不得一次用清。

附拨款花名单。

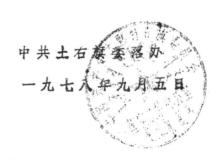

中共土右旗委落办

一九七八年九月五日

党三尧	1700元
将军尧	1200〃
四家尧	1200〃
三间房	1000〃
毛　岱	700〃
稽奎海	700〃
沟　门	1000〃
耳　尧	800〃
公山湾	500〃
大城西	800〃
发彦申	600〃
海子子	600〃
沙海子	300〃
莎拉齐	500〃
莎拉齐镇	500〃
苏卜盖	600〃
美岱召	200〃
吴　淇	200〃
明沙淖	700元
廿　四	700〃
双　龙	300〃
三道河	200〃
共　计	15000〃

17.中共土右旗委落實政策辦公室關於分配落實政策經費的通知（1978.11.23）

中共土右旗委落实政策办公室

关于分配落实政策经费的通知

各公社党委、财税局：

根据市落办通知精神，经研究决定，现将落实政策经费分配各公社（见附表），重点用于因挖"新内人党"致死，致残，致伤的农牧民和城市居民，有些致死者的丧葬费，抚恤费没有发给的全部发齐；对死者遗属按照内蒙落实政策"十条规定"发好生活补助费；对过去看病所花医药费凭据给予报销一部份，其余陆续报销。对于其他严重伤残人员的情况，认真搞好调查研究，本着困难大的多补、困难小的少补，不困难的不补的原则，要从严掌握，不得挪用。

特此通知

中共土右旗委落实政策办公室

一九七八年十一月二十三日

总　计　7、7000

城　关	1、000元	明沙淖	1500元
萨拉齐	1500元	耳沁尧	5200元
吴　坝	800元	公山湾	2500元
大城西	2500元		
沟　门	5000元		
美岱召	1000元		
苏卜盖	1000元		
毛　岱	2000元		
三间房	3000元		
双　龙	1200元		
沙海子	1300元		
三道河	500元		
将军尧	5500元		
四家尧	1500元		
程奎海	3500元		
党三尧	17000元		
发彦申	3000元		
廿四倾地	1800元		
海　子	1200元		

18.清隊運動中集體損失調查表（1978.12.12）

大队　清队运动中集体损失附查表　　1978.12.12

项目 / 数量 / 姓名	伤者生活补助						死者埋葬费用							运动中			合计	
	历年累计补工			集体补助现金	集体付药款	集体付其它款	死者埋葬			遗属生活安排				集体付办学习班旅差费	上访人员补工折款	上访人员补工代粮	集体付出粮食（斤）	集体付出现金（元）
	补工数	补折工款	补代工粮				棺材款	衣服款	其它款	补助累计	补工折款	补工代粮	其它费用					
何○瑩						~~1450~~ 950	158.	100.	180.									
岩试光	600.	300.	60斤		60.									500.				
王和光														120			500斤	
陈个	600	285	300斤	105.										70				
建设	300	210.	210				250											
王文光	2000	1000.	600斤			100.	120.			2750.	1375.	925.	130.		1425.	1040斤		
上光						300.								400.				
城墙	300.	150.	120斤				240.		60.									
	3800.	1945.	1290.	105.	60.	1350.	768.	100.	240.	2750.	1375.	925.	130.	1090.	1425.	1040斤	500斤	

总计 付出 6550元 粮2615斤 共 8588元

19.清隊運動中個人損失財物登記表（1978.12.13）

清队运动中个人损失财物登记表 1978、12、13

大隊	姓名	埋葬花款	看病花款	上访花款	食物及其它损失折款
小召		530.00	185.00		700.00
王安堯		100.00	680.00	500.00	
王保公			915.00	50.00	2845.00
三盒口			480.00		1200.00
樊二堯		200.00	1280.00		230.00
張拴塔旦			1800.00		
学校			3000.00	36.00	1873.00
公社			1000.00		
卫生院			2600.00	160.00	10470.00
新建			310.00		61.00
腊卜		300.00	555.00		165.00
建設			300.00	150.00	680.00
王西堯			120.00		2891.00
城牆壕			2440.00	350.00	1600.00
何の營		438.00	1230.00	160.00	6828.00
先忙堯			1500.00	500.00	1230.00
上堯					750.00

清队运动中个人损失财物登记表

1978.12.13

大队	姓名	埋葬花款	看病花款	上访花款	食物及其它损失折款							
张花庄				500.00								
合计		1468.00	17005.00	1906.00	32335.00							

52.714
8588
61302

1468
17005
18473

总计 52,714元

20.中共土右旗委政治運動辦公室關於挖「新內人黨」受害者子女安排工作分配勞動指標的通知（1978.12.17）

各公社黨委、旗直各單位：

包頭市給我旗撥來落實政策的勞動指標200個，其中國營138個集體160個。根據各單位已報來死亡和傷殘人員數及受害程度，以及歷年來的安排情況，經旗委研究決定將這項指標全部下撥。（分配指標見附表）為了確實用好這部分指標，更好地執行上級的有關規定根據包頭市政策辦通知精神，特提出如下幾點具體意見：

一、要把黨的政策和有關規定交給群眾，依靠群眾做好工作，各單位對需要安排子女的人員名單，要認真組織群眾討論，最後確定名單，公佈於眾，一定要堅持實事求是，反對弄虛作假。

二、使用這部分指標的重點仍然是挖「新內人黨」中致死和致殘全者的子女。

三、對於挖「新內人黨」中受害致死嚴重傷殘者（嚴重傷殘人員按照中共包頭市委包發（1978）97號文件精神評定）給予安排子女一人；夫婦雙方嚴重傷殘者，可以照顧安排兩人；夫婦雙方致死其子女一律安排工作。對近幾年安排過的，不再安排。

四、對於調出原單位的嚴重傷殘人員，其子女的安排一律由現工作單位負責解決，如需開具證明者，由原單位出具證明，報旗政運辦，辦理轉批手續。

五、有些受害人員，本人沒有需要安排的子女，提出以其他親屬頂替，這類情況，不予解決。

六、落實政策招工指標，一定要從嚴掌握，不准挪用。如發現營私午弊現象，必須追回指標，並根據情節，對當事人給予必要的紀律處分。

七、各單位將《落實挖「新內人黨」政策安排子女審核表》填好務於本日[2]21日指派專人報送旗政治運動辦公室。

中共土右旗委政治運動辦

一九七八年十二月十七日

附：1.各單位落實政策運動指標分配表

2.落實挖「新內人黨」政策安排子女審核表

[2] 編按：此處應為「本月」。史料如此，編輯予以保留。

挖"新内人党"受害者子女安排工作的指标分配表

类别 单位	分配指标			类别 单位	分配指标		
	合计	国营	集体		合计	国营	集体
供销社	3	2	1	水电局（包括专业团）	2	1	1
畜牧局	1		1	交通局	2	1	1
商业局	2	1	1	农林局	4	2	2
旗委革委	3	2	1	广播局	1		1
文教局	8	3	5	旗直小计	40	16	24
卫生局	2	1	1	蔬农业	9	5	4
计委	1		1	吴坝	4	1	3
邮电局	1		1	大城西	6	1	5
手管局	1		1	沟门	14	8	6
公安局	2	1	1	美岱召	4	2	2
农机局	1		1	苏卜盖	3		3
银行	1		1	毛岱	8	4	4
工业局	2	1	1	三间房	13	[illegible]	4
化肥厂	1		1	双龙	6	1	5
财税局	2	1	1	沙海子	4		4

类别 单位	分配指标			类别 单位	分配指标		
	合计	国营	集体		合计	国营	集体
三道河	2		2				
将军尧	31	16	15				
四家尧	36	18	18				
张奎海	14	6	8				
党三尧	52	31	21				
发[illegible]申	7	2	5				
廿四顷地	8	5	3				
海子	6	1	5				
明沙淖	6	4	2				
耳沁尧	11	7	4				
公山湾	4	1	3				
临城关	10		10				
公社小计	258	122	136				
全旗合计	298	138	160				

21.78年12月31日政運辦來電；各單位舉辦挖新內人黨落實傷殘學習班統計表（1978.12）

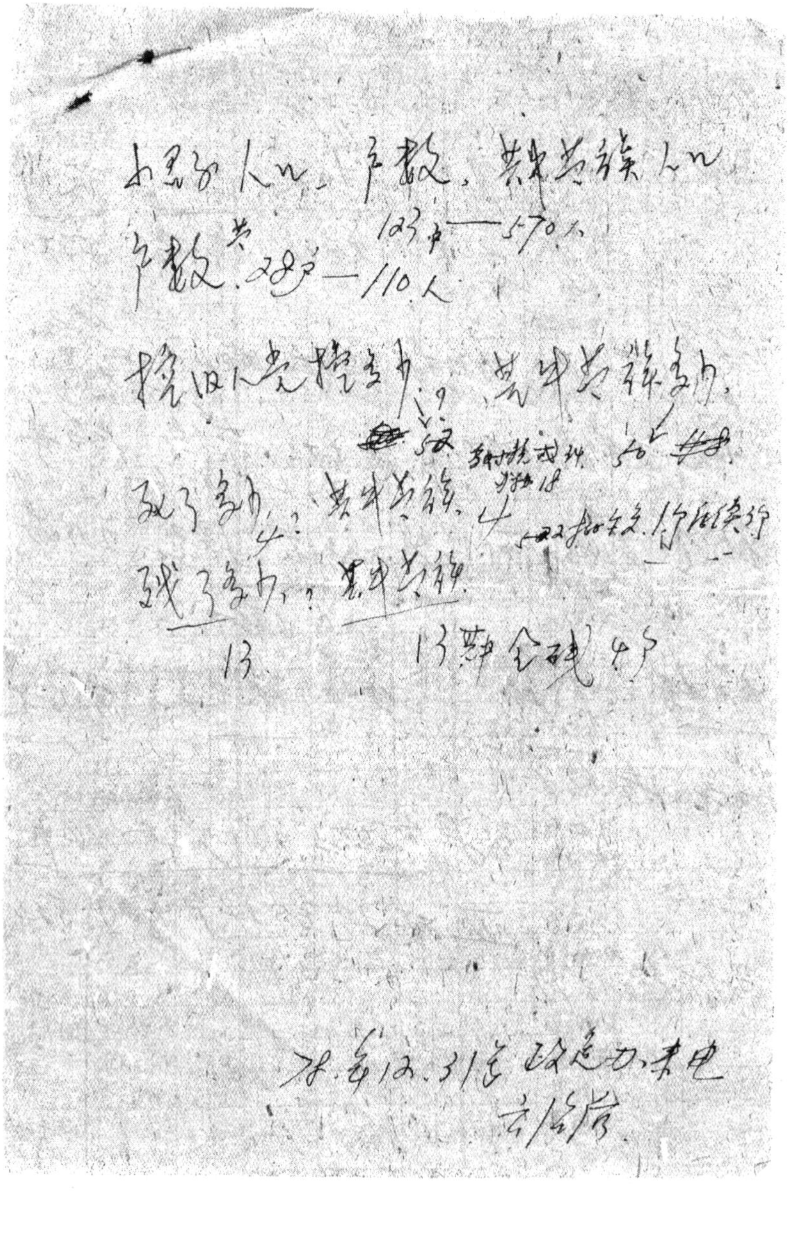
本学习人口、户数、其中蒙族人口
共123户—570人
户数：28户—110人
挖内人党挖多少，其中蒙族多少，
59 50
致了多少？4 其中蒙族，4
死了多少？其中蒙族
13 13户全残4户
78年12.31日政运办来电

郭色印 郭石柱 郝丙叶 郝乐庆 郝依那 李木畋

开封 吉助格 小乐庆 ○柏交 良[illegible] 衣[illegible]

○○ ○拴柱 ○○ 黄花柱 郝○ 黄[illegible]

[illegible] 唐[illegible] 阿[illegible] [illegible] 郝[illegible] 王[illegible]

○柏交 [illegible] 阿[illegible] 李[illegible] 李[illegible] 杨[illegible]

[illegible] [illegible] 郝[illegible] [illegible] [illegible] ○[illegible]

○[illegible]

五[illegible] 李[illegible] 王[illegible] 黄[illegible] [illegible]

[illegible] 杨[illegible]

[illegible] 以上户共由我知道的[illegible]户

直接[illegible]的[illegible]户十[illegible]户[illegible]

刘[illegible] [illegible]

各單位辦挖新內人黨落實傷殘學習班統計表

各单位举办挖新内人党落实伤残学习班统计表

单位	姓名	受摧残程度	类别	单位	姓名	受摧残程度	类别	单位	姓名	受摧残程度	类别
[illegible]	黄三旦		1					敖二营	敖大平		1
	奇良山		2						敖二表		2
	肖文宽		2						袁喜文		2
	黄龍峡		2						杨[illegible]		3
	黄二旦		3						袁喜亮		3
	张秀		3					何四营	二好[illegible]		1
王家营									[illegible]		1
王西营	牛书扣		1	老师营	黄四扣		1		[illegible]何女		1
	郝恒四		1		张二计		1		狄毛三		1
	柳[illegible]		2		李任杉		1		赵[illegible]		2
	李五十八		2		明宽		3		二[illegible]元		2
	王共戎		3		刘六		2		路玉明		3
	石有锁		3	唐[illegible]	杨四白		1		丁四[illegible]		3
	马生丈		3		杨全求		2		赵兵小		4
	李尖钟		3	上营	[illegible]二旦		1		杜九河		4
	杨花女		3		陈义小		2		二[illegible]		4
王保[illegible]	金玉山		1		吕宽		1		陈二仁		4
	黄全英		1	沧口	黄二元		1		路玉山		4
	魏玉辰		1		马宽		2	山丹子	郝所庆		1
	魏毛仁		2						敖[illegible]		1
	郝[illegible]		2						郝内[illegible]		1
腊大	元三		1						郭巴扣		1
	黄永明		2						李继[illegible]		2
	任居文		2						李如格		2
	杨[illegible]花		3						贾[illegible]		2
	白花七		3						王二[illegible]		2
沧[illegible]	金山旦		1						霍二[illegible]		3
新[illegible]	七纳卡		2						贾[illegible]		3
	白二毛仁		2						段文吉		3
	李二厚生		3						葛[illegible]		3
[illegible]									李[illegible]		3

各單位舉辦學習班

各單位舉辦學習班

項目 / 名稱 / 單位	參加人數		參加時間		愛學者評表			
	積極分子	愛學者	積極	愛學	1	2	3	
張陰塢思	28	6	28	6	1	3	2	模範的 1. 吳吉有[illegible] 2. [illegible]
王長茂	13	38	13	36				[illegible]
王西茂	23	23	20	18	2	2	5	1. 張明恒、[illegible] 2. 劉光、張子厚、[illegible] 3. [illegible]、[illegible]
王保公	20	11	14	10	3	2		1. 同後、大山、李吉良、郭三友 2. [illegible]
猪卜	12	9	11	9	1	2	2	1. 呂根本 2. 呂光中、任恩鉀
學店								
近設								
新近	11	12	11	12	1	2	1	1. 任永勝、王法文 2. 陳明發、王喜才 3. 張天光、曾作武
娥峰峴	39	39	14	37				
執三光	1	13			1	2	2	
何四貴	32	13	31	7	4	2	2	4
小記子	45	42	24	30	4	4	5	1. [illegible]、劉[illegible]、杜保山、梁三[illegible] 2. 三光、張保來、王二[illegible]
老張芝	15	6	13	5	3	1	1	
庆壽唐	6	6	6	6	1	1		
三金山	10	6	10	6	1	1		1. 郭生[illegible]
立光	9	11	9	9	2	1		

江真

22.中共土右旗委政運辦通知（1979.02.08）

各公社黨委、各總支：

現將《土右旗黨政機關、事業、企業（廠礦）單位被挖「新內人黨」人員基本情況花名表》發去，請認真調查準確填寫，務於二月十六日前報旗政運辦。

一、此表由受害者現工作單位（公社、總之）填報；填報範圍仍按原規定。

二、「單位性質」內填黨政或事業、企業。

三、調出旗外的受害者由原受害單位填報，現工作單位填在備註內。

四、「三民」受害者不填此表。

五、「已解決金額」包括上級撥款及本單位自籌金費的合計數。

六、受害程度內填「死亡」「重殘」「部分殘」「一般」。

特此通知

中共土右旗委政運辦

一九七九年二月八日

23.土默特右旗革命委員會農林局文件（1979.02.28）

土默特右旗革命委員会
农林局文件

土右革发〔1979〕22号

通　知

各有关公社：四永堯石公

根据旗委指示的精神。你公社　　　　　同志现已分配我系統工作，请接此通知后通知本人，务于三月五日前来农林局报到。

特此通知

杨全国、张换卯、王根贵、
代金莲、秦谢柱、刘青英
郭利英　共七人

土右旗农林局

一九七九年二月二十八日

24.關於下達落實挖「新內人黨」政策經費的通知（1979.04.08）

中共土右旗委政運辦　土右旗革委會財稅局

土右旗〔79〕第3號

土右旗〔79〕第　號

各公社單位、各局總支：

一九七八年自治區下撥的落實政策經費，我旗已下撥各公社，解決了因挖「新內人黨」而致死、致傷、致殘的農牧民、城鎮居民的生活困難補助。最近包頭市從地方財政撥出一部分經費著重解決機關、學校、等行政事業單位，因挖「新內人黨」而致死、致殘、致傷職工、幹部的生活困難及過去醫治疾病，尚未報銷的醫藥費。

經研究決定，現撥給你黨委（總支）落實政策經費壹仟參佰元。請根據本人當時及以後的受害程度和家屬受株連造成的損失，本著困難大的多補，困難少的少補，不困難的不補的原則，認真組織群眾討論，廣泛聽取群眾意見，經黨委（總支）審查後發給（或寄給）本人。發放結果列花名，金額報旗政運辦備案。

對於過去已經做過適當補助的一般不補；查抄物資的補償損失按內蒙黨委14號革委29號文件有關規定執行。此次不予解決。

各廠礦、企業落實政策經費根據一九七八年自治區決算會議精神可以「暫付款」項下支出一部分經費解決本單位因挖「新內人黨」而致死、致殘、致傷幹部、職工生活困難等落實政策經濟補助問題。

這次對「新內人黨」受害者的經濟補助，一律由原受害單位解決；原單位撤銷的由現單位解決。現單位要與原受害單位積極聯繫，妥善解決。對於原是「三民」現已參加工作的受害者，如過去沒有解決或解決不適當者，此次由現工作單位予以解決。

一九七九年四月八日

25.認真貫徹落實「四、二〇」批示，積極糾正冤、假、錯案，迅速轉移工作重點（1979.04.10）

在深入揭批林彪、「四人幫」的鬥爭中，我公社認真貫徹落實黨的十一屆三中全會精神和「四、二〇」批示，實事求是地糾正冤、假、錯案，解決遺留問題，促進了社會的安定團結，調動了一切積極因素，推動了工作著重點的轉移，掀起了春耕生產的熱潮。

我公社在一九六八年的清理階級隊伍和「挖新內人黨」中，由於林彪「四人幫」極左路線的干擾破壞，原公社的主要負責人堅持「寧左勿右、左比右好」的錯誤思想、挑動資產階級派性，違背黨的政策，嚴重違法亂紀、大搞逼供信，顛倒敵我，混淆兩類不同性質的矛盾，製造了一系列冤、錯、假案，使全社不少幹部和群眾蒙受了不白之冤，有的致殘，有的致死。

在「清隊」中，原公社主要負責人以無中生有，捕風促影，小題大作，無限上綱等手段，捏造各種罪名，整人鬥人。有的被關押、有的被送到監所拘留，有的遭受嚴刑拷打。有八人被致死，五十多人被致殘，埋葬、看病花款和損失財物折款達六萬一千多元。這些被整者實際均無重大問題，有的一般歷史問題，有的純屬憑空捏選，強加罪名而受害。在挖「新內人黨」中，那個公社主要負責人又以極左面目出現，拉幫結派、以幫劃線、以派論人、擁我為「友」、反我為「敵」。目無黨紀國法，私自成立違法組織、私設公堂和牢房，私製刑具，隨便抓人關人，任意動用各種刑罰。捆綁吊打，關押批鬥了幾百名無辜者。將七百五十六名社隊幹部、社員群眾、教師學生打成「新內人黨」及其變種組織的骨幹分子或成員，有二十四人被無辜整死，一百二十多人致傷致殘，集體和個人造成的經濟損失達七萬六千多元。

在「清隊」和挖「新內人黨中」，不僅使不少同志蒙受了不白之冤，身心受到摧殘，親屬受到株連，不少人含冤而死；而且嚴重地踐踏了黨的民族政策和幹部政策，破壞了民族團結，群眾的團結和幹部的團結，多年來，全社的革命和生產受到損失。造成了極其嚴重的後果。

黨中央和華主席的「四、二〇」批示發佈以後，公社黨委為了貫徹落實好「四、二〇」批示，多次召開常委會議進行討論研究，並做了安排部署。常委的同志們認識到：「四、二〇」批示為挖「新內人黨」這一大冤案、大假案、大錯案徹底平了反，砸碎了套在受害者身上的精神枷鎖，廣大受害者是高興的，但是也應估計到解決「清隊」和挖「新內人黨」等冤、假、錯案中的遺留問題。需要做很多深入細緻的工作。這一工作做好了，就能增強全社廣大幹部和群眾的團結，調動一切積極因素，迅速轉移工作著重點，為全社的農付業生產大發展起到了很大的促進作用。為此，黨委重點抓了以下幾項工作。

第一、對「四、二〇」批示進行了大學習大宣傳。公社多次召開幹部、大隊支部書記、公社單位負責人和受害代表會議，進行學習和討論。各大隊和各單位也召開各種會議，利用各種形式學習宣傳「四、二〇」指示，並且組織討論。不少幹部和群眾說：「四、二〇」批示像春風一樣吹暖了我們的心，華主席給了我們第二次政治生命，我們感謝華主席，感謝黨中央。

第二、黨委為了盡快做好糾正冤、假、錯案的工作，組織人力，成立了專門落實政策的班子，由書記親自掛帥，各大隊也有一名支書或主任分管，做到層層有人管，上下有人抓，使這項工作做得既快又好。

第三、澄清問題，解決問題。首先，對受害者的死、傷、殘情況和犯錯誤人的問題進行了調查核對。然後，公社、大隊和公社各單位層層召開座談會，對「清隊」和挖「新內人黨」的問題進行座談。座談會由受害者、犯錯誤人和當時參與運動的所有人參加，三方對證弄清了問題的真相。王家堯大隊社員李二肩膀殘了，有的人推卸責任，不承認是在運動中打斷，在座談會上多人作證，終於搞清了是在運動中打斷的。還有的人為了撈取私利，欺騙組織。本來沒有需要安排子女，硬要說有；本來經濟損失不大，硬要說損失八百多元。經過座談會，將每個人，每個問題，基本弄清，受害程度的輕重，犯錯誤人問題的大小、均已搞清，並對雙方都排了隊，給解決問題打下基礎。

在澄清問題的基礎上，按照黨的政策對以下問題作了處理：對嚴重違法亂紀、民憤極大的幾個犯罪分子，已依法懲辦；對犯了嚴重錯誤的同志進行了挽救，幫助他們們認識錯誤，只要承認錯誤，決心改正的，就盡量不給處分；犯了一般錯誤的同志也做了檢查，認識了錯誤，取得了受害者的諒解；對受害者埋葬、治病、財物損失和子女安排等問題，在上級的幫助下，解決了一大部分。（安排子女；上級撥指標安排36各、社辦企業安排21各）；對抄家沒收的財物，有原物的全部退給本人，原物沒有了的，折款上報；對受害者關押或義務勞動的誤工均已給補上。在解決上述問題時，黨委充分依靠群眾，特別是讓受害者自己進行討論決定，因此，所解決的問題做到了受害者滿意。

第四、做好犯錯的同志的思想工作。我們黨歷來對犯錯誤同志採取的方針是「懲前毖後，治病救人」，而不能一棍子打死，或揪住不放。黨委認為，犯錯誤的同志，大多是受人指使，被人利用的，對這些同志要幫助，要團結，不能嫌棄，不能過於追求個人責任。所以，黨委耐心地做犯錯誤同志包括犯了嚴重錯誤同志的思想工作，讓他們大膽承認錯誤，鼓勵他們積極工作。在犯錯的同志有了改正錯誤的表現以後，就宣佈不給處分。這樣做使不少犯錯誤的同志解除了思想負擔，積極工作。慶龍店大隊黨支部書記陳迷鎖同志，在「清隊」和挖「新內人黨」中，在別人的指使下，違法亂紀、大搞逼供信、捆綁吊打了不少人，造成不良後果，犯了嚴重錯誤。「四、二〇」批示以後，他一度思想負擔沉重，認為自己錯誤嚴重，群眾不會諒解他。黨委分析了他的情況，找他談話，做思想工作，他很感動。於是，他一方面主動向受害者登門賠禮道歉，向調到外地的受害者寫信承認錯誤，向黨委寫檢查，向群眾做檢討；另一方面他積極工作，白天開會研究工作或參加勞動，晚上巡查，維護社會治安。他說：「林彪、四人幫把我們推上犯罪的邊緣，黨中央、華主席又把我拯救出來。我要努力工作，將功補過，報答黨的恩情。」黨委認為陳迷鎖同志有了改正錯誤的實際行動，態度誠懇，就在全社平反昭雪大會上宣佈對他免於黨內外一切處分。這樣既教育了陳迷鎖同志本人，也教育了所有犯錯誤的同志，

第五、做好消除隔閡，增強團結的工作。在「清隊」和挖「新內人黨」中全社會不少幹部和群眾產生了隔閡，幹部之間，黨群之間、蒙漢之間、群眾之間的隔閡至今沒有完全消除。這不利於工作著重點的轉移，阻礙著全社農業生產的發展。黨委召開談心會，或採用個別談話，互相幫助等各種形式，教育受害的同志要顧大局，向前看，把挨整受害的仇記在林彪、「四人幫」身上，同志之間不要糾纏舊賬。王家堯大隊支部和書記劉忠厚同志，在挖新內人黨中被打成「新內人黨分子」，受盡捆打等多種刑法的折磨，身心受到摧殘，積怨甚

多，前幾年就不當大隊幹部，幹別的工作了。去年冬天，黨委還讓他當支書，經過做思想工作，劉忠厚同志高興地同意了。他一上任，就打擊歪風邪氣，認真落實黨在農村的各項經濟政策，社員的勞動積極性調動起來，生產出現了新面貌。

王西堯大隊社員牛鍋扣在挖「新內人黨」中，愛人被整，致殘死去，自己被打殘，多年來他一心要報個人仇，算私入帳。「四、二〇」批示以後，黨委給他做了思想工作，解決了實際問題，他的冤氣小了，怨氣沒了，能正確對待犯錯誤的同志了。其他不少過去有疙瘩的同志，現在解開了。他們說：「為了我們的事業無數先烈拋頭顱、灑熱血，我們還有什麼委曲，個人恩怨，個人得失，不能拋棄呢？」

第六、召開全社平反昭雪大會。為在「清隊」和挖「新內人黨」中，整受害的同志和株連的親屬朋友，從政治上徹底平反，為含冤而死的同志昭雪，恢復名譽。對在「清隊」中因一般歷史問題挨整的一些人，做出了實事求是結論，強加挨整同志誣陷之詞統統推倒。對整理的黑材料做了清理，現存的予以銷毀。從政治上解除了受害同志的後顧之憂。

通過認真貫徹落實「四、二〇」批示，糾正「清隊」和挖「新內人黨」等一系列冤、假、錯案，為全社會工作著重點的轉移起了很好的推動作用，團結增強了，積極因素調動起來了，春耕生產搞得轟轟烈烈，一些受害嚴重，身體有病的同志也起來工作、勞動了。公社幹部劉子華同志，在「清隊」中被扣上「國民黨員」的帽子，關押批鬥一年之多，身體受到了很大折磨，最近黨委給他推倒了強加的罪名，平了反，安排了他適當的工作，老劉很高興，雖然是六十多歲的人了，身體有病，可他積極工作，幹得很好，受到同志們的稱讚。王西堯大隊六十多歲的社員郝恆恆在挖「新內人黨」中被打成殘廢，多年來不參加勞動，今年通過落實政策，他的問題得到了解決，心情舒暢了，他又拿起鞭子趕著牛，拖著帶病的身體，為生產隊耕田耙地了。群眾說：「華主席的政策就是好，致殘人也不廢了」。

現在全社廣大幹部群眾，特別是受害的同志們團結起來了。他們再也不是整天在哪裡挽疙瘩，積怨氣，鬧派性了。而是想「四化」、幹「四化」，為「四化」貢獻自己的力量了。目前，全社會上下，男女老少都緊張地投入春耕生產，積肥送肥，開渠攏堰，耕田耙地，搶播小麥，一派繁忙景色。我們公社連續多年受災，集體生產大減產，社員生活困難。今年全社會廣大幹部和群眾，下定決心，團結一致，認真落實黨的十一屆三中全會精神，搞好工作著重點的轉移，盡快地把全社農業生產搞上去，為爭取今年糧食總產七百三十一萬斤而奮鬥。

四家堯公社黨委

1979年4月10日

26.旗委政運辦通知（1979.04.24）

各單位：

旗委政運辦、財稅局聯合下發《關於落實「新內人黨」政策經費的通知》現補充如下：

凡是補充對象（包括自籌經費）及其金額一律撥旗委政運辦審批（已補助者仍以此文精神辦理審批手續）否則銀行財稅等部門拒絕付款。

各單位務於五月五日前報旗政運辦。（行政事業單位與企業單位另紙分別上報）。

特此通知

旗委政運辦

一九七九年四月二十四日

27.中共包頭市委政運辦公室編　簡報第27期（1979.05.26）

加強政治思想工作　妥善處理遺留問題——土右旗四家堯公社落實政策工作的幾點做法

土右旗四家堯公社黨委在落實政策工作中，認真平反各種冤、假、錯案的同時，積極做好政治思想工作，在澄清路線是非，處理善後工作中，依靠群眾，實事求是地解決具體問題，大大加快了落實政策的步伐。現在，各種冤、假、錯案政治上的平反工作全部搞完，本公社應該解決的遺留問題大部分得到解決，促進了安定團結，推動了當前生產。旗委於四月十日召開了現場會議，號召全旗各級黨組織，學習和推廣他們的好經驗，好做法。

四家堯公社是土右旗受害最重的兩個公社之一。全公社一萬二千人。其中蒙古族五百人，各種冤、假、錯案受害人員八百八十九人。占全公社人口的7.4%；致死32人，其中挖「新內人黨」致死24人（蒙古族14人），占全受害人數3.6%；嚴重傷殘共167人，占受害人數的20%，其中挖「新內人黨」致死者120人。

自貫徹中央「四、二〇」重要批示以來，公社黨委做了大量工作。他們的幾個好的做法是：

第一、邀請受害者代表參加，宣傳黨的政策，協助黨組織做好思想政治工作。在公社黨委首先認真學習「四二〇」批示及其他有關文件，提高思想，統一認識的基礎上，採取各種形式，層層傳達學習，把黨內的思想認識統一到「四、二〇」批示上來。之後，公社黨委負責人，深入各生產隊做政治思想工作，引導受害者要顧大局，向前看。同時，邀請那些受害較深，在群眾中有一定威信的受害者來公社參加受害者代表會議。結合當前大好形勢，宣傳黨的政策，大講解放思想，大膽平反各種冤、假、錯案，擴大落實政策的重要性意義。組織他們同公社黨委和大隊幹部一起，共同做好受害者的政治思想工作。

經驗證明，社隊幹部和受害者代表一起做思想政治工作，可以更好地聯繫思想實際，更有說服力，這就為加快落實政策工作起了積極的作用。

第二、依靠群眾，實事求是的把情況搞清楚。

弄清情況是解決問題的前提。在做好受害者思想工作的基礎上，各大隊和公社所屬單位，都召集受害者，犯錯誤人和有關人員參加的坐談會，當面對證，澄清問題。如王家堯大隊李二因武鬥肩膀致殘，但有些打過人的人，開始推卸責任，不承認是運動中打斷的。經過當面對證終於澄清了。有些人在政治上平反以後，提出過一些過高要求。針對這種情況，有些大隊黨支部請那些思想覺悟比較高的受害者主持召開坐談會，讓他們大講既要落實政策，又要實事求是的精神，啟發受害者不能只看個人利益，不顧國家困難。三叉口大隊郝根寶，本來經濟順損失不大，開始卻自報損失八百多元。經過審核，也教育了本人。有的人本來不夠安排子女的條件，開始也提出了要求，經過了討論評議，不僅大大減少了經濟補償的金額和安排子女的計劃，而且弄清了受害者的傷殘程度，確定了輕重緩急解決問題的先後順序。為實事求是地解決遺留問題打下了基礎。

第三、分別輕重緩急，妥善解決遺留問題。

「四・二〇」批示後，上級先後撥給落實政策經費兩萬多元，勞動指標36個，在分配和使用這些經費和勞動指標時，公社黨委召開公社幹部、大隊支部、受害者代表參加的專門會議，充分發揚民主，反覆協商討論，依靠群眾，分別輕重緩急，合情合理地解決受害者的具體困難，因此得到補助或安排了子女的受害者，感到滿意，沒有得到補助或未安排子女的受害者，也表示贊成公社黨委的決定。

為了盡快解決遺留問題，公社黨委還在社辦企業中安排致死致殘人員子女34名，解決受害者誤工補助一萬六千多折款五千多元。各生產隊還拿出將近兩萬元解決了受害者疾病治療及生活困難問題。

最近，公社黨委對每個受害者的受害經過，傷殘情況，歷年來所解決的問題，以及還有那些具體問題尚未解決等等，都逐一登記，建立了檔案，這樣領導清楚，受害者也放心。全公社的受害者沒有一個因落實政策上訪。

第四、加強思想教育促進思想轉化。

首先正確區分兩類不同性質的矛盾。經過發動群眾，認真調查核實，依法拘、捕六名刑事犯罪分子，伸張了正氣，廣大群眾拍手稱快。全公社還有107名犯了各種錯誤的人，其中錯誤嚴重，有民憤的24人。公社黨委經過具體分析，認為這些人大多數是受人指使，被人利用的。對這些同志只能採取懲前毖後，治病救人的方針，絕不能揪住不放。要教育，要團結，要耐心做好思想轉化工作。如，慶龍店大隊黨支部書記陳迷鎖同志，在清隊和挖「新內人黨」時，曾擔任公社群專負責人，親自手動打過30來人，民憤較大。落實政策開始後，思想負擔沉重，準備挨整、坐牢。黨委分析了他的情況，雖然錯誤嚴重，但能認識自己的錯誤，工作表現不錯，是可以教育好的。因此公社黨委負責人找他談話，耐心進行思想教育，他很受感動，有機會就檢查錯誤，主動登門向受害者賠禮道歉，對調到外地的受害者主動寫信承認錯誤；在工作中他認真負責，白天參加勞動或研究工作，晚上巡查，維護社會治安；去年防洪時先後兩個來月晝夜堅守堤壩上。他說：「林彪、四人幫把我推上犯罪的邊路，華主席、黨中央把我拯救出來。我要努力工作，將功補過，報答黨的思情。」他以自己的實際行動取得了受害者的諒解。因此公社黨委在全公社大會上明確宣佈對他免於黨內外一切處分，及時予以解脫。這樣既教育了陳迷鎖同志本人，也教育了所有犯錯誤的人。現在全社會107名犯有各種錯誤的同志都認真檢查錯誤，主動賠禮道歉，取得了受害者的諒解，全部得到了解脫。

第五、消除隔閡，做好團結工作。

在挖「清隊」和「新內人黨」中，全社不少幹部和群眾產生了隔閡，幹部之間，黨群之間，蒙漢中間，群眾之間的隔閡至今沒有完全消除。這不利於工作著重點的轉移，阻礙著全社農業生產的迅速發展。黨委召開談心會，或採用個別談話，互相幫助等多種形式，教育受害的同志要顧大局、向前看，把挨整受害的仇記在林彪、「四人幫」身上，同志之間不要糾纏舊帳。王家堯大隊支部書記劉忠厚同志，在挖「新內人黨」時受害致殘。前幾年已在公社維修隊工作，每月掙工資四十三元。通過落實政策，去年冬天愉快地接受公社的決定，回到王家堯大隊重新擔任了支部書記。他一上任，就以身作則，首先做好消除隔閡，增強團結的工作。該隊王狗、朱二旦、梁從栓等人在挖「新內人黨」時，本來動手打過劉忠厚同志，由於消除了隔閡，今年分隊時，王狗、朱二旦、梁從栓一定要和劉忠厚同志分在一個隊。王西堯大隊社員朱鍋扣同志的愛人在挖「新內人黨」時，受害致死，自己致殘，多年來一心要報這個仇。「四・二〇」批示後，黨委給他做了不少思想工作，幫助解決了實際問題，他能正確對待犯錯誤的同志。還有不少同志過去有疙瘩的，現在也解開了。團結增強了，積極因素調動起來了。今年春耕生產比以往任何一年都好。過去春耕生產時，全公社最多能出280個牛犋，現在達到360多個，創造了歷史上的最高紀錄。六十多歲的社員郝恆恆，在挖「新內人黨」中被打成殘廢，多年不參加勞動。今年通過落實政策，他問題解決了，心情舒暢了，他又拿起鞭子趕著牛，自己拖著帶病的身體，為生產隊耕田耙地了。群眾說：「華主席的政策就是好，致殘人也不廢了。」

現在全社廣大幹部和社員群眾，團結一致，認真落實黨的十一屆三中全會精神，搞好工作著重點的轉移，盡快地把全社農業生產搞上去，為爭取今年糧食總產七百三十萬斤而奮鬥。

（供領導參閱）

28.關於做好「三民」致死遺屬，嚴重傷殘者生活補助評定工作的通知（1979.08.29）

中共包頭市委政治運動辦公室委員會文件

包政運發（1979）12號

關於做好「三民」致死遺屬、嚴重傷殘者生活補助評定工作的通知

各旗、縣、區委、中央內蒙企業，大專院校黨委，市委、市革各部、委、辦，市直屬各單位黨委、黨組：

根據內蒙關於解決冤、錯、假案政策問題的《原則規定》和《補充規定》的政策規定，各級黨委要認真搞好「三民」中冤、錯、假案致死者生前供養的遺屬，致殘完全喪失勞動能力者及其供養家屬和嚴重傷殘基本喪失勞動能力者本人的生活補助評定工作，現將有關評定工作事宜通知如下：

一、關於標準問題，所謂完全喪失勞動能力者，是指在文化大革命中，因冤、錯、假案刑訊逼供，造成精神失常，部分或全部殘廢者，完全不能參加勞動可視為完全喪失勞動能力；基本喪失勞動能力，是指造成嚴重外傷，如斷肢、斷腿，或主要器官完全喪失功能，已基本不能從事任何勞動的可視為基本喪失勞動能力。各單位在評定工作中，對於上述條件應從嚴掌握。

二、評定發放生活補助的辦法及注意事項

1、評定和發放生活補助直接關係到受害致死嚴重傷殘者的切身利益，工作不僅細緻，而且政治性很強必須作深入細致的思想工作。堅持實事求是，反對弄虛作假。

2、評定時必須持有文化大革命開始以來至一九七四年底以前，旗、縣、區級以上醫院診斷書或門診手冊，以及隨後屢次診斷證明及門診手冊。

3、評定時必須由原受害者單位的群眾，特別是知情者評議，然後登記造冊，並張榜公佈於眾。按《補充規定》有關規定辦理手續。

4、評定時原來是那個單位批鬥的，應由那個單位為主認真做好登記造冊

和評定工作。如單位派人到街道揪鬥的，應由這個單位負責，街道積極協助；如是街道揪鬥的，則應由街道為主，單位積極協助。經審定後，廠礦企業可根據內蒙有關政治規定，並參照職工勞動保險條例，發給生活補助費。屬市政機關、事業單位的則由旗、縣、區統一辦理，然後由市民政部門發給生活補助。

三、時間要求，各級黨委於九月十五日前，必須把登記造冊工作搞完，並上報市政運辦黨委審核。

包頭市政運辦黨委

一九七九年八月二十九日

“三民”遗属享受定期定量补助审批表

致死人的情况	姓名		性别		年令		民族	
	家庭出身		本人成份		政治百皃		
	籍贯						
	所在地区和职务				致死年月日		
	因何种冤错假案致死						
致死简况及结论							
有无政治历史问题及结论							

遗属简况	姓名	性别	年令	民族	出生年月日	与死者关系	政治百皃	家庭出身	本人成份	所在地区及职务	补助金额
	小计										

群众评议	
大队党支部居委会意见	
公社党委街道办事处意见	
旗县市区审批意见	
盟市委运动办意见	
备注	

完全丧失劳动能力的"三民"及家屆享受定期定昇补助审批表

致残人的情况	姓名		性别		年令		民族	
	家庭出身		本人成分		政治百皃			
	籍贯							
	所在地区和职务							
	因何种冤错假案致残							
致残简况及结论								
有无政治历史问题及结论								

家屆简况	姓名	性别	年令	民族	出生年月日	与残者关系	政治百皃	家庭出身	本人成分	所在地区及职务	补助金额
	小计										

群众评议	
大队党支卩 居委会忌见	
公社党委 亍辺办事处忌见	
旗县市区 审批忌见	
盟市委 运动办忌见	
备注	

范本 丧失劳动能力的“三民”享受定期定畀补助审批表

致残人的情况	姓名		性别		年令		民族	
	家庭出身		本人成份		政治面皃			
	籍　贯							
	所在地区和职务							
	因何种冤错假案致残							
	致残程度				补助金额			
致残简况经过								
有无政治历史问题								

群众评议	
居委会 大队党支卩 忘見	
亍迎办事处 公社党委 忘見	
旗县市区 审批忘見	
盟市委 运动办忘見	
备注	

29.中共土右旗委政運辦　轉發市政運辦《關於做好「三民」致死遺屬、嚴重傷殘者生活補助評定工作》的通知（1979.09.04）

各公社黨委、各總支、直屬支部：

現將包頭市委政運辦黨委（1979）12號文件全文轉發給你們，請認真貫徹執行。

做好因冤、錯、假案致死遺屬，嚴重傷殘者生活補助評定工作，是一項關係到落實黨的政策，體現黨對受害者關心的重要工作，各級黨組織要列入議事日程，認真研究，加強領導，要有一名主要負責人專抓這項工作，並組織力量，依靠群眾，深入細致地搞好評定，並逐級審核，各公社於本月三十日前報我辦。

1979年9月4日

30.中共土右旗委政運辦　轉發《關於認真做好評定公傷工作的通知》（附登記表）（1979.09.19）

各公社黨委、各總支、直屬支部：

現將中共包頭市委政運辦（1979）14號《關於認真做好評定公傷工作的通知》全文轉發給你們，望認真貫徹執行。

隨文發出《各種冤、錯、假案嚴重傷殘者發放公傷證明審核表》及《各種冤錯假案嚴重傷殘發放公傷證人員花名登記表》式樣各一份，請自行翻印，做好登記造冊工作，並於本月28日前報名各二份。

特此通知

1979年9月19日

各种冤错假案严重致残发放公伤证人员花名登记表

填表机关

姓名	性别	年令	民族	职别	原受害单位	现在所在单位	严重伤残情况	公伤证编号

此表报送市委落实政策办公室备案。　　填表日期：

31.土默特右旗四家堯公社　上報誤傷人員存根（1977.07.05）

土默特右旗四家尧公社革命委员会公用笺

1977年7月5号

上报误伤人员长期需要救济花名共24人，和需要今后安排子女的共4人的存根

32.挖新內人黨誤傷人員摸底情況表（1977.07）

挖新內人黨誤傷人員摸底情況表

单位名称：　　　　挖新内人党误伤人员摸底情况表　　　　年　月　日

误伤者姓名	性别	年令	民族	其中是：				系未退出、		迁出情况		迁入情况		备考
				国家干部	国家职工	大小队干部	牧民	党	团	人数	迁往何地	人数	由何地迁来	

挖新內人黨誤傷人員子女安排情況登記表

大隊：　　挖"新內人黨"誤傷人員子女安排情況登記表

姓名	性別	年令	成份	民族	是否黨團	工作單位	正式或臨時工	家長姓名

落实政策长期救济登記表

四家光子 公社 小居子 大队 1977 年 7 月 1 日登記

姓名	奇迷君	性别	男	年令	45	民族	蒙	家庭出身	下中农	个人成份	学生
政治面貌	群众	誤伤时职务	社員	現在职务	社員	籍貫	内蒙土右	現住址	小居子二队		

供 养 的 直 系 亲 属

姓名	与誤伤者关系	出生年月日	职业	生活来源	是否同居	具备何項救济条件	現在住址	附注
奇彩凤	長女	1950.7.27	社員	以农业	同	长期卧病	小居子二队	
奇彩云	次女	1960.4.16	学生	〃	〃	〃	〃	
奇益达也苏	長子	1962.9.24	〃	〃	〃	〃	〃	
奇布可巴尔	次子	1964.8.3	〃	〃	〃	〃	〃	
窦花拉	妻	1929.1.6	社員	〃	〃	〃	〃	

领 取 救 济 記 录

领取项目	支付計算标准	开始领取日期	终止领取日期	领取项目	支付計算标准	开始领取日期	终止领取日期

大队党支部意見	大队党支部盖章　　年　　月　　日
公社党委意見	該君因病已殘，同意長期救助 公社党委盖章 1977年 7 月 1 日
旗委批准意見	旗委盖章　　年　　月　　日
备考	

註：一式两份公社和旗各存一份。

誤傷人員（内人党）登記表

姓名	奇徳居	性别	男	年令	48	民族	蒙	家庭出身	下中	個人成份	农业
政治面貌	群众	誤傷的職务	队长	現在職务	社[redacted]	籍貫	内蒙准旗	現住址	小台子		

供养的直系亲属

姓名	与误伤的关系	出生年月日	职业	生活来源	是否同居	現在住址	附注
奇彩凤	女	1956 7.27	社员	工分	同居	小台子二队	
奇彩云	女	1960 4.16	学生		同居	——	
奇宜迎斯	子	1962 5.21	学生		同居	——	
奇布和巴雅	子	1964 [illegible]	学生		同居	——	
云花拉	妻	1929 5.6	社员	工分	同居	——	

註

1. 直系亲属指：父、母、妻、子女。
2. 分户居住的不能填写同居。
3. 生活来源：参加工作的填工资数，农村社员填收工分。
4. [illegible]

落实政策长期救济登記表

四家尧乡 公社 小召子 大队 1977 年 7 月 1 日登記

姓名	郝尔庆	性别	男	年令	54	民族	蒙	家庭出身	贫农	个人成份	喇嘛
政治面貌	群众	誤伤时职务	社员	現在职务	社员	籍貫	内蒙土右	現住址	小召子二队		

供养的直系亲属

姓名	与誤伤者关系	出生年月日	职业	生活来源	是否同居	具备何項救济条件	現在住址	附注
莫西奔	母	1901.1.15	家庭妇女	小农	同	長期补助	小召子二队	本人残
莫花拉	妻	1910.3.17	〃	〃	〃	〃	〃	
郝英〃	長子	1965.3.17		〃	〃	〃	〃	

領取救济記录

領取項目	支付計算標准	开始領取日期	终止領取日期	領取項目	支付計算標准	开始領取日期	终止領取日期

大队党支部意見	大队党支部盖章　　年　　月　　日
公社党委意見	郝[illegible]庆同志全家4口，爱人常年患病，家庭本人也患肝炎，从[illegible]年至今久治无效，同意[illegible]补助 公社党委盖章 1977年 7 月　　日
旗委批准意見	旗委盖章　　年　　月　　日
备考	

註：一式两份公社和旗各存一份。

誤傷人員(內人黨)登記表

姓名	郝尔庆	性別	男	年令	[illegible]	民族	蒙	家庭出身	[illegible]	個人成份	喇嘛
政治面貌	[illegible]	誤傷前的职务	社员	現在职务	社员	籍貫	內蒙古	現住址	小[illegible]		

供養的直系亲属

姓名	与误伤者关系	出生年月日	職业	生活来源	是否同居	現在住址	附注
[illegible]	母	1901.1.15					
[illegible]	妻	[illegible]					
[illegible]	長子	65.7.1[illegible]					

註明

1. 直系亲属指父、母、妻、子女。
2. 分户居住的不能填写同居。
3. 生活来源：参加工作的填工资数，农村社员填收工分
4. 本表在二十八日前填报回公社。

落实政策长期救济登記表

四家苏木 公社 小尼士 大队 1977 年 7 月 、 日登記

姓名	敖巴力邓	性别	男	年令	75	民族	蒙	家庭出身	奴隶	个人成份	喇嘛
政治面貌	群众	誤伤时职务	社員	現在职务	社員	籍貫	内蒙古	現住址	小尼士二队		

供养的直系亲属

姓名	与誤伤者关系	出生年月日	职业	生活来源	是否同居	具备何項救济条件	現在住址	附注
敖巴邓	本人					長期救助		已分残

領取救济記录

領取項目	支付計算标准	开始領取日期	终止領取日期	領取項目	支付計算标准	开始領取日期	终止領取日期

大队党支部意見	大队党支部盖章　　年　　月　　日
公社党委意見	敖包加那．分线．眼失明．不能参加一点劳动的生活困难 長期給予生活救助 公社党委盖章 1977年 7 月 1 日
旗委批准意見	旗委盖章　　年　　月　　日
备考	

註：一式两份公社和旗各存一份。

誤傷人員(家屬)人口登記表

姓名	[illegible]	性別	[illegible]	年令	75	民族	[illegible]	家庭出身	[illegible]	個人成份	[illegible]
政治面貌	[illegible]	誤傷的職務	[illegible]	現在職務	[illegible]	籍貫	[illegible]	現住地址	[illegible]

供養的直系親屬

姓名	與誤傷者關係	出生年月日	職業	生活來源	是否同居	現在做甚麼	備註

註

1. 直系親屬指父、母、妻、子女。
2. 分戶居住的不能填寫同居。
3. 生活來源一要加[illegible]的[illegible]收入，[illegible]
4. 本表[illegible]

誤傷人員(內人党)登記表

姓名	牛长扣	性别	男	年令	[illegible]岁	民族	蒙	家庭出身	贫农	個人成份	农民
政治面貌	群众	誤傷的身分		現在职务	[illegible]	職業	土农[illegible]	現住址	五西克大队一队		

供养的直系亲属

姓名	与误伤者关系	出生年月日	职业	生活来源	是否同居	現在住址	附注

註

1. 直系亲属指：父、母亲、子女。
2. 分户居住的不能填写同居。
3. 生活来源：参加工作的填工资，农村社员填以工分
4. 事发生[illegible]

1977

[illegible]

被伤人員（内人党）登記表

姓名	黄三役倚	性别	男	年令	53	民族	蒙	家庭出身	贫农	個人成份	群众
政治面貌	群众	被伤的职务	农民	现在职务	农[illegible]	籍貫	土右旗	現住址	[illegible]家营公社[illegible]大队		

供养的直系亲属

姓名	与被伤者关系	出生年月日	职业	生活来源	是否同居	現在住址	附注
唐才才	妻	30年10月	农民	劳动	是	土右旗[illegible]社[illegible]大队	
黄德功	长子	52年10.24	学生		否	〃〃〃〃	
黄德霞	儿	54年6月	学生		〃	〃〃〃〃	
黄德胜	儿	56年10月	教书		〃	〃〃〃〃	
黄德元	儿	58年5月	牧人		〃	〃〃〃〃	
黄玉花	女	63年4月	学生		〃	〃〃〃〃	

注

1. 直系亲属指：父、母亲、子女。
2. 分户居住的不能填写同居。
3. 生活来源，参加工作的填工资數，农村社員填收工分
4. [illegible]十八日[illegible]报[illegible]公社

張拴圪旦大队

誤伤人員（内人党）登記表

姓名	黄三旦	性别	男	年令	48	民族	蒙	家庭出身	貧农	個人成份	农
政治面貌	群众	誤伤的职务	大队看树	現在职务	看树	籍貫	土右	現住址	張拴圪旦村		

供养的直系亲属

姓名	与誤伤关系	出生年月日	职业	生活来源	是否同居	現在住址	附注
黄[illegible]	父亲	1903年5月20日	农	以儿子生活	和儿子住在一起	張拴圪旦村	
黄貴	儿子	1952年6月20日	工人	自养	同居	〃 〃	現在工作在旗工程队 工資30元

註：
1. 直系亲属指父、母亲、妻女。
2. 分户居住的不能填写同居
3. 生活来源，参加工作的填工資数，农村社員填以工分
4. 本表在[illegible]月[illegible]日前报公社

天保公

誤傷人員（內人党）登記表

姓名	金云山	性别	男	年令	54	民族	蒙	家庭出身	贫农	個人成份	农民
政治面貌	党员	誤伤前职务	治保主任	現在职务	治[illegible]	籍貫	天保公	現住址	大庄、面家见公社、天保公大队		

供養的直系親屬

姓名	与誤傷者关系	出生年月日	職业	生活来源	是否同居	現在住址	附註
郝凤英	妻	1931.3.19	农		同居	天保公大队	
金银虎	儿子	1955.2.13	赤天记农	工分	同居	〃 〃 〃 〃 〃	在住公社 113天分 补助粮 36斤，补助24元(治病)
金美秀	女子	1960.3.24	学生		〃 〃	〃 〃 〃 〃	
金美利	女子	1963.3.7.	〃 〃		〃 〃	〃 〃 〃 〃	
金银应	儿子	1970.3.13			〃 〃	〃 〃 〃 〃	

註：
1. 直系亲属指：父、母亲、子女。
2. 分户居住的不能填写同居。
3. 生活来源：参加工作的填工資數，农村社員填工分
4. 本表在二十八日以前[illegible]回公社。

誤傷人員（內人黨）登記表

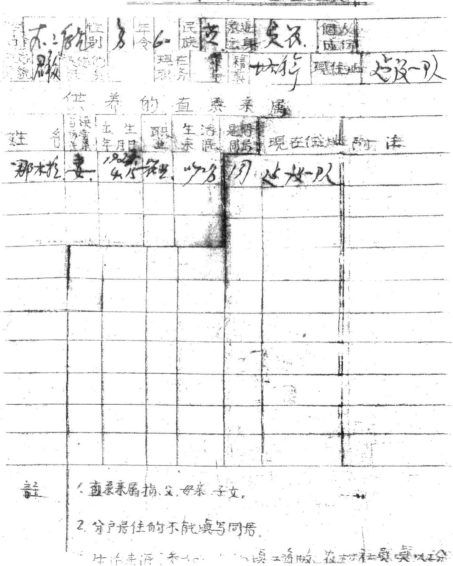

姓名	木二[illegible]	性別	男	年令	60	民族	蒙	家庭出身	貧农
受傷部位	[illegible]	[illegible]		現在職务		籍貫	[illegible]	現住地址	[illegible]一队

個人成份	

供养的直系亲属

姓名	与誤傷者关系	出生年月日	職业	生活来源	是否同居	現在住址	附注
娜木拉	妻	192[illegible].4.15	社员	[illegible]	同	[illegible]一队	

註
1. 直系亲属指父、母亲、子女。
2. 分户居住的不能填写同居。
3. 生活来源：参[illegible]的填工資的，农村社員填工分

誤傷人員（內人党）登記表

姓名	金三旦	性別	男	年令	37	民族	蒙	家庭出身	貧农	個人成份	
政治面貌	党员	誤傷的职务		現在职务	[illegible]	籍貫	土右旗	現住址	建設一隊		

供养的直系亲属

姓名	与误伤人员关系	出生年月日	职业	生活来源	是否同居	現在住址	備注
金?全	子女	1963.12.10	无		同居	建設一隊	
金兰兰	〃	1968.6.15	〃		〃	〃	
金改兰	〃	1972.11.12	〃		〃	〃	
金兰秀	〃	1974.5.18	〃		〃	〃	
						〃	
						〃	
						〃	

註

1. 直系亲属指：父、母亲、子女。
2. 分戶居住的不能填写同居。
3. 生活来源：参加工作的填工資數，农村社員填以工分
4. 本表应于十八日以前報回公社

誤傷人員（内人党）登記表

姓名	黄秀英	性別	女	年令	78	民族	蒙	家庭出身	貧農	個人成份	農民
[illegible]	[illegible]	誤傷的職务	[illegible]	現在職务	[illegible]	籍貫	[illegible]	現住址	[illegible]		

供養的直系親屬

姓名	与误伤者关系	出生年月日	职业	生活来源	是否同居	現在住址	附注

註

1. 直系亲屬指父、母、妻、子女。
2. 分户居住的不能填写同居。
3. 生活来源：参加工作的填工資收入，农村社員填收工分

大社克

誤伤人員（内人党）登記表

姓名	额代肖克娜	性别	女	年令	61	民族	蒙	家庭出身	贫农	個人成份	
文化程度		誤伤时的身份		現在职务		[illegible]	籍贯			現住址	大社克大队

供养的直系亲属

姓名	与误伤者关系	出生年月日	职业	生活来源	是否同居	現在住址	附注
云扶串	[illegible]		[illegible]	[illegible]	同居	大社克〇队	

註

1. 直系亲属指父、母亲、子女。
2. 分户居住的不能填写同居。
3. 生活来源：参加工作的填工资收入，农村社员填以工分

[illegible]

33.包頭公安局　落實政策發放生活費表（1978.07.07）

包　头　市　公　安　局

78.7.7日

黄秀英 20

黄毛敦，40　　刘栽植吉林械厂学生。

周　彦. 30

杜祥州 30

二胡有. 20

黄永兴 20

秀　三 20.

刘　根. 10

计190

装　订　线

1. 搜集证据方法:

1. 办案人员访谈:(一律录音)组织访谈、附律师材料.

2. 子女档案:1.抚养协议、2.收养档案证明(复印,录像不行)

3. 金证、雷证、户口证 都需有门材料.

1. 组织访谈:(如有需要可摘抄证据)

2. 群众评议:

3. 个人律师:

4. 参:参照什么参,什么时候证明。

5. 查核核实:1. 时间

2. 谁去查核的,查核了些什么资料,等

3. 价格

2. 财务工作

裝 訂 綫

34.四家堯公社挖新內人黨病殘登記（1978）

四家尧公社挖新内人党病残登记

单位	总数	男	女	国家干	队干	社员	
公社	6	5	1	6			
王西尧	9.	6	3		1	8	
新店	4	4			1	3	
老社尧	5	4	1	1	1	3	
总校	4	3	1	[illegible]		4	
卫生院	4	3	1	4			等待留职2
城镇街	15.	12	3		1	13	
东三营	3	3			1	2.	
上尧	3	3		1	1	1	国家干已退休。
王保营	5	3	2	[illegible]	2	3	
滕上	3	2	1			3	
河西营	13	12	1	3	1	9.	
社搬运	5.	5			2	3	
赵二营	6	5	1	1	1	4	
学校	8	8		8			教师.
卜尔	10	8	2	2	1	7	
供销社	3	3		3			
王家尧	15	12	3		3	12	
合计	120	101	19	29.	16	75	

大队：[illegible]　挖"新内人党"致伤人员现在家茬病、残度登记表

姓名	性别	年令	成份	民族	是否党团	病：什么病	残度：什么现有残度
白二毛札	男	55	贫	蒙	否	[illegible]后遗症	
白二那日	〃	64	〃	〃	〃	软骨病	
白锁成	〃	41	〃	〃	党员	瘫痪	
代[illegible]来	〃	46	〃	〃	群众	[illegible]炎	

大队 建设　挖"新内人党"误伤人员现在受伤病、残废登记表

姓名	性别	年令	成份	民族	是否党团	病	残废
						什么病	什么地方残废
金占山	男	40	贫	蒙	党	胃下垂、十二指肠溃疡。	肩膀大骨节至痛，男性阳萎。
李二厚生	〃	61	〃	蒙	群	肝炎	肝炎
赵戚纳楞	女	61	〃	蒙	群	高血压	心脏病
黄玉亮	男	33	贫	蒙	〃	关节炎 脑溢血 脑神经衰弱	四肢及头了

大队：王峰公　被"新内人党"误伤人员现在致终病、残、废登记表

姓名	性别	年令	成份	民族	是否党团	病：什么病	残废：什么残废
包玉山	男	55	贫	蒙	党	腰软眼	胳膊手、腰残失残
黄秀英	女	79	贫	蒙	党	半身不遂	
赵玉栓	男	58	中	蒙	群	腰眼	腰
赵玉仙	女	24	中	蒙	群	腰	腰
郭阿拉斯	男	20	中	蒙	群	肺	肺有毛病

革命委员会

大队：[illegible]　挖"新内人党"误伤人员现在患疾病、残废登记表

姓名	性别	年令	成份	民族	是否党团	病 什么病	残废 什么地方残废
黄永明	男	63	贫	蒙	无	~~腰腿痛~~	腰腿残
安三	〃	68	中	〃	〃		头腰腿残
白花眼	女	48	贫	〃	〃		血气残

(2)

[illegible]

姓名	性别	年令	成份	民族	[illegible]	[illegible]	[illegible]：当[illegible]	[illegible]：向[illegible]	[illegible]：以后	備考
赵阿訇哈[illegible]	男	70	贫	[illegible]	天	[illegible]		1		[illegible]

革命委员会

挖"新内人党"误伤人员及其死亡情况登记表

姓名	性别	年令	成份	民族	是否党团	何年何月死亡	死亡情况			说明
							直接	间接	以后	
任李挖	男	45	贫农	蒙		1968.11	直			吓的吊死
江五不楞	男		贫农	〃		1973.6月			以后	连续患病
杨良00	男	50	雇农	〃		1972.3月			以后	〃〃〃〃
郭老什	男	70	雇农	〃		1973.5月			以后	〃
康斗林	男	65	贫农	〃		1978.8			以后	病患死亡
郭根主	男		贫农	〃		1977.2			以后	〃〃〃〃
萧巴什亥	女		贫农	〃		1978.2			以后	住院而死
[illegible]	[illegible]	[illegible]	〃〃			[illegible]		[illegible]	[illegible]	[illegible]

大队名称：近设　挖"新内人党"被挖人员及其死亡情况登记表

姓名	性别	年令	成份	民族	是否党团	何年何月死亡	死亡情况			摘要
							直接	间接	以后	
黄拉麻	男	62	中	蒙	群	68.12月死	直			当时放回，房后间隙上吊。
金宫权	男	2	贫	蒙	〃	68.7		间		因母缺奶病死。
贡嘎扎	男			汉		68.10				

[illegible]革命委员会

大队[illegible]挖"新内人党"误伤人员及其死亡情况登记表

姓名	性别	年令	成份	民族	是否党团	死亡年份月	死亡情况			说明
							直接	间接	以后	
郝三	男	67	贫	蒙		73.5	直接			
[illegible]	女	51	〃	〃		69.4		间接		郝三妻子
王[illegible]	〃	70	〃	〃		73.8		〃		黄三[illegible]母亲
黄三女	〃	37?	〃	〃		70.4		〃		伏[illegible]母亲
郝[illegible]花	〃	61	中	〃		71.11		〃		王[illegible]母亲
王[illegible]	〃	73?	贫	〃		76.11		〃		郝[illegible]祥母亲
[illegible]	男	70	〃	汉		76.12		〃		侯三父亲

大队名称：王停公 挖"新内人党"被伤人员死亡情况登记表

姓名	性别	年令	成份	民族	是否党团员	何年何月死亡	死亡情况			说明
							当场	刑后	以后	
韦吉召[illegible]	男	70	富	蒙		68年12月	当时死			

35.關於以下被挖成「內人黨」死亡結論（1978.08.15）

关于以下被挖成内人党死亡结论.

杨良00. 民族 蒙, 成份 中农.

该同志死因:

该同志 经挖 自己承认内人党组织, 自己多次用绳子吊, 被人发现救下. 但后多次喝酒死亡。

郝世什: 民族 蒙, 成份 中农.

该同志死因.

该同志原来是病人, 经挖病重, 一年后死亡。

唐斗林 民族 蒙, 成份 贫农

该同志死因、

该同志原来是病人, 经多次挖 一年后死亡。

郝根之、民族 蒙 成份 贫

该同志死因,

该同志. 全家被挖成内人党八人, 特别是二儿被拉泊四天 自己也被多次挖成内党。思想负担重, 后换肝病, 经治疗无效死亡。

以上四人在解放以来、在社会主义革命建设中积极参加劳动。 [illegible] 78.8.15

36.落實政策（誤傷人員生產隊的負擔）資料（1978.09）

落实政策（误伤人员生产队的负担）

资料

1978·9·5

1.

误伤人员在队负担情况统计表

单位名称：四家尧公社　　78年9月　日填写

伤者姓名	家庭人口	残伤	全家劳力	伤后筹资补工数		伤后医药费	因伤欠往来款数	享受其它补助	备注
				工日	折款				
贾二小	2	中		1800	540	120—	26.30	45—	王家尧
郝二小	1.	轻		2250	675			5	〃
刘七	2	〃		200	60	170—	59.19	147.50	〃
郝二[illegible]	2	〃	1.5	70	14.		26.26		[illegible]
戴纳楞	3	〃	1	50	10—		130—		〃
金占山	6	〃	2				281—		〃
黄[illegible]	3	〃	1				64—		〃
高明熬	3	〃	1				20—		〃
黄桂林	5	中	1				544—		〃
黄玉熬	4	〃	2				31—		〃
代塔市	7	轻	1	200	60—		350—		贼塔[illegible]
代二[illegible]	4	〃	2				350—		〃
康继忠	7	〃	2				190—		〃
刘才小	5	〃	1				500—		〃

说明：此表筹资补助工分是指误伤后，欠往来款也是从伤后算起，医药费一律不能算在内。

2

误伤人员在队负担情况统计表

单位名称：[illegible]公社　　78年9月　日填写

伤者姓名	家庭人口	成份	全家劳力	伤后享受补工数		伤后享受补救款	因伤欠往来数款数	享受其它补助	备注
				工日	折款				
郝卜流	5	贫	1				250—		[illegible]
郝长春	2	〃	1				250—		〃
郝留英	8	〃	3				600—		〃
郝有祥	5	〃		100	30—		200—		〃
黄三俊贤	5	〃	1	100	30—		500—		〃
黄红亮	2	〃					200—		〃
袁阿加松	1	中					200—		〃
郝三	1	贫					350—		〃
付良秀	4	地主	2				150—		〃
付斗根	1	富农	1				50—		〃
黄毛毛	1	贫					200—		〃
李留保	9	〃	2				200—		〃
陈宪	4	〃					250—		〃
杨海三	5	中					200—		—

说明：此表享受补助工分是指误伤后，欠往来款也是从伤后算起，前者一律不能算在内。

3

误伤人员在队负担情况统计表

单位名称　　　　78年9月8日填写

伤者姓名	家庭人口	成份	全家劳力	伤后享受补工数		伤后享受补款数	因伤欠往来欠款数	享受其它补助	备注
				工日	折款				
张六计	7	中	无	300	90	60-	380-		巷社光
黄珍灯	4	贫	1	50	15				〃
杨四付	3	下中	无	850	195-				房队
杨宝林	7	中	4	35	24.50				〃
陈绒保	5	地主	2	7	4.50				〃
杨六娃	6	中	2	10	7.00				〃
金玉山	6	贫	1	540	108		420		王保兮大队
魏玉保	1	中	~~900~~	900 ~~180~~	180				〃
黄秀英	2	贫	~~1800~~	1800 ~~360~~	360				〃
黄永明	5	〃	2				50-		[illegible]大队
付花眼	4	〃	1				140-		〃
赵六好看	7	〃	2	2000	600	150-	195-		河四营
鲁占魁	2	〃	1	1400	420	120-	195-	~~165~~	〃
张毛三	4	中	1	1280	184	140-	90-		〃

说明：此表享受补助工分是指误伤后，欠往来欠款也是从伤后算起，前者一律不能算在内。

4

误伤人员在队负担情况统计表

单位名称　　　　　　　　　78年9月　日填写

伤者姓名	家庭人口	成份	全家劳力	伤后享受补工数		伤后享受补款数	因伤欠往来款数	享受其它补助	备注
				工日	折款				
张兴元	6	贫	1	700	210	100	453		闫和堂
李根尧	8	中	3	410	205				郭三元
袁象良	6	贫	2	260	130				〃
杨桂周	6	中	1	70	35				〃
袁女桂桃	6	贫	3						〃
郭太平	5	富	3				（尚未查清）		〃
郭二毛	4	贫	2				（〃）		〃
郭京荣	4	宗教	1	50	30				十九子
郭巴登	1	〃		90	54				〃
郭石柱	6		2	50	30		570		〃
袁书援	2	贫	1	20	12		310		〃
郭凤岐	3	〃		50	30		580		〃
袁继君	6	中	2	30	18		690		〃
钱中信	5	贫	2	70	21		240		〃

说明：此表享受补助工分是指误伤后，欠往来款也是从伤后算起，~~[illegible]~~一律不能算在内。

5

误伤人员在队负担情况统计表

单位名称　　　　　　　　　年　月　日填写

伤者姓名	家庭人口	成份	全家劳力	伤后享受补工数		伤后享受补款数	因伤欠往来粮款数	享受其它补助	备注
				工日	折款				
郭艮女	2	下中		50	30		60—	—	十[illegible]
郭根元	2	贫		40	24		290—	—	〃
任[illegible]柱	2						26—		〃
江[illegible]	2						743—		〃
杨艮00	1						300—		〃
唐斗[illegible]	2						1754—		〃
郭[illegible]	1						2000—		〃
[illegible]三山	3			40	24		200—		〃
黄[illegible]花[illegible]	1			40	24		6—		〃
[illegible]成[illegible]	6			40	24		660—		〃
[illegible]柱	6			20	12—		1486—		〃
[illegible]柱	7			20	12		1241—		〃
[illegible]文[illegible]	7			40	24—		15—		〃
郭斗[illegible]	7			40	24		725—		〃

250人

说明：此表享受补助工分是指误伤后、欠往来款也是从伤后算起，前者一律不能算在内。

6

误伤人员在队负担情况统计表

单位名称　　　　　　　　　　年　月　日填写

伤者姓名	家庭人口	成份	全家劳力	伤后享受补工数		伤后享受救济	因伤欠往来款数	享受其它补助	备注
				工日	折款				
蒋培基	5						80—		十二队
何克文	8	贫				80	176—		同上
黄桂	5	中				130	80—		〃
以上合计				16072	5180.40	850	18626.75	197.50	
倪启文	6	中					520—		
孙树林	5	贫					250—		
黄二尧	4	贫	2	60	18.00		210.00		
李亮	4	〃	1	45	13.50				
俞兰阿	7	〃	2	45	13.50				
郁根宝	4	〃	1	45	13.50				
徐二同	7	〃	1	45	13.50				
总计			准[illegible]				19606.75 [illegible]		

说明：此表享受补助工分是指误伤后、欠往来款也是从伤后算起，前者一律不能算在内。

37.清隊中死亡、傷殘人員花名；公社批鬥人員強加的罪名；公社批鬥人員情況（1978）

清队中死亡、伤残人员花名

8 一、死亡：刘银星、王中林、△徐二平、郭二、李俊如
贾二和　武林才　赵二海。

二、全残：董克运、刘二仁旺、韩来钱、郭来子
13
△杨六、郝银良、✓代坤平　代三、×郭三、
✓韩已登、贾吉和、詹清水、△詹伟

三、半残：詹宁飞、梁二任、贾六、✓贾来　刘召平
15
吴林金、雷通、张七、翟宝和、代清二
刘才　✓郭八仁、杨文斌、董玉喜、△詹二旦

19 四、部分残：董克金、郭占师、许四十三、张混师、×高四女
总计 55
刘性、周八、●卢亲贤、×刘宝亮、×赵二明
王拉拉、付吉亮　刘三、王德才、×董保保
郭文、刘三女、×张招换、×陈德和

△安排 部分 4人　✓已批党安排一人的 4人、×未报安排部分者 7人
总计 15

公社批斗人员、追加的罪名。

✓董志远：国民党员、历史反革命、走资派、新旧入党分子。

✓刘子华：国民党员。

✓董志会：历史和划成份问题。

✓秦杰：地主复仇分子。

✓原子飞：地主复仇分子。

✓秦英：地主复仇分子。

✓刘玉旺：历史反革命

✓许丰三：清团员、国民党员、历史反革命。

✓曹通：历史反革命。

✓张混帅：国民党员、历史反革命。

王二来贵：劳改释放犯。（因贩卖毒品）

✓常金良：历史反革命。　　（新建）

卢前宽：劳改释放犯。（因贪污粮被判刑）

✓张七：怀疑有人命。

✓韩来钱：国民党员、土匪。

李元红：劳改释放犯（因卖大烟被判刑）

✓刘三：历史反革命。（因当伪土匪乡长二年）　（胜小）

17.

（贈小）

✓安三：漏划地主。

张老也：劳改释放犯。（因日本人时打死过人，解放后判刑）

✓崔永明：国民党员。（因在王府都下当过付官，因疑国民党员）

（建设）

✓杨旺：漏富农分子

✓李俊如：因小偷小摸

王蛇小：牛鬼蛇神。（因当阴阳）

○吴占辉：贪污分子。

✓赵六海：漏划地主。

✓韩巴登：历史问题（因当过"喇嘛"队长，和以前连长）

贾树林：坏分子（因48年打人）

✓周八：历史反革命。（因当过马鬃）

✓杨六：历史反革命。

✓郭[illegible]：土匪。（因当过兵）

✓刘银兰：破鞋

✓王俊秀：男女作风

✓文叶女：男女作风

○韩来迷：赌头。

17

✓伏海之：攝影及美術

✓伐坤平：[illegible]設計

✓代 之：歷史及藝術

王貴成：雕刻

5. ✓韓金仁：家具設計　　　　(助理)

公社批斗人员情况

历史反革命	国民党员	剥削成份	地主漏划分子	劳释犯	历史问题	小偷小摸	牛鬼蛇神
10.	3.	5.	3.	4.	2.	1	1.

贪污分子	坏分子	土匪	破鞋	赌犯	现行反革命	总计
1.	2.	1.	3.	2.	1	39人

38.挖「新內人黨」受害人員批鬥情況（1978.12.03）

挖"新内人党"受害人员批斗情况　78.12.3.

一类：牛文和、郝有旺、金玉山、黄秀英、魏玉店、李二小、吴三、金三旦、张二计、杨四白、唐二旦、郭大军、赵二猪崽、[illegible]、[illegible]、侯元山、郭尔庆、[illegible]、郝风岐、郭毛登、白木秀、刘志店、黄[illegible]、郝八[illegible]、武[illegible]、伏[illegible]、杨[illegible]、杨[illegible]、[illegible]、[illegible]。30。

二类：黄三旦、黄[illegible]登、黄二[illegible]、[illegible]、刘三店、胡永昌、李[illegible]、刘[illegible]、[illegible]、何[illegible]、李[illegible]、魏元[illegible]、郝[illegible]、黄永[illegible]、伏[illegible]、[illegible]、白二[illegible]、陈[illegible]、[illegible]、郭二[illegible]、[illegible]、[illegible]、[illegible]、[illegible]、黄[illegible]、[illegible]、杨[illegible]、[illegible]、刘三女、武志店、郭[illegible]、[illegible]、[illegible]、[illegible]、[illegible]、[illegible]、[illegible]、[illegible]。

三类：[illegible]、黄[illegible]、杨合[illegible]、[illegible]、[illegible]、刘四[illegible]、[illegible]。

代二贵处、候山、尹贵成、乌生发、苏贵华、杨根发、杨青花、

白在处、苏二信来、武明亮、杨搶柱、袁寿荣、路五明、

于四胡固、夏山三、董四拉银、白文忠、黄成时、李连拉、

郭[illegible]、林同、郭根发、李二娃、郎召发、黄仁义、袁阿斗拉、

乌吉发、詹旭东、刘荣。　　共35。

另外补充：

许二白　石有根　白金海　何志文　曹二生

赵文奎　毛排锁　牛有　白束成　刘六

王同印　杨三姑　丁二成栋　刘存亮　牛二成

白二帮印　~~[illegible]~~　郝乃英　郝子命　其林

贾二元　　　　廿人

装　订　线

請示

再安排召見的：

張元夫、劉孟芝、錢公傳、武維才、吳三、韓　、朱佩如、

袁守謙、

（已安排1、再要安排5）

重複提：胡秉、張之、朱三三、王仁耿、黃少谷、唐縱、

陳慶瑜、雷震、劉安祺、袁雲、周至柔、唐飛、

蔡孟堅、劉子英、黃天爵、邵　、

問：張元　、邵毓文、

清队

子女再受害排查记表 78.12.3

姓名	家长姓名	性别	年龄	成份	民族	受害程度
郝二忠平	郝术文	男	22	中	汉	致残
张利清	张七	〃	23	〃	〃	〃
武毛旦	武三二	〃	19	〃	〃	〃
刘二成祥	刘三仁权	〃	24	贫	〃	〃
唐补蝉	唐治礼	〃	32	〃	〃	重
伏补蝉	伏治治	女	26	〃	蒙	〃
雷三治九	雷通	男	20	〃	〃	致残
无人	刘治贵	〃	34	〃	汉	〃
黄小翠	黄二	女	18	地主	〃	〃
梁瑞光	梁二存	〃	18	伪职	〃	〃
唐二俊清	唐六飞	男	20	地主	〃	〃
蔡贵小	蔡先全	〃	28	中	〃	〃
刘青梅	刘子华	〃	18	下中	〃	〃
黄树岗	黄玉宝	〃	28	贫	〃	〃
黄小女	黄水祥	女	17	〃	蒙	〃

15人

第　　页

39.清隊情況（1978.12.07）

78.12.7

清队情况.

死亡的：[illegible]、刘良芝、[illegible]、[illegible]、武[illegible]、[illegible]、

[illegible]、[illegible]、[illegible]　共计10人

重伤残的：[illegible]

[illegible]

[illegible]

[illegible]　18人

批斗过的：61人、[illegible]21、[illegible]

[illegible]

[illegible]

第　页

装订线

死亡情况

直接的：

赤俊和、黄桂林、贾二小、王模荣、任果栓、郭三三、

郭道保 计7人。

间接的：

王存亮(儿子) 王玉花、阿勒格、黄二女、贾枝占、郝安金

王文书(母亲) 金三旦(儿子) 路桂成 计9人。

连续的：

聪敏栓、云服服、五不楞、尹什巧廉、云喇嘛、

金文柱、刘根 计7人

已安排子女4.

以上实由办教阅核 14.

尚未安排 7.

40.內蒙古自治區土默特右旗革命委員會，四家堯公社受害者姓名和子女姓名（1978.12.27）

内蒙古自治区土默特右旗革命委员会

四家尧公社

困营：

	受害者姓名	子女姓名	
1	书宽	书尚保	红圐
2	伏俊魁	伏全枝	樊家伙部
3	鲁辉典	鲁平山	红圐
4	郭石柱	王秀峰	公社
5	郝板宝	郝秀兰	〃
6	郭巴登	白文忠	〃
7	杨四白	杨权威	黄河汉人
8	金大十五	金继夫	公社
9	曹永明	曹桂林	〃
10	牛长拍	牛志业	造纸厂
11	奇健东	奇彩粉	粮站
12	金玉山	金良勇	双湖
13	郝小夜	郝达栋	公社 14人
14	吴衣件	吴毛兰	双湖

78.12.27

41.土默特右旗四家尧公社受害者姓名和安排子女姓名（1978.12.27）

四家尧公社　朱停二

中国人民解放军　土默特右旗人民武装部公用笺

顺序号	受害者姓名	安排子女姓名	要求
1	刘二女	杨连因	1. 填表时要用钢笔
2	王五小	王根罗	填写。
3	潘二召	潘探印	2. 姓名、年令、出生与户口
4	刘昇	刘二毛	本上一致
5	郭留保	郭四四	3. 准备本人免冠一寸像
6	刘双	刘拾白	片2张，一张贴在照
7	化殿文	化拔女	片格，另一张背面写
8	梁殿龙	刘二孩	上顺序号及姓名
9	郝恒明	郝二小	4. 反报回营后欢迎通知。
10	紫青有	黄四表	
11	黄伸堂	黄福祥	
12	陈爱小	陈远峰	
13	赵忠	赵水金	21. 刘忠厚　刘秀英
14	郭太平	郭科英（美）	22. 韦润田　韦计祥
15	侯伸平	侯金莲	23. 潘二计　潘林明
16	黄花花	黄桑美	
17	秦超忠	秦奕芸	23人
18	马吉女	马吉女	
19	杨肖彩	安二后岁	78.12.27
20	袁青良	袁青良	

19

42.死亡的；公社批鬥的人員；清隊中死亡、傷殘人員；通知下列人員明天到公社填招工登記表；已安排子女（1978）

死亡的．—

李绕如．刘在．程志兰

郝之也 刘良亮 宪二．

江西杨．曹梅英．武付才

公社批斗的人员：

岳广互、樊云、樊杰、董志云
董志远、王俊秀、周八、杨六、
郎四、刘二仁旺、许五十三、曹通
张混师、王二来贵、贾树小、韩飞文
崔占魁、赵二海、杨明、张俊如
王螳小、刘三、安三、张老毛
黄永明、李元红、王贵成、韩宝仁、
刘银堂、韩来喜、高叶安、韩来钱
卢钱宽、张七、常金良、伏海小
代坤平、代三、刘平

计39人

清队中死亡、伤残人员：

10. 死亡：刘银堂　王中林、倪二爭　安二、李俊水
贾二和　武付才、赵六海、王常才、周六金

50 伤残：肖广飞、梁二付、樊六、樊杰、刘锦华、董志全、
董志远、吴存金、刘文炳、郝志帅、许利三、曹通、
张瑞帅、郭来生、韩来生、刘叶女、韩来钱、刘恒
周八、杨六、卢宗儿、张七、刘天兴、郭金良
冯付和、赵湖、张海海、张燕平、刘才、郝六存
张三、王牲丹、安三、杨付保、董玉喜、付金亮
刘三、王增和、董保保、曹义、韩己登、曹占龙
贾吉华、刘二女、张拉枝、肖二黑、陳福和、肖海水
肖伟、张二计

全残 13人
重残 15人
部分残 17人

通知不到人员和未到会议
填报登记表.

沙拉：李银山

城壕：○袁阿力格、○黄三怀亮、○王治保

立营：○郝二根生、郝俊如、金锁 ○郝三、○伏俊

韩二壕：黄华桂.

新营：白二儿仁、白二不浪.

郭保沁：李通.

胜丰：○李二.

和点：○常四四、○根厚王.

黄子华

一样2张.

已接排子女：

杨书记　女儿—（锦英）蔬菜公司[?]　〃〃　女儿

清队　董书远　女儿—基建／农机厂　魏玉兰　女儿　毛仁清

死　顾三小　儿儿—二机厂　魏三科　军人

死　王桂林　儿子—王七女　二机厂

清队　杨　杰　儿子——二轻队

魏毛人　军人

二好看　女儿——东铁机厂
　　　　儿子——东铁路／中学

陈杰　军人

刘桂禧　军人

死　任本桂　儿子——农合供社[?]

黄彩萍　外孙女——农合供社[?]

死　胡桂桂　女儿——半三机械[?]

?

女

社办单位安排受害分子统计

姓名	安排单位	姓名	安排单位
韩大平	机械厂	郝小平	代销
岳仓	〃	荣存子	箱闸 O
高振贵	〃	荣锁奇	砖窑 O
程玉	〃	白贵保	铸件厂
王文光	机耕队	贾振珍	果园
白金海	工程队	白志杨	〃
伏海〃	畜牧队	刘根元	〃
魏来财	苗圃		
O 萧毛头	〃		
杨念林	林场		
O 康毛三	〃		
萧保旦	〃		
金三旦	公路		
魏二后	〃		
胡永昌	代销		
萧三憨	〃		
X 王道保	〃		
郝伯〃	〃		
李根仁	〃		

计26人（其中临工5人）

上海市行政革委会商业局公用信笺

社会青年安排学习者名单

屈三旦 （招待所）

黄福〃 （工程队）

张钊清 （菜场）

韩二亮 （蔬菜菜场）

常四四 （菜園）

杨二福 （机械厂）

刘根法 （〃）

方根亮 （防汛站）

何正文 （公路）

朱 庆 （三机厂）

陈贵山 （糖厂）

仇殿文 （机械厂）

高有亮 （卫生院） 34人

⑬人

王保号大队关于"挖新内人党"时受害者

伤残情况的汇报：

死：只有韩留宝、宋德山、李旭、王富贵等和

在一九六八年挖"新内人党"时被关、自杀而死。

1. 全残：
黄秀英、金巴山、魏巴原。

2. 半残：魏毛仁、郝阿特沙。

3. 魏广丙、王二忠贵。

王保号大队党支部
书记

一九七八年 月

已保公大队在六八年挖出者分类排队

第一类：闫俊、吴三钱、黄吉眼

第二类：焦二红，张三板奖、刘六十二

一般的：胡三山、王润后、王苗文、赵模福、李祥小、郭长保、冯考占

已保公大队党支部

一九七〇年十二月四日

43.四家堯學區挖肅者及受害者排隊（1978.12.04）

四家尧学区

挖肃者及受害者排队

一、挖肃者：一类：李茂东　刘来才（贫宣队负责人）

二类：刘学桂、朱培仁、刘忠

三类：李英、牛万恒、李树繁、吕振兰

二、受害者：一类　黄志魁、姜杰、常玉忠、[illegible]

二类　吴仁惠　杨兴旺、李秋忠、姜梅

刘忠、李树繁、胡振文，

三类、闫宣法、黄旺法　高保海

四家尧学区　1978.12.4

没查 ~~挖富~~排队 王[illegible]东大队 58.11.4

一类	二类	三类
✓ 白[illegible]	刘三后	宁二娃
侯[illegible]全	杨好收	苏里眼
✓ 刘忠后	王子	张什[illegible]
✓ 苏二和	王[illegible]	牛左
✓ 苏宽	刘三女	王拴里
胡银富	王保桂	苏常有
	刘四有里	胡银叔
	沈杨氏	[illegible]
	郝二牛[illegible]	
6人	9人	~~6人~~ 8人

共23人

挖富排队人

一类	二类	三类
王狗	邱贵保	沈金山
王世	刘毛里	
梁[illegible]红	杨三包	
~~杨包~~	张长命	
牛[illegible]	牛理	
苏贵	杨包	
5	6	1

孩拴塔旦村挖肃与受害者排类情况

受害者排类：

一类：黄三旦

二类：卢润羌

奇良山

黄饶小

三类：黄二旦

侯孝

挖肃者排类：

二类：袁有祠

刘二挖捎

祁占山

1978年12月15日

装 订 线

装

订

线

二袁土壳大队

内人党 一类 屈二旦、屈伟。

二类 陈曼小

三类

挖内人党人名 一类 陈福小、高文元、

二类 王二飞

受害者分类情况：

一类 胡大平、

二类 胡二廟、 袁金文

三类 袁宝良、 杨栓柱、李存亮、刘来虎。

装 订 线

胡二毛大队

78.12.15

6.獲"新四人民"受賞者排列表.

第一獎. 龔斗. 黃炳燮.

第二獎. 劉大.

第三獎. 王民亮. 蔣保林.

獲刺者排列表.

第一獎:

第二獎: 石深秀. 范七亮, ~~蔣福由~~.

第三獎. 楊拜, 蔣光根, 蔣錦小. 蔣黑眼

黃振光 人民…委員會 15号

庆龙店大队挖"新内人党"受害者及

挖肃的排类情况

受害者

一类　杨四白　现已全残

二类　杨合林 70 常年有病打针吃药

刘根孩 70 /50

挖肃的

一类　王成和　当时主持大队工作

二类　武四保、刘補发、刘全仁、陈建镀

庆龙店大队 78年12月12日

订

线

~~三、[illegible]~~ [illegible]

黄[illegible]亮	1.	70
[illegible]	2.	100、
蔡振祥	3	50
白金海.	3	60
许[illegible]海	3	50
赵文魁	3.	50

197[illegible] 12.[illegible]

[illegible]:

土默特右旗四家尧公社革命委员会公用笺

王西营大队受害排队情况

一类：牛锁拉、郝有恒

二类 何 张 李列门

三类 王贵斌 石有福 写生文 李桂喜、杨飛文

1978年10月12号

挖肃排类情况：

一类 姚明德、刘兰枝（已死）

二类 刘亮、姚占春、李三娃

三类 高福贵、郝玉贵、郭三棒、任平城

土默特右旗四家尧公社革命委员会公用笺

新建大队挖肃受害排队：

挖~~用大~~肃的打手：一类：[redacted] 任永胜、王德义

二类：李保成、高俊喜、陈明德

三类：张天生

受害的：一类：金三旦。

二类：七纳楞、白二毛仁

白二都郎。

三类：代秀林、武二启生

土默特右旗四家尧公社革命委员会公用笺

挖新内人党受害者排行家长签名：

第一类：崔明、崔付存、康和女、赵二娥看

第二类：崔二明、赵丹

第三类：~~赵宗玉~~、徐面明、丁四锁来

第四类：赵宗和、赵凡和、徐面山

程二仁、丁潮来

付日亮

挖肃人的排行家：

杨二烈（第二类）

受害者意见要求查看：经大家研究同意

受害意见。

何四黄树

78.12.10

眷属接班子女：

张之洞：黄[illegible]（毛洪）、郭三山（儿子）、郭留保（四子）、云[illegible]（儿子）、[illegible]（黄[illegible]）

金绍夫、刘载根（16岁）、郭[illegible]〈8户〉

指战员：郭有恒、金玉山、[illegible]、陈三洋、杨四白、朱大军、[illegible]、

王六女、郭凤岐、刘志后、黄三仁夫、郭八元、代坤军、代[illegible]、

李润明。

[illegible]：黄三[illegible]、黄[illegible]、黄三先、李[illegible]、刘木、[illegible]、李[illegible]、

蔡永[illegible]、代[illegible]、白三元仁、陈[illegible]、[illegible]、[illegible]、陈六[illegible]、

[illegible]、[illegible]、王四小、刘三女、郭[illegible]、王玉小、

[illegible]、[illegible]、[illegible]。　　31/38

[illegible]　[illegible]、杨[illegible]、[illegible]、王留保、代[illegible]、[illegible]、[illegible]、

李[illegible]、杨[illegible]、杨[illegible]、白[illegible]、李三[illegible]、黄成叶、

乔达拉、苏米丹、郭格太、李二娃、康老虎、袁阿勒格

共64，

已处理9、再需处理57。

装订线

44.基本情況一覽表（1978.12.12）

基本情况一览表

年　月　日

	[illegible]					实际情况							
	次数	天数	共参加人数	其中：党员参加人数	[illegible]人数	口粮100斤以下队	口粮100–200	口粮200–300	[illegible]队	1–3角队	[illegible]	[illegible]	[illegible]
[illegible]	2	7	35	6	29	2	1	3		6	5	3	15
[illegible]	2	2	25.	7	18.	1	2	2	1	4	20.	1.	10.
[illegible]	1	8	22	[illegible]	[illegible]		[illegible]			5	3		10.
[illegible]	1	5	15.	5.		1	2	1		2	5.	2	25.
[illegible]	1	20	39	7	31		2		2		3	2	9
[illegible]	1	1	21	8	13		3	[illegible]		3	5	4	[illegible]
[illegible]	2	13.	53.	29.	24	1	3		2	2	5	4.	25.
[illegible]	1	20	28	16	12	2	1		2	1	15	2	20
[illegible]	1	9.	31	18	8	2	2		2	2	12	3	20
[illegible]	1	13	19	4	14		4			4	15	5	20
[illegible]	1	4	18	5	10	5	2		2	6	47	6	40.
[illegible]	1	10	18	8	10	3	2		2	3	15	2	8
[illegible]	1	21	42	23	19		3			3	15	1	20
[illegible]	1	12	41.	22.	19.	[illegible]	2		1	1	5		7
[illegible]	1	15	15	9.	6.		3			3	3		5
[illegible]	18	16	422	176	121	16	37	8	14	44	133	33	251

[illegible]大队　清队运动中集体损失補查表　1978.12.12

项目 / 数量 / 姓名	伤者生活补助						死者埋葬费用							运动中			合计	
	历年累计补工			集体补助现金	集体付出药款	集体付出其它款	死者埋葬			遗属生活安排				集体付出办案费	上访人员补工折款数	上访人员补工代粮	集体付出粮食（斤）	集体付出现金（元）
	补工数	补折工款	补代工粮				棺材款	衣服款	其它款	补助工累计	补工折款	补衣粮	其它费用					
刘三	50.	20.00	25.	18.00										30.00				40.00
张福来	100.	200.00	200	80.00										30.00				110.00
王牡丹	50.	25.00	25.	15.00										10.00				25.00
安二	100.	40.00	50.															
池生																		
合计	600.																	175.00

[illegible]

③ 〔illegible〕

（见附表）

[illegible]大队 清队运动中集体损失调查表 1978.12.12

姓名	伤者生活补助：历年累计补工：补工数	补折工款	补工代粮	集体补助现金	集体付出药款	集体付出其它款	死者埋葬费用：死者埋葬：棺材款	衣服款	其它款	遗属生活安排：补助工累计	补工折款	补工代粮	其它费用	运动中：集体付旅差费办公费	上访人员补工折款数	上访人员工代粮	合计：集体付出粮食（斤）	集体付出现金（元）
~~刘[illegible]~~						~~[illegible]~~	~~110~~		~~33~~									~~183~~
~~[illegible]~~							~~150~~		~~17~~									~~167~~
~~[illegible]~~																		
木俊如	300	210	210				250（上级补）											

[illegible]

王家营大队 清队运动中集体损失调查表 1978.12.12

姓名	伤者生活补助：历年累计补工：补工数	补折工款	补工代粮	集体补助现金	集体付出药款	集体付出其它款	死者埋葬费用：死者埋葬：棺材款	衣服款	其它款	遗属生活安排：补助工累计	补工折款	补工代粮	其它费用	运动中：集体付旅差费办公费	上访人员补工折款数	上访人员工代粮	合计：集体付出粮食（斤）	集体付出现金（元）
贾[illegible]	~~2750~~	~~1375~~	~~825~~	~~2750~~		100	120			2750	1375	825	130		825	810		395
什[illegible]	700	350	210												500	210		
王木[illegible]	700	350	210															
杨[illegible]	600	300	180												100			

上关大队 清队运动中集体损失补偿表 1978.10.12

项目 / 数量 / 姓名	伤者生活补助						死者埋葬费用							运动中			合计	
	历年累计补工			集体补助现金	集体付出药款	集体付出其它款	死者埋葬			遗属生活安排				集体付办公费旅差费	上访人员补工折款数	上访人员工代粮	集体付出粮食(斤)	集体付出现金(元)
	补工数	补工折款	补工代粮				棺材款	衣服款	其它款	补助工累计	补工折款	补工代粮	其它需用					
庄伟						270.								250.				520.
庄二旦						30.								150.				180.

革命委员会

[illegible]大队 清队运动中集体损失补偿表 1978.10.12

项目 / 数量 / 姓名	伤者生活补助						死者埋葬费用							运动中			合计	
	历年累计补工			集体补助现金	集体付出药款	集体付出其它款	死者埋葬			遗属生活安排				集体付办公费旅差费	上访人员补工折款数	上访人员工代粮	集体付出粮食(斤)	集体付出现金(元)
	补工数	补工折款	补工代粮				棺材款	衣服款	其它款	补助工累计	补工折款	补工代粮	其它需用					
代增华	300	150.	120.														120.	
王钟灵							240.		60.									60.

~~清队运动中　　人员情况登记表~~

1978.12.13.

大队	姓名	性别	年令	民族	成份	政治面貌	职务	运动中误伤情况
王保公	雷通	男	56	蒙	贫农	群众	社员	被误伤扣帽[illegible]戴纸帽，挂黑牌，被打的头破血流，打断两个手指头，[illegible]被打[illegible]，[illegible]过，跪过碎渣，坐黑[illegible]。

明暗大队

清队运动中[illegible]员情况登记表

1978.12.13

大队	姓名	性别	年令	民族	成份	政治面貌	职务	运动中误伤情况
	安三	男	68	蒙	中	群众	农民	错划地主

何田贵大队　清队运动中集体损失情况表　1978.12.12

数量 项目 姓名	伤者生活补助						死者埋葬费用							运动中			合计	
	历年累计补工			集体补助现金	集体付出药款	集体付出其它款	死者埋葬			遗属生活安排				集体付出办公费	上访人员补工折款数	上访人员工代粮	集体付出粮食(斤)	集体付出现金(元)
	补工数	补工折款	补代粮				棺材款	衣服款	其它款	补助工累计	补工折款	补代粮	其它费用					
孙[illegible]道						150元	158元	100元	180元									150元
黄志华						200元												200元
詹金松						100元												100元
刘洪						250元												250元
金针						700元	158元	100元	180元									700元
[illegible]						250—												250—

[illegible]大队　清队运动中集体损失情况表　1978.12.12

数量 项目 姓名	伤者生活补助						死者埋葬费用							运动中			合计	
	历年累计补工			集体补助现金	集体付出药款	集体付出其它款	死者埋葬			遗属生活安排				集体付出办公费	上访人员补工折款数	上访人员工代粮	集体付出粮食(斤)	集体付出现金(元)
	补工数	补工折款	补代粮				棺材款	衣服款	其它款	补助工累计	补工折款	补代粮	其它费用					
总计	600	300	60斤		60									500元				

王西壕大队　清队运动中集体损失调查表　1978.10.12

项目 / 数量 / 姓名	伤者生活补助						死者埋葬费用							运动中			合计	
	历年累计补工			集体补助现金	集体付出药款	集体付出其它款	死者埋葬			遗属生活安排				集体付办事旅差费	上访人员补折款数	上访人员工代粮	集体付出粮食(斤)	集体付出现金(元)
	补工数	补折款	补工代粮				棺材款	衣服款	其它款	补助工累计	补工折款	补工代粮	其它费用					
														120.			500.	150.

45.清理階級隊伍情況摸底表：黃永明，黃三板定，韓巴（力）鄧，黃保保，雷通，郝八應（1979.02.20）

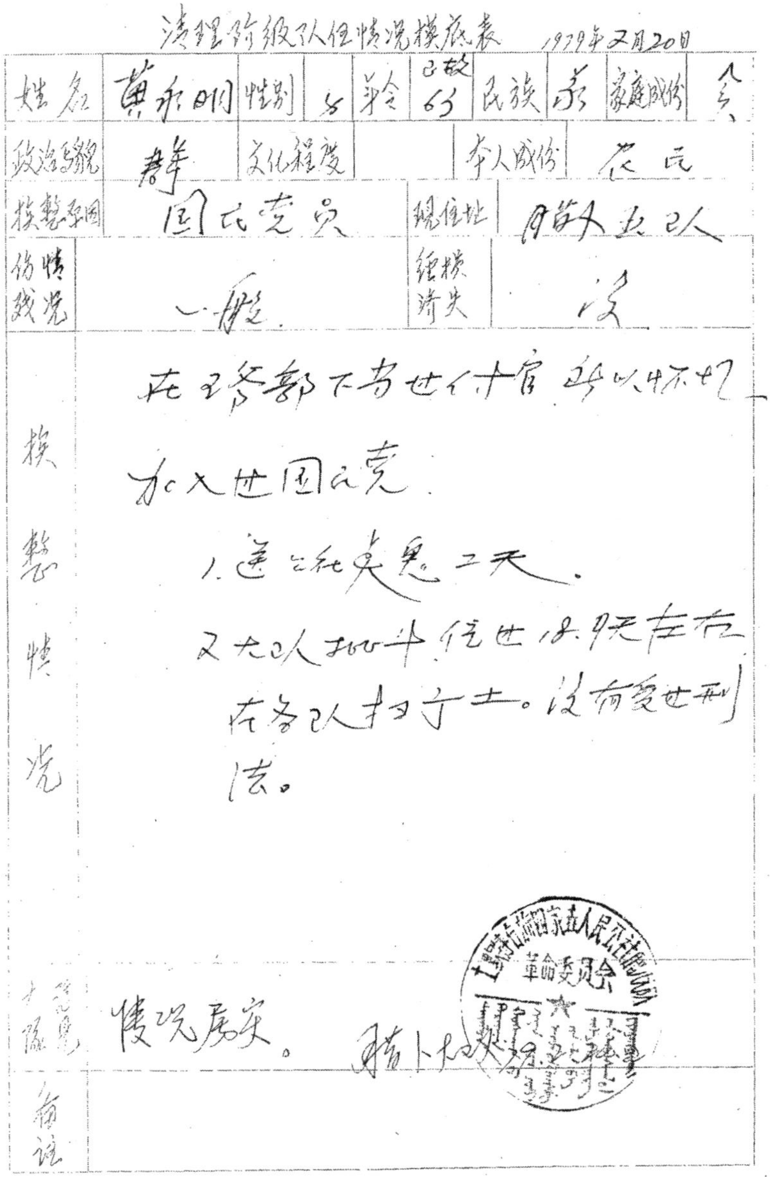

清理阶级队伍情况摸底表 1979年2月20日

姓名	黄永明	性别	男	年龄	已故 63	民族	苗	家庭成份	[illegible]
政治面貌	群	文化程度		本人成份	农民				
挨整原因	国民党员	现住址	[illegible]五队						
伤残情况	一般	经济损失	没						
挨整情况	在王[illegible]部下当过付官 所以[illegible]加入过国民党。1.送公社关鬼二天。2.大队批斗 住过18.9天左右 在各队扫[illegible]。没有受过刑法。								
大队意见	情况属实。 [illegible]								
领导签证									

[illegible]人民公社[illegible]革命委员会

清理阶级队伍情况摸底表　1979年2月20日

姓名	莫三板庆	性别	男	年龄	55	民族	蒙	家庭成份	贫
政治面貌	群	文化程度				本人成份	农民		
挨整原因	入三青团员的分份			現住址	腾家五队				
伤残情况	没			经济损失	没				
挨整情况	曾在莫巴字.奇约尔部下当过兵，后在奇约尔手下当过随存付官等。同时在莫巴字尔手下当兵时，去天水受训一年，所以在文化大革命中怀疑加入三青团，为此又挨批斗过三次，并代好黑牌走队劳动，又在在大队当任过车户门左右没有工作，是三个九天做坏人								
大队意见	情况属实。腾家大队 79.2.20								
备注									

清理阶级队伍情况摸底表　1979年[illegible]月7日

姓名	林巴邓	性别	男	年龄	76	民族	蒙	家庭成份	喇嘛
政治面貌	群	文化程度		本人成份	宗教				
挨整原因	历史问题	现住址	小西[illegible]村						
伤残情况	眼睛、腿瘸。	经济损失							
挨整情况	曾当过喇嘛队长并任付庄长职的问题： 公社押回进行吊鬼批斗。 上过刑法。 公社抄过家。 大队抄过家抄走[illegible]。								
大队意见	情况属实。　小西[illegible]革委会　[illegible]月27日								
备注									

革命委员会

专案追问过，没有批斗打骂。

清理阶级队伍情况摸底表 1979年2月27日

姓名	董保保	性别	男	年令	61	民族	蒙	家庭成份	贫农
政治面貌	群众	文化程度	文盲	本人成份	社员				
挨整原因	因历史问题 成份问题	现住址	建设大队 [illegible]村						
伤残情况	死亡。	经济损失	出药[illegible]。						
挨整情况	68年10月份莫兵原叫到大队住学习班20多天，主要是逼问过去的历史问题成份问题。经过逼问恐下病情加重，最后因病10多年死亡。								
大队意见	情况属实　建设大队 79.2.27								
备注	看病花费500.00元								

清理阶级队伍情况摸底表　1979年2月2[illegible]日

姓名	[illegible]通	性别	男	年龄	57	民族	蒙	家庭成份	贫农
[illegible]	群众	文化程度	文盲	本人成份	社员				
[illegible]结论	因定历史反革命分子	现住址	王爷公大队王保村						
伤残情况	腿残 手腕断了一个	经济损失	摸好房前房后 高粱[illegible]二亩						
摸排情况	因过去在党王爷黄文庭手下当过兵，因後来自说来过八路军，在68年王府公社副忠亲自来捆到公社在挖鬼大会上批斗过三次，二楞相、陈迷锁等人打过，用过刑法是脖子上挂水桶，水桶上放过砖、站板凳、摇手腕打断，最后扣在王府公社局正二年整。（主要扣留原因是来八路军[illegible]把） 摸索情况属实，摸收单位：当地大队撤请白当地的。								
备注									

清理阶级队伍情况摸底表 1979年2月20日

姓名	郝八旦	性别	男	年龄	56	民族	蒙	家庭成份	贫
政治面貌	群众	文化程度			本人成份	农民			
挨整原因	历史反革命			现住址	七〇大队 营村				
伤残情况	心脏病			经济损失	八百元				
挨整情况	在1968年因历史反革命分子，在大队批斗出，住大队学习班，40多天左右，头(?)...当时认定一方挨人文件、2方自杀反革命）代帽子，68年至76年摘帽。 当时打出手 由芦三山 代队人 ...								
大队意见	情况属实								
备注									

革命委员会

46.四家堯公社關於清理階級隊伍情況的調查報告（1979.03.20）

四家尧公社

关于清理阶级队伍情况的调查报告

四家尧公社在1968年清理阶级队伍中，由于林彪、"四人帮"假左真右路线的干扰，公社原主要负责人〔illegible〕认为唯左革命，唯我革命，拉帮结派，打击异己，采用诬空捏造，捕风捉影，小题大作，无限上纲的手段，罗织各种罪名，整人斗人，捕人，私设牢房，编用打手，召开"万人宾鬼大会"，致使不少人受害，不该斗的斗了，不该关的关了，不该整的整了"，使用了捆绑吊打各种刑罚，因而不少人致死致残，造成极其严重的后果。最近一个时期，公社根据上级文件精神和落实政策工作，组织人力对清队情况作了调查摸底，现将调查情况简要报告如下：

6家营公社革委会

关于被查抄、财物损失折款上报

旗政运办：

根据内蒙八条精神，我社对一九六八年"清队"和挖"新内人党"运动中，被查抄财物进行了落实，除将存有的原物退给本人外，原物下落不明的，按实折价。其中"清队"中查抄的财物损失折款25,050元，挖"新内人党"中查抄财物损失折款57,000元，总计82,050元。

专此上报

1979.3.20

装订线

第　页

47.挨整人員及經濟損失情況（1979.03.12）

2.

一、挨整人员情况：

五塘中公社共有129人挨整受害，（其中妇女14人，少数民族9人），因历史问题（土匪、国民党员、伪保长、伪职、三青团员等）受整的44人，打成历史反革命的15人，现行反革命的9人，划成坏分子的20人，因其他问题（男女作风、赌博、劳改释放、偷窃）受整的31人。这129人公开在批斗的有36人，不该批斗的63人，参加大队学习班受审查的30人，上级司法部门拘留一人逮捕二人。挨整人员中死亡八人，致残50人，其中重残25人。

二、经济损失情况：

挨整人员上访路费1,906元，致死致残医疗埋葬治疗费用。因抄家、罚款损失财物折款32,335元。

17,025

35,304

3.

三项计款52,714元。

生产队为挨整人员补工6650个，补粮2615斤，补医药、埋葬等现金款8588元。

集体和个人损失共达61,314元。

三、需要解决的问题

(一) 挨整人员的经济损失严重（有的达到上千元），造成生活困难，需要给予补偿。

(二) 挨整致死的子女和致残的本人应给以生活补助，子女应给以工作安排。

(三) 集体付出的款、粮、工数量也大，给一些生产队的生产带来了影响，这个问题也应帮助解决。

总之遗留问题很多，需要逐一解决，但有的问题需上级帮助。

1979.3.12.

各大队受处分的党员

王家堂：王驹、李贵 缺旁证材料.

小吕：刘锡相 刘振玉 无意见.

庆龙庄：陈连贵

王保庄：李玉眼、吴三钱 缺旁证材料.

新建：常金成、刘换贵 缺旁证材料.

城墙圩：王叶、王学庭 缺群众意见 旁证

何口营：杨三旦. 缺本人意见.

王西营：李三德.

13人.

加罗重错误，

白文才 ✓
任佳亮
蔺之义 ✓
苏秋东 △
杨青山 △
徐 英 △
申万华 △
任刚 ✓
张亮在 △
谭根仁 △
二培东 △
陈建贵 △
王文义 ✓
王狗 △
王元明 △
张明德 ✓
周福 ✓

张占厚 △
王明 △
王七女 △
申万厚 △
郭秀峰 △
张二贵冲 △
徐根本 △
刘宝珍 △
刘来明 已平反 △

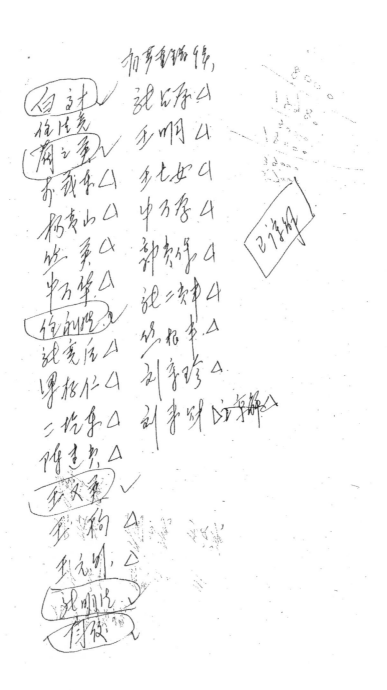

已平反

化多重錯悻、

平靜 —— 職工 三

林義東 簡謙 王玟英

~~簡謙~~

57000
39000

18000
3020

14980
8000

48.關於對挖新內人黨錯案的控訴材料，張繼泉（1978.05.30）

中国人民银行土默特右旗支行

关于对挖新内人党错案的控诉材料

英明领袖华主席高举毛主席伟大旗帜，一举粉碎"四人帮"反党集团，拨乱反正，继续落实党的各项政策，特别对我们内蒙挖新内人党这重大错案，作了明确的指示和答复，我们广大受害者，听了这些精神后，感觉到党的政策无比正确，从心眼里感到对我们广大受害者的关怀和温暖，我们把一切仇恨集中到"四人帮"与阶级敌人和一部分专门破坏党的政策违法乱纪分子上，只有紧跟英明领袖华主席新的长征，完成新时期的总任务。

我当时在四家尧公社工作，四家尧公社在当时挖新内人党时，也是挖的最残酷的一个公社，全公社挖了百余人，公社干部中就挖了九个同志，我是最

中国人民银行土默特右旗支行

残中的一個，当时书记领导控制的人员的主持者

是：白玉才、任继光，他们以组织上组成一個谋

策小组，把全书记各大队能有的打人凶手，不分历史和

政治有无问题的人，集中到书记，两天之内八十人，用专

门帮打人，方法是采取法西斯手段，用逼、供、讯

逼人，指明招供，就是供，如果你不说，就对你采取

残无人道的手段，连我们大受害者所用过的刑法

种类甚多，如：①大背宝饰带手铐。②、五花大绑。③用

火炉烤。④炒豆子。⑤踢皮球。⑥用细铁丝捆

住手指、往紧拧。⑦上背铐。⑧、背铐加砖。⑨用细竹子

节。⑩用烧红的火棍烙。⑪．坐老虎凳。⑫乱打。

他们非法私设公堂和监狱，审讯共产党员和群众。

中国人民银行土默特右旗支行

⑫ 把女人们吊起，拿麻绳在门道拉。在审讯中被打的人高呼共产党万岁，此时打的更利害，两天审讯数次，打完后就投入监狱，管理人员在门上加锁，有时送饭都不让吃，主持打人的凶手主要是：白玉才，任经宪，打人凶手最利害的是，王文革、韩明纪、陈连璜、崔从仁、李由山、蔺芝英、赵外、刘宽、杨青山等人，我家里投入监狱的两人，把我逮捕的第二天，我女人也逮捕了，当时我的二女儿十岁，无人给吃喝，走上第二监狱，我现在腰第八细担像，经常痛的不行，女人[redacted]经常有病。

为了加强社会主义法制，更好地保卫人民打击敌人，巩固无产阶级专政，完成新时期的

中国人民银行土默特右旗支行

总任务，要求惩办破坏党的政策、和法制的违法乱纪犯罪分子。彻底给受害者平反。

张继彰

79.5.30 [illegible]

49.城牆壕大隊社員伏海海寫給四家堯公社黨委的信（1978.10.10）

四家尧公社党委：

我名伏海海，现年58岁，蒙族，中农成份，住本社城墙壕大队社员。

在内蒙所谓挖肃运动中，我一个解放前后一直以农为生的普普通通的农民无辜被罗织列很多莫须有的罪名进而打成“现行反革命”。公社点鬼批斗后又送旗监狱（当时为政法军管小组）坐牢8月之久。详情简述如下：

于1968年5月27日公社第一次召开了历史空前的百人点鬼大会，当天上午蔺之英、李茂林 [redacted] 来抓我，并说是旗里批准抓的，我心里想的不通也不服。拒绝被抓，自己向东北方向走去，准备到旗里自投案见个明白。当我走到暗卜村庄的树林里被蔺之英、李茂林等一伙围上，强行捆绑到公社。

进了公社大门，他们诬说我抗拒行为，把我吊在兽医站的马桩上好几个人长时间进行毒打。当把我拉上点鬼台时，胸前挂上了"现行反革命"的大牌子。点鬼结束后，大批所谓的"鬼"和地富分子都获释放。我被当作大"鬼"被拘留起来。坐了四天"黑闭"，接着在白习才的打手二结棒的"大洋刀"指挥下强迫劳动24天，挖下的土坯后来卖给兽医站，收款给二结棒做了打人工资。我被点"鬼"拘留后，我的家遭到蔺之英、刘宇珍等人的毒打。在公社"改造"28天，获释回家，挨打无处讲，有冤无处诉，只好忍气吞声，埋头劳动，这是受害第一次。

　　两月后，于9月18日傍晚，我突然被逮捕。白习才、任治亮派人把我送到土左旗政法部门管制小组，接着在八一北大狱，其后同是以"现行反革命"罪名有十种之多，其材料是在白宗林、任治宪的策划下变成专人，有目的找了一些与我有意见的人，捏造事实，假造证据，后又加工整理，无限上纲，诗张而成。就这样我又一次蒙受了不白之冤，把我一个普通的清白的共产党员实行了无产阶级专政，动用了监狱的形式。我在北大狱渡过了8个月零8天的日日夜夜，直到"五·二二"批示下达后，于1969年5月26日才获释放。这是我受害的第二次。

由于政治上的迫害，肉体上摧残，致使我身体垮了，肝区和腰部疼痛逐年加重，今年更加严重了。

我的女人由于我两次被捕捉和抄家的惊吓加之长时间的压力，染病在身，近年加重，常年吃药。

大儿子伏来旺在呼和浩特中上学，该校成立革委会，派人来调查家庭情况，准备培养他，但由于我当时住法尧和我大队一个人介绍了我的所谓"罪恶历史""为乌兰夫翻案活动"及其它罪行，回去后不仅没有结合相反地打成"黑七类"（注：当时把被作敌人的子女通称为黑七类），致使他一气之下得了病，接着离校回家，我又被捕，病情加重，经3—4年的治疗，花费500多元，直至现在身体很弱。

二儿子伏俊斌，当时因家无劳力，18岁挑起家庭担子，当年上防洪坝担土，致使腿推实云变成弓形；后来赶胶车又把腿打断，虽治愈，但已力不加。

长女中途失学，二女不能上学，变成新社会的文盲。

家庭经济损失不可估量，68年一冬死猪二口，因无人喂养又无草料，卖去下骡子的自留毛驴，辛酸经历就不一一列举了。

69年我被释放后，直至74年一直不给我平反，

71年大队传达林彪文件 我和四类分子一样 被剥夺政治权利、子女的参军 招工等都被限制 影响了前途。直到79年12月6日土右旗公安局给我平了反（平反书原样附后）、平反书发到公社大队压了档案 没有在群众会上公开给我恢复名誉 直至今天就连我大队的群众也不清楚我究竟是个什么人。

经济损失 公安局只按错案给我发放 [redacted] 平均每月人20元（本来应该是1.70元才对）家庭损失公安局说让公社解决，也一直没有得到解决。十年中我一直没有向领导提出过~~问题~~自己的事，公社、大队也一直没有把我当作受害者而解决我的实际问题，为此我第一次向~~上级~~党组织提出如下要求：

1.要求公社在全社群众大会上公开恢复我的名义（范围至少要有花点鬼大会那么大）并追回黑材料烧毁

2. 要求占落实政策指标安排子女一人

3. 公社占象应拘留我28天，应按社会工资補尝

女人孩子送饭共应记工分，挖坯劳动所得应归本人

打成现行反革命坐狱造成的家庭损失，及女人孩

子受病花费请求给予照顾。

4. 造成身体有病，要求给予治疗，并根据我的

身体条件，调换安排一个适当的工作。

请求领导给以解决。

此致

敬礼

城墙堰大队社员 伏海海

1978.10.10日

50.關於對伏海海反革命一案的結論意見（1974.12.06）

土右旗公安局文件

土右公政保(74)第16号

关于对伏海海反革命一案的结论意见

四家尧公社：

你社城塔坨村伏海海，因反革命一案，于1968年9月在土默特旗政法军管组会进行了拘留审查，1969年5月释放出狱。本人对此不服，屡次申诉，要求政府查明事实，妥善解决。经我局重新查证复核。认定反革命犯罪材料均系虚构、诬陷而成。因此对伏海海的反革命事实一律平反，在政治上应恢复名誉。

一九七四年十二月六日（章）

抄报：市局、信访科（2）

抄送：旗落办(1)信访组(1)城塔坨村(1) 伏本人(1)存档(3)

（上为平反书存样）

第　页

51.揭發材料，牛萬華（1978.07.24）

133

揭发材料

在1968年挖肃运动中，公社成立郑专案小组有指示，我不清楚，但公社革委会主任何子才、付主任任洪亮两人主持会议筹备成立公社郑专案，由于润田、张建英、刘英、牛万华、姜玉英、刘存禄、何云等组成，还有些人我记不清。当时于润田、张建英为组长，我、刘英、刘存禄、姜玉英管专案材料，何云开始管保管材料。郑案成立后，何子才、任洪亮召集大队干部会议，内容是宣布郑案成立。四向下边提交呈报材料郑专案准备开一次揪鬼大会，让各大队报材料，会议后不几天各大队报上来很多人，[redacted]报公社后公社、郑专案召集会议研究呈报材料郑专名单，在这次会上，我有不同看法，我认为有些人不应该揪鬼，因时是鬼人的意见多有问题，当时会议上有些人和我

第　　页

争论。我记的对王贵成、刘忠德二人有些争论，我
认为王贵成是大队会计，犯错了两次错，不该在这斗争会
批斗，刘忠德其他问题，也得在学习班，有时说是私
刘在在学里，后来我记不清谁给和我争论，我要把
人的减少，有些人认为我说法不对，我常记的会议
散了以后刘子祯对我说，你的说法还是对，他同
意我的意见。最后决定呈报二个人，呈报材料以我
装甲的意见同样，并加上了社员全会的意见。呈报材
料是材料是他们直接的意见，并以我和刘子祯
他们的意见，去了好几次，材料去了材料就便发
给我们再说，我们代回来，不知第二天还是第三天，
有些人……开什么大会，我去参加公会，
我去读了许多人的材料，我记的是代表……刘在常通

装
订
线

许人的材料，其他人的材料是那些写材料的人去演的，不能算到立伟的，不能把有些人的材料没有立伟，只当我上来我们了。

宗宪大会难说我许种对发放拘留证20多人，实际是宪人做的，有些没有拘留证也拘回进行宗宪，不能由宗宪大队定的，回来后他决定他们决定的，我是~~记的记我不去拘留的刘校~~，回来后交见公社会议~~管的级的人，其中就有些人没有拘留证也拘回来。~~

上述的经过我回忆就是这样，但详细过程因十年我难记忆不起来。

牛[illegible] 78.7.24

52.關於給予受害者子女安排工作的要求，奇毛喜（1978.11.24）

关于给予受害者子女安排工作的要求

四家尧子公社党委：

关於给予受害者子女安排工作，这是落实民族政策的具体体现，我们受害者及其子女，感到十分荣幸。对于挖"新内人党"的民族弟兄，惨遭迫害，这完全应该归罪于林彪"四人帮"身上。对这一冤假错案，应当一一查清，作出结论，彻底解决问题，坚决落实政策。在刑讯逼供、诱供指供的情况下，被迫交代"内人党"，违心地讲的空话假话，现在不但不能作为定罪的依据，而且在英明领袖华主席、党中央的亲切关怀和直接干预下，"新内人党"一案得到了彻底的昭雪，历史错案得到了彻底的平反。所以我衷心地祝愿公社各位负责同志，对这一冤假错案都要以对党对人民高度负责的精神，出以公心，落实好政策，解决好问题，把工作做深做细，实事求是地作出结论。

在落实民族政策，安排受害者子女工作评定的这一时光，我擅然向公社要求，说明我害受的大概情况：

我父亲在六八年秋，该地大队监禁五十多天，逼供数次，拳打脚踢，绳子捆吊，白天背沙柳，每天晚上刑讯逼供，未有承认"内人党"，后又押到公社，已是冬天，说他是乌兰夫的黑

18×20＝360　　　　第　　页

爪牙等々，是公社最大的"内人党"骨干分子"，监禁了叁八百天，刑讯逼供十几次，每次都是通夜拷打，绳子捆吊，铁棍打，皮带抽，四天四夜站板凳几次，烤火炉等，用尽了酷刑，折磨了百天，一直到第二年的春天三月，将我父打成了两世人，终于供出他发展三十七人，才放他回家。于此同时（冬），该大队监禁我母一个多月，开会游斗，让我母承认"内人党"，将我母揪头发、撕耳朵，快步跑，我母跌倒几次，当时碰的头破血流，患脑溢血、脑震荡后遗症，一直医治无效，后在七六年病故于小召子。六八年挖"内人党"同时，没收的我房无一间，树无一苗，（住破土窑）问题一直至到今天未有解决。我相信党的政策，每有一天会解决的。

因为挖"新内人党"，我家破人亡，流离失所，前后损失三千多元，无法生活下去，只好投亲靠友，移到咱们公社小召子，暂借房子楼居下来，至今没有力量盖房子。

我诚感到党的政策和华主席的英明，一举粉碎了"四人帮"，让我们受害者重见天日，得到了阳光的温暖，雨露的滋长。我们怎能不万分感慨呢！所以我愿公社党委负责同志们，对我这一深重的受害者子女，给予生活出路，给予我为人民服务的机会为盼。

小召子大队，第五生产队，奇毛亮，11.24日。

18×20＝360　　　　第　　页

53.四家堯公社幹部劉子華寫給旗組織部、政運辦及公社黨委的信（1978.12.28）

旗组织部、政运办及公社党委：

在以英明领袖华主席为首的党中央，一举粉碎“四人帮”以后，华主席提出抓纲治国，拨乱反正的战略决策。社会主义祖国到处呈现出一派安定团结，实现四化的大好局面。华主席为首的党中央，发扬我党实事求是和有错必纠的优良传统，把一些多年积压的错案、冤案予以纠正，使一些受迫害的革命前辈和革命的同志得到平反昭雪。因此，我根据内蒙党委关于落实政策十条中“其它政治历史问题应由有关部门实事求是地做出结论”的精神，诚恳地向党组织提出要求，将压在我头上蒙冤将近二十年的沉重包袱，望组织上给予尽快落实、澄清，以期得出正确的结论。

我是四家尧公社干部，共产党员，今年五十八岁。于五〇年参加工作，五六年入党。先在将军尧公社工作，六一年调到四家尧公社。在党的培育下，为党为人民兢兢业业地工作已近二十五年了。但是从六〇年到现在，由于怀疑我是“国民党员”这个历史问题，在历次运动中未能得出正确结论而纠缠不休，至今悬案。因而，我不得不向党组织提出恳切的要求，望能得到解决。

为了阐明真况，我从头说起。60年我在将军尧大公社工作，任公社党委组织委员兼五大队党总支、管理区支部书记。在60年秋季黄初仁条"区风云社"运动中，因怀疑我是"国民党员"这个莫名其妙的问题，於十二月间当即停职反省、人身无自由，大小会检查批斗。直到六一年七月，才解除反省。六一年八月份，四家堡公社党委决定："恢复名誉、重新工作"。

六五年十月份开始四清运动，这个问题第二次纠缠起来，同年十二月间，又误认为我是"国民党员"，停职反省，至六六年8月份。在此当中，四清工作队负责人，在一次让我检查的会上，针对一个由社员开来的证明材料上已只漏出一句话："从国民党伪档案中有刘子华的名字"，其它的字被蒙盖着。于是，这个负责人大发雷霆、手捶拍桌子，威逼我承认，但因我根本没有其事而拒绝！在这里，我要说明一下，我是解放前在韩仁光伪保公所当过一年保干事，但我根本没有加入过国民党，而且，我那时年纪小，更不懂得什么是国民党，岂能有此！后因四清暂停，这个问题又悬挂下来。

在六八年挖肃与清队中，四家堡公社在个别别有用心的一些野心家、违法乱纪分子操纵下，大搞资产阶级帮派体系，实行白色恐怖，打倒一切，怀疑一切，采用各种法西斯式的刑讯逼供手段，残酷地打击、迫害、诬陷许多革命的干部与群众。我於同年三月十三日，即被拘留关押起来。劳改、批斗、拘捕直至六九年八月。转全社十五个大队人批斗两遍，全社集体"突审"十次，深更半夜随时随地批斗数十次何主才还顾用打手，对我的身体进行二十多种法西斯式的残酷摧打，使我精神上、身体上受到十分严重的折磨而致残，遗患全身，终生难愈。

更残忍的是，何主才亲自带领人马众多，对我家进行非法搜查，翻箱倒柜，无孔不入，威逼恫吓，我妻惊恐失魂，因此病倒在床，久治不愈，于六九年十一月五日死亡。

何主才还非法扣除我的工资，每月只发给十元生活费，家庭生活极其困难，我妻得病无钱医治，只卖绵羊五只，羊皮三张，皮袄两件，借外债300多元。女人死后无钱安葬，我多次要求才把扣除工资补发300元，勉强埋葬。一家人妻离子散，子女受株连又失学，家庭经济崩溃，真是难言……！

但尽管如此，我归来，曾向领导和党组织再三申请要求澄清，查清问题，不牵连人，作出结论。可是，我还是一心为党工作。现在，我年近60岁，由于历次运动特别是清队中的残酷摧残，导致我耳聋目昏，神智昏乱，身体不佳。日思夜想地盼望党组织能有一天给我澄清，岂能让我蒙冤受屈，含冤死去吗？不！我要求党对我的一生给予正确的评价，做出正确的结论。让我更好地为祖国实现四化而奋斗到底！

特此要求

四家尧公社干部 刘子华

1978.12.28.

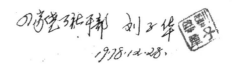

54.四家堯公社關於進一步解決好挖新內人黨中的問題的報告（1978／1979）

关于进一步解决好挖新内人党中

的问题的報告

一九六八年冬季，在内蒙前核心小组负责人的指使下，在内蒙刮起挖新内人党的黑风。当时，在我社担任革委会主任的何富才，乘此机会，利用职权，勾结四清下台干部杨青山、网罗社会上的牛鬼蛇神和平时的违法乱纪分子、打人凶手蒋兰英、王文英、张明达、王仁信等，对广大的革命干部和革命群众进行阶级报复，实行白色恐怖。其目的是把革命干部和革命群众打下去，保护和扶植一小撮坏人上台掌权，其用心何其毒也！

时间不到三个月，何富才亲自出马，挂帅上阵，采用30多种法西斯刑罚的逼供信手段，在全社挖出上至七、八十岁的老人，下至十来岁的娃娃，共计656人所谓的新内人党分子。其中，进行批斗的有241人。少数民族　人，妇女　人，儿童　人。致使无辜死亡　人，残废　人，严重伤残　人。革命干部和革命群众严重遭殃。

一、挖新内人党的基本情况：

（一）挖新内人党中的主要骨干分子：

挖新内人党运动中，负责全社工作的革委会主任闫子木、付主任任德亮，公社秘书丑英、冯万华；得力助手及顾问和打人凶手杨青山，原四家尧公社付书记。此人有严重的经济问题，阶级阵线不清，包庇网罗坏人，打击下台干部。蔺芝英，原四家尧公社卫生院院长，此人有贪污盗窃、投机倒把、流氓成性，屡教不改，医疗作风严重不纯等错误，打击下台干部。严重违法乱纪，打人凶手李茂东（原学区主任）、王文英（何四营大队）、王明（王树）（王家窑大队）、陈建钱（张存店大队）、张明德（王面营大队）、王文伟（大社长大队）等。对我社人民对闫子木之流怀有刻骨的仇恨，曾经

装　订　线

么一所在"三王一杨一黄陈，里头坐的何肖楼、正参谋荆芝英、付参谋李武东、顾问打手二坨来，还有国民党员儿子梁存仁"。语言简朴，充分反映出何文才之流民愤极大。

（二）挖新内人党中采用的刑具与刑罚：

1、何文才之流为了打击迫害我社人民和干部，采用的刑罚比希特勒还厉害，而且历史上都是骇人听闻的。有打耳光、皮鞭抽、捆、吊、冻、上背铐、烧大香、活埋坑、冰上熏，火烧头发、骑老虎、烧心窝、抽筋、钉竹签，勒手指、带铜盔、坐老虎凳、吊砖头、吊阴茎、黑虎掏心、跪刀床、挖苞（手伸进阴道、挖出胎儿）等30多种。谁也在这种法西斯迫害下，哪有一个不是内人党呢？！

（三）挖新内人党所造成的严重恶果：

1、乡社机关及社直单位：

何文才亲自主持乡社机关及社直单位的挖新内人党

运动，他亲自赤膊上阵，动手打人。他的忠实门徒杨春山、蔺茂英、李治东等也极力配合。还组织了所谓突击队，实则是打人队，雇用打手并亲自指挥。触发后又设立私刑房，审讯，森严壁垒，成了押人的监狱。在该校走读学生中实行，采用30多种刑具、刑罚，把以往的记忆犹新代知、赵纯虹、杨秀珍同志，打成内人党的领导成员。当开始，并让他们供出所谓之流和他们组织革命干部和革命群众。以及我们他们一年时间。致使代、杨等程度不同的身遭消折残废。更不能容忍的是杨春山这个打人凶手，没有一个他不打。经常手持刑具，听见谁要唱革命歌曲，他就打谁。谁要喊"毛主席万岁"、"共产党万岁"，他就骂谁。十分猖狂。

打人凶手蔺茂英，乘此机会，他认为报仇的良机已到，把卫护党的梁秀川拉出来，绑进捆、打吊、冻、火熏，最后将头部按入火炉内火烧，梁当即昏迷不醒蒋还在梁的脚底心钉钉子。蒋明知病重，仍而拷打不停，致使梁剪颈骨骨折、外伤性结肠炎、脑震荡后遗症，曾经北京医院治疗，即残废。

打人凶手李俊东，竟自担任学区主任，把英志远的肋骨打断，英因病残而退休。

就这样，在短短的时间内，与社机关与社直单位职工，在向、杨、蒋、李等之流的迫害下，打出死人员　名，伤残人员　名。

二、全社各大队的情况：

何文中之流的残酷迫害，无以不放过。他家的在大队出搞阴风、点鬼火，动手打人。甚且给全大队下达挖出人员的任务。特别是西子头的民族大队，任务更大。那么，全社15个大队，全都挖出来了。各大队都挖出新内的人员　人，其中死亡　人，残废　人。如吴大队有：

何力营大队，曹继尚文才居住进。借口当群众有意见，利用挖内人党的机会，利用王文贵等打人凶手，对何力营大队的大部分群众进行打挖，尤其严重的是把一位赵二好秀，采用捆打吊、跪刀床架，最后采用骑老虎刑罚，令赵二好秀脱掉下衣，用水往身上浇，从会阴部向后牵拉，把赵的会阴部撕通，当即大出血，昏走在地。虽经治疗，现仍不能下地行走，身遭残废。

王西营大队，向文才以主要手段残酷迫害，采用把一名贫农社员王××打成内人党，在开揭发会让王继成当场有意见的贫下中农出群众，王坚持不供，喊叫毛主席万岁！这些暴徒打的更为狠了，当场王被打死去。

还除此以外残酷的折磨，向文才把他们的工作为重点，随用各种刑罚的暴徒还采用臭名昭著的……将手指插入阴道，进入宫腔，把阴道的……

服毒出来。落得终身受伤残、几乎死去。

邓子作七大队的主任阎俊，在七作七大队内除了将被斗人员打死、打残之外，把家族等受冤的妇女干部黄某某（先在西同有曾任阎过，80岁）也打成四人帮的骨干分子，将人遭刑罚，以摧毁其脊背，还用铁丝绑着阎老头至家门口，至今残病在床。

西冰冬大队，党支部书记以光荣为代表，打人为手段把群众五人：梁伯仁、伏同王明、王翔、刘凤，把一位社员折磨成残废逼死。还把一名社员二十八年的党龄毁了，在队打成新的人党的骨干，把刘在致残，至今卧床在病。

以上仅举的个别大队。总之，我社人民被揪斗的新之深广情况极大，伤亡惨重，后患无穷，真是罄竹难书。

二、采取粗暴的逼供信，搞逼供信。

我社在揭批四人帮中，由于自上而下的……

迫害，广大的人民群众和革命干部在政治上、生命上、肉体上、经济上遭受了不同程度的严重的不可挽回的损失，其影响也极大！尽管党中央曾在六九年五月二十二日对内蒙问题作出批示，停止挖内人党，但党的政策，仍没有得到彻底的落实，一些严重的民愤极大的违法分子，打人凶手，更没有惩处，仍得逍遥法外作歹。严重影响到我旗各族人民的大团结。所以，人民群众的社会主义革命和建设的积极性调动不起来，生产上不去，生活下降。在华主席为首的党中央领导下，当前对内蒙问题的解决，使党的政策彻底落实，解决好挖内人党这一历史错案中造成的严重恶果。为此，我们人民强烈要求：

一、严惩违法乱纪分子的罪行：

1. 凡打人凶手、民愤极大的严重违法分子，国家应立即逮捕法办。

2. 凡打人凶手、民愤极大的严重违法分子，即使不在本部门的也应立即逮捕法办。

3、对一些情节严重、手段恶劣的打人凶手、的主犯和从犯人员，如蒋芝泉、李茂东、王光伟、赵东、牛万华、王林、梁桂红、任胜等要求在群众中作深刻的检查，交待清问题，根据群众意见和交待情况，分别给予处理。

（二）对全部新内人党在彻底平反的基础上，有严重致伤致残、致死的人，要求安置其子女或家属工作，给予生活出路。

（三）对在挖内人党中受害的人民群众和干部，经济上、生活上或医治疾病方面，确实遭受一定的损失，要求给予适当的解决。

（四）、以上意见请迅速批复。

55.受害者情况，奇丕（培）基受害情况及證明（1979.05.06）

受害者情況綜合登記表，奇培基（1979.05.06）

受害者情况综合登记表　1979.5.6

姓名	奇培基	性别		年令		民族		成份
政治面貌		错案名称	新内人党	受害排队			
原受害单位	[illegible]	现住址	和召				
各种经济损失							
伤残情况							
受害情况							

再需安排子女	姓名	奇兆喜	性别	男	年令	31
	姓名		性别		年令	
已经安排子女	姓名		安排时间		安排单位	
	姓名		安排时间		安排单位	

经济损失补偿情况（元）

补偿时间	埋葬费	医疗费	财产损失	生活补助			

准旗落实政策办公室：

你们转我社原[illegible]奇忠义同志[illegible]

家属[illegible]材料，[illegible]

奇忠义[illegible]在"挖新内人党"期间受到严重迫害，[illegible]奇

忠义同志从六八年[illegible]被关押150多天，

遭受多种刑罚，逼写《为什么要参加内人党材料》致使奇忠义

同志身体致残，[illegible]

[illegible]

[illegible]

人。[illegible]奇忠义[illegible]

[illegible]。

[illegible]

中共[illegible]委员会

[illegible]

第　　页

受害情況

東[illegible]公社 包頭郊區

苟那基受害情况

关于没收我家的树、同整内人党和我家受害情形

六七年春,何家塔大队吕家塔生产队,当时队长吕华,我儿子和媳妇在六三年春于自留地畔和沟畔栽的二十七苗杨树,竟没收了。他们借口影响队内地,给工本带入社,每苗给五分工;我儿子没有要工,后强迫归队,我儿媳哭啼大骂和我儿子离婚说:(当时提我成份为地主)我不同你们地主坑坦在一起……几乎撒散了人家。弄的全家受了莫大损失,在政治生活方面,在经济方面,都受了不可弥补的损失。此后,没有栽过一苗树,种过一支花草。七六年,吕队把这一批树,因为做水库都卖了(这些树在没收后队内及社员砍伐用过)。残留部分每苗卖了九十元钱。

第二年,六八年,挖内人党,当时在本大队挖了三十余天,后来去了公社挖了近百天,用尽了各种残酷的刑法:站了正…可天可夜,綑起来打过一次,麻绳打,拳打脚踢无数,打的我头破血流,全身黑青肿痛,坐卧不能、竟打伤了我的头部和眼睛,几个月黑青肿痛,看不见东西,头昏的爬不起来。经过严重残忍的拷打,昼夜摧残,百般侮辱,最后打的我不成人样,遍体鳞伤血迹,在忍无可忍的情况下承认了内人党,才放我回家。百天狱灾,打成我两世人,我已经不估计我再能够活下去了,昏天暈地不知所向,以后经过医治,一年多的时间,才捞住了命。后来,十多年不能动弹,全身瘫软,头昏头疼,腰腿疼痛,竟残弄到了这个地步。

我的女人,在挖内人党时,于大队游斗,无故揪打,几乎撕掉耳朵,鲜血直流,头发拔下很多。她胆小受怕,整天不吃饭不喝水,不时哭泣,得了高血压,继发成脑溢血病患,头疼不

止，全身麻痺，不能动弹，昼夜睡在炕上，病了正〻七年，受尽苦难，折磨死于他鄉。迁走时，在遥远的路途中，昏迷九死一生，勉强丢了小孩子。于此前后，家庭困苦，卖了旧房、新盖，卖了柜子、旧木料，及全家糊补节约资金党两千元。损失带用，冰消瓦解。

我现在的要求，我原系华旗政协会委员，前后几年来在党沟东孔兑医疗所工作过，经历了八年的工作时间，我精神振奋，几年如一日。现在党的政策是明确的，我相信党和华主席的英明伟大，相信你们能够贯徹党的政策。我要求组织上能够给我适当的照估，並要求你们要安排我的子女的工作。我已经残带年迈，希望能够给予我家庭生活的出路，安排我子女工作，给予他们为人民服务的机会，這就是我的一点希望。

奇丕基

工作要求

关于安排受害者工作的要求

我们家是挖内人党受害的家庭。在六八年挖内人党的时候，准旗东孔兑公社，我父亲奇亚基是最大的"内人党"骨干。对我父亲严重日久的摧残，各种特殊残酷的刑法，致使我父的全身瘫痪和残废不用。

在挖内人党结束以后，我父回到家里，头昏的起不来达一年之久，经过多方面的治疗，才勉强得救。在治疗期间，不敢声明和说明，因为逼供後，造成了如此的恐怖。

所以我父在这十几年来不但不能劳动，而且看病花费，严重的损失了我们的家庭。现在我父全身瘫软、头昏头疼，腰腿疼痛，竟残废到了这个地步，是因为什么呢。

我的母亲，为人胆小，在六八年挖内人党时，将我父弄到公社，亦将我母于大队游斗、殴打，几乎揪下耳朵，鲜血直流不止，撕下很多的头发，逼着承认内人党，（后来头疼不止，继发成高血压病，医治无效）敲锣打鼓口号连天，我母心惊胆裂，正天不吃饭不喝水，不时哭泣，有时号涛痛哭，昏迷过去数次。因此，血压升高，遂而导致脑溢血。后来医治无效。因为脑溢血后遗症，全身麻痹，不能动弹，昼夜睡在炕上，足足病了七年之久，受尽了折磨苦难。

于此，我卖了旧房、新房，卖了几个横子、旧木料及全家节约补贴资金壹两千元，损失费用，冰消瓦解。我深为痛绝的是，我母死于他乡。迁走的时候，在遥远的路途中，昏迷九死一生，勉强去了该地。

我家受了这样大的损害，遭到家破人亡、流离失所的原因是什么呢？完全是整内人党的结果。这必须归罪于林彪、四人帮身上。

现在，华主席继承毛主席的遗志，一举粉碎了四人帮，真是人心大快。我们应该真诚地感谢华主席的英明，感谢党的政策和党的政策的贯彻和落实。

现在党的政策讲的很清楚，我们相信党和华主席的英明伟大，相信组织上能够执行贯彻党的政策、贯彻民族政策的。

对内人党的彻底平反，是纠正了一条历史错案。给予在内人党受害者子女的安排，也有明确的规定。我现在的要求，希望组织上能够给予我家庭生活的出路，给予我工作的机会，我真挚地有待于进一步的学习，忠实地做一个人民的勤务员。

原籍：准旗东孔兑公社何家塔大队、吕家塔生产队　贾毛喜

證明

证　　明

关于奇塔基挨打 伤残的情况：

以前的不清楚，从六八年古历十二月二十九，奇塔基和我关在一起，记得前一天我和奇塔基给卫生院刷完，第二天下午把奇塔基打的上不了炕，我扶的上了炕，裤子穿不上去。

以后间隔几天打一下次，共打几次也记不清，脸上没有一点好处，身上疼的直叫。记得有一次回来上不了炕，胳膊疼的拿不起来，说是用火勾子打的。还有一次回来听他说：头上给揣扎子。平时打的更利害，不给我们说，只有趁看的人不在的时候，悄悄的说一两句话，他也只叫唤他疼的直叫，不知用的什么刑法。

我走的时候，已经不打了，他的说话、身体也稍好一点（我是六九年的四月三日回的家）

刘三虎

一九八四年九月一日。

56.受害者情況，黃紅秃

受害者情況綜合登記表，黃紅秃（1979.04.30）

受害者情况综合登记表

姓名	黄红秀	性别	男	年令	65	民族	蒙	家庭成份	贫
政治面貌	群众	错案名称		新内人党				受害排队	三类
原受害单位	东新		现住址	城墙圪大队					
各种经济损失									
伤残情况	腿残								
受害情况									

需安排子女	姓名		性别		年令	
	姓名		性别		年令	
已安排子女	姓名		安排时间		安排单位	
	姓名		安排时间		安排单位	

经济损失补偿情况（元）

偿还时间	埋葬费	医疗费	财产损失	生活补助		
78年以前				56.00		
78、12			40.00			

1979. 4. 30.

證明材料

证明材料

姓名：萬红亮，性别：男，年龄：65岁，成份：贫农，民族：蒙族，政治面貌：群众，现任职务：社员，现住址：塔太营村。

受害情况：1968年挖"新内人党"时，该社员被打成"内人党"徒，非法揪斗1天，用刑有喷气式等（见旗公安局长庞永女《调查说明的证明材料附后》）致使该社员身心受摧残，经常腰疼，经济受损失（见支书王某证明材料与个人申诉附后）希上级应加重点考虑，给予适当照顾。

城坪壕
…革命委员会

证明材料

在68年挖新内人党把黄红亮打成内人党，因此下的本人有病（经常腿疼）另外，女人也下的有病（内脏病）

负责双将调祥等三人在黄家住三个多月没有付过粮款，磨烧席子一样也没有付过任何代价。总之，使的朱印黄红亮生活困难无法为株，希上级给予照护

原支书王荣
78.11.24号

证明材料

1968年挖"新内人党"时，将[illegible]红亮叫到旗党部揪斗1天，打一次，在会上给上述[illegible]喷气式[illegible]。

证明人：[illegible]女，阿润[illegible]

1978.11.20号

關於整「新內人黨」過程中家裡的損失情況

关于整"新内人党"过程中家里的损失情况

本人成份贫农，年龄六十六岁，蒙族。一九六八年冬，我被打成"内人党"，小队圈了三个来月，又叫到大队被迫承认自己是内人党，由于自己年老体弱，经过了一些天的折磨，全身是病，通过医治有些好转，但经常头昏头痛腰腿疼，不能参加体力劳动，每年口粮分不回去，无儿无女，无人依靠，只是自己少吃少穿凑些钱，卖些米良来分口粮。就这样还欠队内一百伍拾多元钱。

我的女人葛文華由于我被受整，她也为担心害怕，刚刚病好，又复发。后来经过长期医治才有些好转，至今虽能行动，但还是病重在身，经常吃药看病

病

另外，在六八年冬我被打成了"内人党"大队不让我出门，为了监督我的行动，在我家住了三名贫宣队，由于经常在我家中烧，损坏了一个火炉，一块席子，一块毡子，不顾我家的

第　　页

失去去如何，烧石炭也不节省，这样使了3个多月，给加重了负担，对我家里的损失也很大。

以上问题请领导考虑，给予妥善解决。

黄红秀

装

订

线

57.受害者情况，郝阿騰沙

受害者情况综合登记表

姓名	郝阿騰沙	性别	男	年令	60	民族	蒙	家庭成份	中
政治面貌	群众	错案名称		新内人党				受害排队	二类
原受害单位		本社		现住址		王八保农大队			
何种经济损失									
伤残情况	肺有记痕								
受害情况									

需安排子女	姓名		性别		年令	
	姓名		性别		年令	
已安排子女	姓名	本人	安排时间	78	安排单位	复职、伊盟医药公司
	姓名		安排时间		安排单位	

经济损失补偿情况〈元〉

补偿时间	埋葬费	医疗费	财产损失	生活补助		
78.12			20.00			

反映情況（1978.07）

补助申请

郝阿特沙 男 蒙古族 群众 党员 现在伊盟医药公司工作。

在68年挖新内人党时我被打成"新内人党"，在地摘帽，精受毒打，残无人道。自己被关押以后，家中无劳力，自留地也荒了，又不给户口粮分配。请补分口粮，望酌考虑。

此致

敬礼

郝阿特沙

78.7.31

情况属实，同意补助。

巴彦[illegible]

侯光白同志阅办。
杨 1978.7.13.

137

中国医药公司内蒙古自治区 **伊克昭盟公司** （函）

（7 ）伊药 字第 号

乌盟土右旗四家尧公社党委：

贵你社生家侉大队社员，现我司职工何拉持同志，在最近落实"挖新内人党"政策中反映：他原在你公社生家侉大队被挖成"新内人党"。本人材料中反映，他在1968年阴历腊月初，叫他到大队开会时，说为因他"内人党"，并规定现时交待，如到时不交待，从严处理。因他不承认是"内人党"，就由谈大队列六十二大罪，并进行了武斗（用手打，脚踢等）。有的群众也向他进行了武斗，打的他鼻头流血。打后又问他是不是"内人党"，当他说不是"内人党"时，就又对他进行了武斗。在打的他忍受不住时，自己就承认了是"内人党"后，才停来了对他的打骂武斗。此后就有吴三钱给他带上手铐子押到冰冷的禁闭室内，并且吴三钱说："你和别人不一样"，手铐子除饭外，白天晚间都带手铐。在关禁闭其间，对他在大会上进行过批斗，在批斗中又呼口号，又骂他。当年腊月二十七日放他回家，在回家时，陈三板头对他说，你的问题不算完，是让你回家过年，回去要继续想问题，什么时候想好什么时候交待，还不许自己交待。回去不许你乱串，如发现你乱串，就加重处理。

我回家后，发现我家的东西都没有了（主要是[illegible]），

经办 年 月 日

这些东西至今没有下落。后来我怕继续搞我"内人党"，我就偷跑了，在外地过着流浪生活。在流浪生活最后四年中的口粮、自留地，布票什么都没给。去年我回去开户口时，只给了我两石粮食，说是给我补的口粮，当时我什么也没有说。实际上这两石粮食，连我自留地的产量也不够。

据他本人说，前些日子他已给公社写了材料。他说，他家的财产损失大约100元左右。

为认真落实和解决好"挖新内人党"的错案，冤案，今去信联系了解此事，希望贵方接信后，把本人家庭财产损失，口粮、布票以及其他情况认真落实，并将处理意见函告我司为盼。附本人揭发材料一份。

礼

伊盟汽车运输公司党支部 78.7.15

揭發整內人黨中的打砸者的材料（1978.06.30）

揭发整内人党中的打砸者的材料

我叫阿拉特沙，蒙族，贫农成分。

乌盟土右旗四家尧公社王保全大队原由闫俊为首而组织的"整打班子"，我就是这个班子纠斗的新内人党。其班内的详情人数我不太清楚。

仅只在纠斗我的情况，打我最突出的是刘六十二，此人是整打班内的一员，也是其中的打手之一，对我拳打脚踢数次，揪头弯腰数次，纠住头发逼问我："你是不是内人党"并开骂我："操你妈的屄"就是他；揪头打我的也是他。

此人就这样无知的毒打和谩骂我们贫下中农，真可耻到极点了。

揭发人 阿拉特沙

78年6月30号

58.受害者情況，金玉山

受害者情況綜合登記表，金玉山（1979.04.30）

受害者情况综合登记表

姓名	金玉山	性别	男	年令	55	民族	蒙	家庭成份	贫
政治面貌	党员	错案名称		新内人党				受害排队	一类
原受害单位	本社		现住址	王估公					
各种经济损失									
伤残情况	腰、头有病								
受害情况									
需安排子女	姓名		性别		年令				
	姓名		性别		年令				
已安排子女	姓名	金银贵	安排时间	79.2	安排单位	22龙公社			
	姓名		安排时间		安排单位				

经济损失补偿情况〈元〉

偿还时间	埋葬费	医疗费	财产损失	生活补助		
78年以前		22.52		465.00		
78.12			200.00			

1979.4.30

落实政策分配安置家属登记表

四家子公社 王保公 大队(或单位) 78年 7月 24日

死者姓名	金巴山	与安置对象关系	父	已工作子女职业	无	安排对象与死者关系	父子	以死或致残安排	全家安排		
安排对象情况											
姓名	金银亮	性别	男	年令	23	民族	蒙	家庭出身	贫农	个人成份	学生
身体状况	健康	文化程度	高中	何时毕业	74	要求作何种工作	做工	何时批准	78		
户口所在地	土右旗 四家子公社 王保公	现住地	四家子公社王保公村								
大队(单位)党支部意见	经支部研究,情况属实,同意安排。										
公社(主管局)意见											
旗委核准											
备注											

说明:此表一式二份。公社、旗有关部门各存一份。

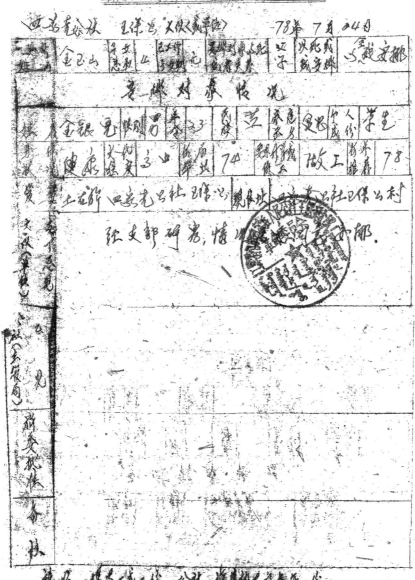

全殘結論（1978.07.31）

全残结论

尊敬的领导：

68年挖内人党时，我被挖成新内人党，当地拘留起来，坐了内人党监狱。从受残酷的折磨、毒刑的拷打，身体被治残，丧失劳力，家庭生活受到了不可估量的损失。现在向尊敬的领导略述一下。

在挖内人党运动中，我被圈起来，家里只有女人照顾，但是，运动的进展残无人道，女人的负担重，运动的威逼、惊吓的使我女人得了病，一天好几次的犯迷昏，整天打针吃药，这么一来，孩子小，家庭生活更是无人照顾，经济上受到了损失，药费花了实际的好多。（还有我在监狱吃的药费在内）。

装訂綫

运动过后了，我的政治生活受到了非常严重的排挤，工作受到了挫折，生活很难维持。当时，我实在忍不下去了，由于自己的眼见不大，想法很乱，因挖内人党一事逼使我打起了搬家的主意，不得已，从王保公搬到河南（将校公社）。这么一来困难了。当时，女人有病，孩子们小，因此受到了很大的损失。从我本人来说，简直是无法弥补，有诉苦难诉，有话无处说，痛苦至心，眼泪难忍。

搬家去时，这也花了不少，雇车搬家，零碎丢了很多财物，我也无法说了，我想组织上的领导是会理解得。俗话说：搬家三年穷，况了何穷更是不用说，人没住处，吃没财物。

头好几倍又加难，咬紧牙关买材料盖房，自己亲自劳动，没有体力，一切劳力的损失，就靠花钱用人，盖了四间房，吃喝运费料费共花壹仟贰佰元左右，搬家的损失（包括货物丢失）估计到伍佰元。

家庭住处刚一安排，女人病的厉害，治疗不顺利，暂短的时间住了两次医院，花费了贰、叁佰元，我们确实无法手了，因为没有经济来源，处境十分困难，就这样忍气吞声住了四年，欠生产队口粮款叁佰多元。

从那年落实党的政策，我从内部消息文中，体会到了党中央、毛主席给我们的温暖，最大的关怀，从河东又搬回王家公，估计损失贰、叁佰元，但是这一损失虽大，在党和毛主席的关怀下，我心情是非常的高兴。

回来之后，又是无家可归，全家大小人没有安身之处，借房居住了三年时，受到的损失跟去了河东相比，是很大的，今年才拿回本部四间房，跟别的折换了五间房，给人家找差价约伍佰元，才有了自己安居落业的地方。

从整到现在，身体不能痊愈，经常发病，用药没钱无法治疗，一直坚持，又欠下生产队口粮款叁佰多元，就这样度年累日。

历史的错案，给国家带来了损失，给不少的人

裝訂綫

由衷表示谢意。在华主席、党中央的关怀下，落实党的政策，给了我们最大的温暖，以上所说都是实事求是。我要向组织负责，请领导考虑、体现党的政策。

此致

敬礼。

金天山 金天山章

78.7.28.

情况属实

78.7.31.

以第口大队。

裝訂綫

第　　頁

控訴材料（1978.11.12）

本人书写情况属实，希望[illegible]照顾，同意安排大队[illegible]

巴保吕大队[illegible]

尊敬的落实政策负责同志：

姓名 金天山．成份 贫农 族别 蒙族 政治面貌 共产党员

在一九四九年参加中国人民解放军．五四年复员回家．回来以后一直参加农业生产劳动．在大队搞民兵治安工作．

在六八年挖肃运动中．我被打成"新内人党"．遭到了残酷的毒打．在大队同俊的指使下．我被抓进学校的一间房里．在一次黑夜同俊吊起我拿角杆棍在我头上打．当时我刚剃了头．打的我头破血流．以后经常头昏脑疼．证人赵撲福．再一次我被郝大山．郝眼保．同俊等人吊起．用皮带．绳子．棍棒抽打．再一次同俊．吴二仁．郝大山．刘六十八等人棍打脚踢．鞭子抽．再一次同俊．步吉眼．吴二仁．刘六十八．天尚义．郝大山等人参加．步吉眼用细绳子勒我的脖子．使我死过去．后吴二仁用尿浇．再一次步吉眼．郝大山．刘六十八同俊等人用绳子捆．扭断我一条胳膊．天尚义作证．在一次郝大山．步吉眼．刘六十八．成三板头拳打脚踢．以及一次次的脱掉衣服打的．有一次在学校大会上斗我．同俊说我是双料子．带上背铐．九十度的弯腰．同俊．吴二仁往我的背上放大石头和土坯．又一次大会．同俊[illegible]带头打我的耳光．打倒后．刘六十八．成三板头等人把我踢了皮球．打得我眼花缭乱．[illegible]此不分．昏迷不醒．只听到赵墨亮的阻制声．才停下来．才把我抬起送回黑房．我就腰疼尿血．时间两个多月．证人吴枝．又一次在大会上跪板凳．同俊主持．安祥小．吴三钱在场．就这样如此．熬到了当年过春节那天才把我放回家．

从此以后，我的家庭生活受到了不可估量的损失。本人治残不能劳动，经常头痛吃药。把我圈进去，老婆被吓的经常往医院，身体受到很大的刺激，就在六八年花药费八百元左右。当时我政治上受到迫害，又由受到排挤，因一气之下，把户迁到准旗大路公社。把这里的房贱卖了，搬家途中连车上丢失了的猪肉零碎东西，共计四百伍十元。去了准旗更不用说了，人无住处，畜无卧处，只好难上加难。咬住牙买木料盖房，自己不能劳动，一切劳动都用只好花钱用人，就这样花了一千八百元。家庭住处刚一安排，女人病的更重，昏迷不醒，很短时间内，住了两次医院，花了药费六百元左右，我的病就无法治了。因没有经济来源，只好拿命抗着，我的处境十分痛苦。就这样忍气吞声在准旗呆了四年。孩子们不能劳动，累欠生产队内口粮款六百元。

从七四年落实党的政策，党中央毛主席给了我们最大的关怀，把温暖送到我的心房。我体贴毛主席党中央给我的温暖及关怀。我从准旗又搬回天保公，又花运费估计八百五十元。可是回来以后又是无家可归，全家六口人借房住了三年。今年拆了准旗的四间房，换了五间房，在对换中我差价又给了对方四百五十元正。我现在经常头疼腰痛，因没钱不能医治，一直在坚持着。孩子们都在念书，累年欠下队内的口粮款三百五十元，今年的还不清楚。以上所说都实事求是的。因本人生活困难，要求：上级对于我的大小子金银虎，本人成份学生，文化程度高中，政治面貌党员，给予安排。家庭损失情况给予照顾为盼。

此致

敬礼

金天山 78.11.12.

59.控訴挖肅派的首惡分子要求徹底落實政策解決受害問題，奇繼君（1978.07.15）

控诉挖肃派的首恶分子要求彻底落实政策解决受害问题

 136

土右旗沟门
四道沟公社 落办组织

我们一家人，是毛主席和共产党给了自由幸福的生存，并获了建設伟大祖国的国家主人公职責，持出一贯坚持党的基本路綫，勇往直前地奋战在农村第一綫。而林彪、"四人帮"却是到处制造祸端，煽动民族分裂，誣衊革命老輩乌兰夫同志，打击陷害蒙古民族和革命的干部、群众。从68年来我们全家人除了不懂事的孩子外，竟以涉及到乌兰夫的关系陷入全部被征的对象之中。

父亲（六十四）是户居准旗历史清白，向来从事务农的贫农社員，結果现栽了几亩树，生活也较好。但生在更党也成是在乌兰夫包庇下的落网地主，一直纠纏了五个月，逼的形成自杀、跳水库，这才松了一步，接着困到了挖肃的对象内受尽了折磨，始終无法抓住，竟于69年2月还打成了内人党被劳改了四十天，才暂自由。

我弟弟（二不郎）也被征，逼供，无奈地承认了内人党。

我儿（奇福海）年仅十九岁，是将中上学的学生，于68年4月份他以"家乡巨变"为题，写了一篇作文，結果诬析写作内容，强加了"替乌兰夫翻案"的反动帽子，經历了几次大小会的揪斗，限制了自由，而是非尚未結果之际，又拉到了挖肃的公堂上，經受了苦难的折磨，打成了"内人党"，經历了九个月的残酷难疾，于72年才給了平反证，其中并无一

内蒙古土默特右旗皮革厂公用笺

綫的优待。

当68年的10月间 四处的革命歌声 已経变成了残不可耐未储痛哭声 我公社以白高才、任得亮、张三后、杨老山等人为首的骨干核心 但成了象黄色炸药似的挖肃派 于是以凶恶的挖肃派主将张三后为首率领了一帮二十三人的贫宣队来到了小召子大队 顺收了骨干得力分子刘锅扣、[redacted]、刘文集那些"运动红"和不明真相的汉族群众二十多人设成一个对抗性的围剿战场 其中有些人虽犹豫是非 而却被白之才、张三后、刘锅扣、[redacted]、和外来贫宣队的蔺二海、梁二旦（大社者的）验证的不敢怀疑 当然上边那些"先生"是主要的 伪造证据 背会党风 集恩破坏民族团结的首恶分子了。

当挖肃一开始就逼的任李拴悬梁自尽了、而张三后一进村却说是"畏罪自尽" "死而无愧" 但可惜是没从他嘴里挖到东西……"

第一会张三后等讲了内人党的来历是乌兰夫的私党黑线 是企图坑杀汉族并赶走全部汉人的组织……而小召子这蒙民集居点 是老大难点 所以内人党并不是二十人而是多得很 而且是闭着眼睛伸手就可以摸到的……" 一征人的凶具陈设满场 阴险可怕的挖肃派 握紧拳头立于台前 张三后摆出时表 限

内蒙古土默特右旗皮革厂公用笺

定自报自的分秒 就这样一举抓起了数人 我就是其中的一个。

新内人党本是反革命 我怎么能承认呢？于是我被征了五昼夜 折磨一天比一天摧残着身心。看到这种凶势异常的劣势 更大的害头就在眼前了。就这样精神麻木地承认了内人党。这时又有任德亮 刘四胖带着短枪到我家要揪我小子。逼着费尔庆到我家要内人党名单 致使我妻吓的心摆的起不了炕 躺了三四天 水米不到口。从此，把我征治成严重的"心脏病"不能经受任何惊动。

这时全村的蒙族男女人不让东出西进 乱改动、整且男的关到一处 女的关到一处 逼供着内人党。我女人（宝花啦）自然是被周进了重点对象之内。于是，被攻逼了月余之久 正要武如对待之际 张三后这个黑心肠征人祸首 被那些受尽折磨的好人文有用心地咬下了 接着"重证具"严禁逼供的社论发表了这才逃脱了折磨。

结果我被征治成了"心脏动脉硬化 和胸膜炎"平反后虽是发了"平反证" 而且给了几次医疗费并经过当地医院和旗 内蒙古医院的连续医治 但其结果是已经是久经治疗不愈的残患病夫了。全家人心身受到摧残 家庭失去了我这个生活来源的主动劳动者就这样欠下了队内口粮款600多元。

从67年,经本人的多次申诉、和大队、公社的承认已残局意给予本人的生活衣食、医疗费……等填表由政府落实政策办公室同时并允许安排子女表现结果至今仍是一句空话。

英明领袖华主席领导的新时期为继承毛主席的遗志,进一步快实现四个现代化,而根据五届人大精神发扬党的优良传统,落实着党的各项政策这是多么英明伟大多么振奋人心啊!查明了蓄总伪造新内人党妄图陷害革命干部和群众,残害蒙古民族制造民族分裂的乌兰巴干……等罪魁祸首,给予应得惩处,这使我们愁眉展颜,苦脸变笑,痛快無至极了。

当此全区各届单位更进一步落实政策之际,我诉述上边冤枉列列往事,并提提下面的控告与要求:

(一)白之才、任德亮、杨寿山、张二后都是党龄多年的革命干部,他们的观点立场政策水平之于一般群众。和蒙古民族制造民族分裂,摧残许多人的生命和健康,给党和革命事业造成极大损失和损害,对他们的罪迹必须澄清,依法惩处。

(二)白高才、张二后的贴心干将刘锡和从我大队纠集了二十余汉族同志,专门围斗蒙人,郭石柱咬下一个

内蒙古土默特右旗皮革厂公用笺

汉人（高二良）还被张二后征的收回来。刘锡扣一口口声声地要把乌兰夫的黑爪牙统统铲除尽绝。子的几位受害者都是经他们征治的，并且是领导干部。

特此要求过问处理，否则不平受害者的民愤。

（三）我的病和队内外的欠债是挖而造成的，所以病应继续医疗，欠债也该组织解决，而今后的生活出路更应该妥善安排和安排子女，否则只能常给组织找麻烦，常给社队加负担。

受害者：奇继君

78.7.15日

上属情况属实，该同志确实已残，望组织在生活上给予妥善安排，更应安排子女

[illegible]

78年7月15日

60.受害者情況，奇繼君

受害者情況綜合登記表，奇繼君（1979.04.30）

受害者情况综合登记表

姓名	奇继君	性别	男	年令	45	民族	蒙	家庭成份	中
政治面貌	群众	错案名称		新内人党				受害排队	二类
原受害单位	本社		现住址	小召子					
精神经济损失									
伤残情况	冠状动脉硬化、心脏病上部								
受害情况									
需安排子女	姓名		性别		年令				
	姓名		性别		年令				
已安排子女	姓名	奇彩凤	安排时间	78年	安排单位	[illegible]			
	姓名		安排时间		安排单位				

经济损失补偿情况（元）

补偿时间	埋葬费	医疗费	困难救济	生活补助
78年以前	—	511.50	70.00	315.00
78.12		—	70.00	

1979.4.30

落實政策今後安排子女登記表（1978.08.05）

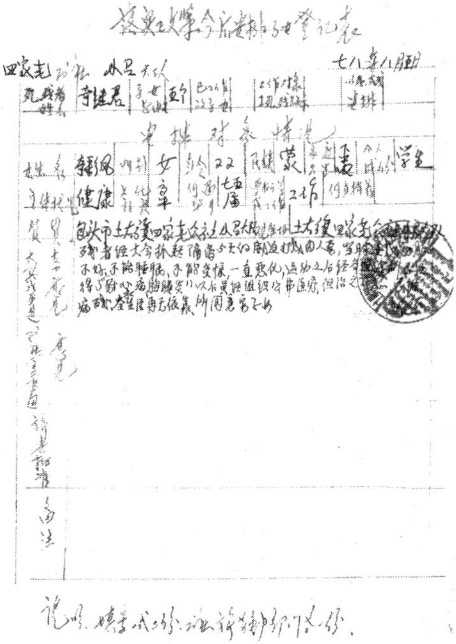

落实政策今后安排子女登记表

四家尧公社 小巴大队 七八年八月五日

死残者姓名	李继君	子女总数	五个	已安排子女		工作人员		要求安排			
安排对象情况											
姓名	李彩凤	性别	女	年龄	22	民族	蒙	[illegible]	[illegible]	个人成分	学生
身体状况	健康	文化程度	高中	何时何地毕业	七五届	[illegible]	工作	何时插队			
籍贯	包头市土右旗四家尧公社小巴大队					现住地	土右旗四家尧公社[illegible]				
大队支部意见	[illegible]										
公社党委意见											
旗委审批											
备注											

说明：填写一式三份，公社转报有关部门各一份。

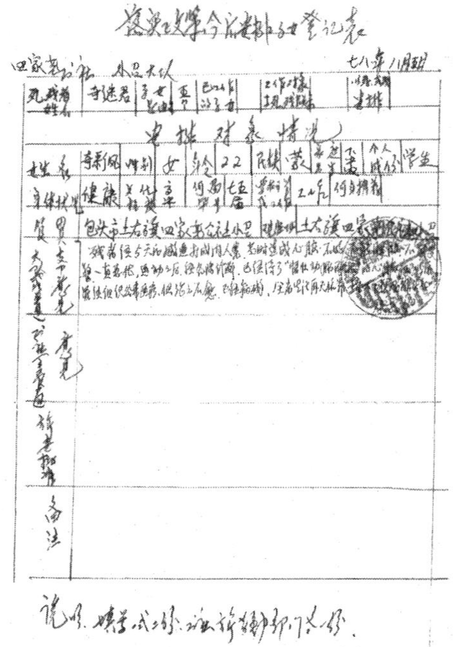

落实政策今后安排子女登记表

四家尧公社 小巴大队 七八年八月五日

死残者姓名	李继君	子女总数	五个	已安排子女		工作人员		要求安排			
安排对象情况											
姓名	李彩凤	性别	女	年龄	22	民族	蒙	[illegible]	[illegible]	个人成分	学生
身体状况	健康	文化程度	高中	何时何地毕业	七五届	[illegible]	工作	何时插队			
籍贯	包头市土右旗四家尧公社小巴					现住地	土右旗四家尧[illegible]				
大队支部意见	[illegible]										
公社党委意见											
旗委审批											
备注											

说明：填写一式三份，公社转报有关部门各一份。

61.證明材料，原支書王榮（1978.12.30）；
證明材料，城牆壕大隊（1979.01.24）；
黃五鎖受害經過（1978.12.25）

证明材料

在68年挖"新内人党"时，在黄五锁院内开过一次群众大会，并纠去郝存祥等三人将黄的女人给吓住、有病，到现在未好。

另外，宣传队朱润祥等几人在蟒太营住下运动开始前后开了40天会，每户去一人（男人不在女去）黄五锁就开过40多天，由于运动压力重，本人怕把自己挖成"内人党"所以思想负担过重，后来引起病很严重住院花钱很多，希上级考虑解决。

原支书王荣

78.12.30号

证明材料

姓名：黄[illegible] 年龄：47岁 成份：贫农 民族：汉族 职业：代销员 政治面貌：群众 住址：城埔地大队[illegible]太营村。

1968年挖"新内人党"时，黄因坚持反对，始终没有承认"内人党"之名，即被办学习班学习了四十多天，从此后，夫妇俩由于惊吓恐怕，对身体和精神上受到严重摧残，不能从事重体力劳动。从经济上来说，黄夫妇俩一直看病花费甚多，造成该社员家庭生活困难。望组织上在经济上、人员安置上，给予妥善处理为好。（本人详细材料附后）

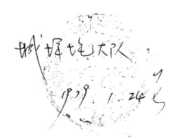

城埔地大队

1979.1.24日

年　　月　　日

黄五锁受害经过

我们蟒太营纯蒙队在一九六八年挖新内党运动中，被原公社挖肃派头头白高财看成是眼中钉、肉中刺。他们不仅大肆散布"蒙人要杀汉人""挖内党的重点是蒙古人"等民族分裂的谬论，而且实授机宜，大打出手。他们网罗了三个"贫宣队"，就派了一个贫宣队气势汹汹地开进我村，开始了骇人听闻的挖新内人党运动。

贫宣队从十一月十七日一进村，我就被抓进交待问题的学习班，由贫宣队张润祥，大队支书王云主持。当时，几乎全村的人都进了学习班，但白高财还嫌挖得太少，下命令说："蟒太营要挖出一百个新内人党"。其实，当时我村的总人口才九十一口，连躺在炕上的孩子算上，也不够啊！于是运动更加一步紧逼一步。逼供、诱供，无所不用其极！

我经历了三次揪挖新内人党的场面，至今忆起，毛发悚然，心惊胆颤。我仅将其中两次简述如下：

主持学习班的人王云说："谁是新内党？现在已经有证明，限定三分钟马上交待，不然的话，就开始揪挖！"大家都提心吊胆，谁能知道谁是内人党呢？都捏着一把汗。两副将要捆人的绳子，奔跑如飞的时针，我的心快要跳出来。突然宣布："都八个是新内人党"，几个如狼似虎的贫宣队员把他们捆了起来。把我吓得几乎要晕过去。

又有一次，贫宣队和大队挖肃的四十多人闯进了我院，当时我女人因惊吓已经患病在床，但他们置人生死于不顾，大肆制造恐怖气份——紧闭大门、上房站岗、人来人往，气势汹汹。家里炉子烟、上房播烟囱他们都不让。故意敞开家门。滴九寒天、女人因病带吓、已经抖成一团，这样冷风吹上，病就更重了。接着又喊口号、又捆人，把我家搞得天翻地复。这次、把我哥带往麻老子、把我二妈囚在饲养院、家里的亲人被带走的带走、剩下没有带走的我和女人、也病倒了。

从第二年一开始、我和女人就相继住了院，从地方上一直到呼市、仅医药费就达一千多元、使我家在经济受大很大的损失。

自从负责队一进村到撤走、共参加学习班四十多天，当时我是挨斗的重点，但我始终坚持原则、没有承认是"新内人党"。那时我的身体和精神上的摧残却是严重的，至今不能从事繁重的劳动。在今天落实华主席"四、二零"指示之际，伸诉上述受害经过，我本人因害至残、女人因惊吓患病，望予在经济上、人员安置上，给予妥善处理。

特此伸诉

蝉太营村、蒿玉锁 呈

1978年12月25日

62.受害者情況，奇柱柱

受害者的情況綜合登記表，奇柱柱（1979.05.06）

受害者情况综合登记表　　1979.5.6

姓名	奇柱·	性别	男	年令		民族	蒙	成份	
政治面貌	无	错案名称	新内人党	受害排队					
原受害单位	将军尧			现住址	将军尧学校				
各种经济损失									
伤残情况									
受害情况									

再需安排子女	姓名		性别		年令	
	姓名		性别		年令	
已经安排子女	姓名		安排时间		安排单位	
	姓名		安排时间		安排单位	

经济损失补偿情况（元）

补偿时间	埋葬费	医疗费	财产损失	生活补助			

證明（1978.12）

证明

在一九六八年挖肃运动中，原科校教师黄桂桂同志被打成了"新内人党"分子。（因为该同志曾是原土默特旗蒙师班学员，后被诬为乌兰夫黑据点）当时科校共有职工48人，黄桂桂和王居先二同志被打成了"新内人党"分子，并被关入了冷房。将军衙公社随即派出三名当地人到四家子公社和蟒头营整黄桂桂同志的黑材料，他们在白乡才派出的挖肃队的配合下，对黄桂桂同志家对刚生小孩才数日的黄桂桂同志的爱人黄美英同志进行威逼恐吓，致使黄美英同志因受惊吓而患了严重神经衰弱、弯神经麻痹、腰腿痛等病，至今多年治疗，不能痊愈。黄桂桂同志家在科校严重受害者，经济上受了严重损失。请四家子公社党委在落实政策过程中，从受害者安排和经济补偿等方面予以照顾。

特此证明

将军衙中学

1978.12.20

证明

兹证明我校中教师青杖杖在挖内人党运动中是一个严重的受害者，在八十多个教师当中只挖了他一人，在落实政策中请当地公社予以特殊照顾。

特此证明

[illegible]

土右旗将军尧中学

[illegible]

1978.12.16.

63.中灘公社黨委寫給土右旗運動辦的信（1979.04.09）

转四家子公社负责落实
79.4.26

土右旗运动办：

前我们公社柳树湾大队蒙族社员奇三三同志，在六八年挖"新内人党"期间，被错打成"新内人党"分子。隔离十天左右。隔离期间，被搞车轮战"五天五夜，不让睡觉。被手段逼供、审问。致使其造成神经衰弱症，和肥大性脊柱炎等病。

现其大女儿奇何兰在达拉特旗四家子公社落户。（瞭解情况的）请政府按落实政策有关规定安排其大女儿奇何兰工作为盼。

致礼！

中滩公社党委
79.4.9日

同意
土右旗运动办
79.4.

64.受害者情況，袁阿力格

受害者情況綜合登記表，袁阿力格（1979.04.30）

受害者情况综合登记表

姓名	袁阿力格	性别	女	年令	70	民族	蒙	家庭成份	中
政治面貌	群众	错案名称	新内人党			受害排队	三类		
原受害单位	东[illegible]	现住址	城墙[illegible]大队						
各种经济损失									
伤残情况	心脏病，高血压，神经残废								
受害情况									
需安排子女	姓名	[illegible]	性别	男	年令	20			
	姓名		性别		年令				
已安排子女	姓名		安排时间		安排单位				
	姓名		安排时间		安排单位				

经济损失补偿情况（元）

偿付时间	埋葬费	医疗费	财产损失	生活补助		
78年以前				16.00		
78.12			60.00			

1979.4.30

落實政策今後安排子女登記表（1978.07.28）

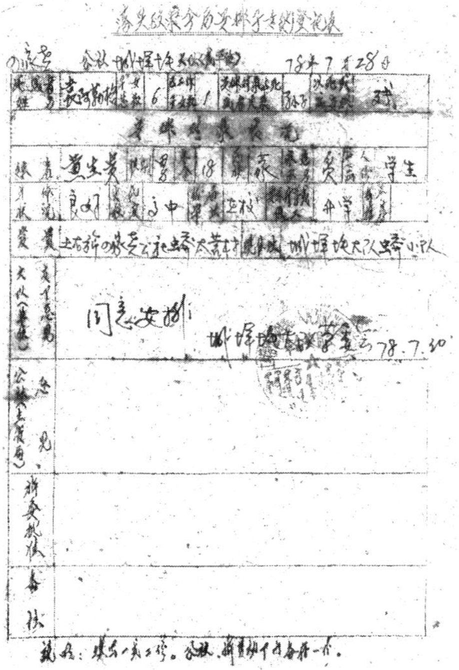

同意安排

78.7.30

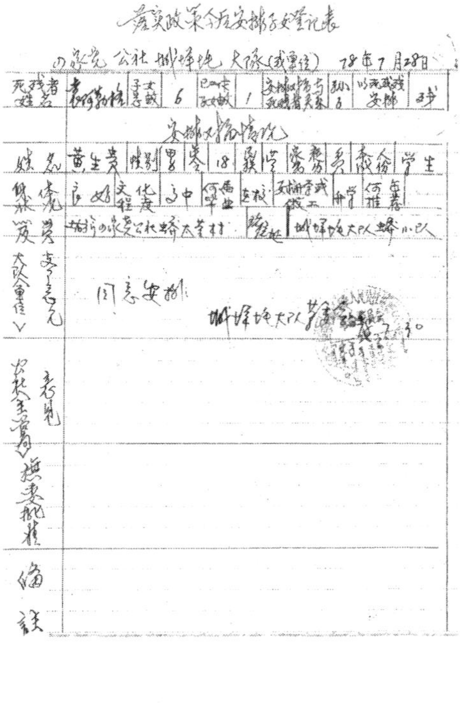

78年7月28日

同意安排

部分殘者袁阿力格受害經過（1978.07.30）

部分残者袁阿力格受害经过

在1968年挖新内人党时，袁阿力格被打成新内人党，该年时没被审问一次，通过大会围攻，其除九分钟自报是不是内人党，五分钟不报就立即揍打，一般几人被逼突如其来的打击而[illegible]自然下来，造成神经受了刺激，至今没有好转。

[illegible]公社[illegible]大队 [illegible]
1978 7月30号

證明材料

证明材料

在1968年挖新内人党时在马太营队大会上挖出来送到本队饲养院由刘存贵看管，压力很大。

[illegible] 王荣
1978年11.20号

证明材料

姓名：袁阿勒格，性别：女，年令70岁，成份：中农，民族：蒙族，政治面貌：群众，住址：塔木营村。

受害情况：

1968年挖"新内人党"时，将袁从塔木营召开的一次大会上揪出来，以致于本队阎寿昌，由刘栋贵看管，当时的压力很大。致使袁身心受摧残，有心脏病，高血压病（证明材料附后）希望在生活上给予适当照顾。

塔木营

人民公社……革命委员会

65.受害者情況，牛二扣

受害者情況綜合登記表，牛二扣（1979.04.30）

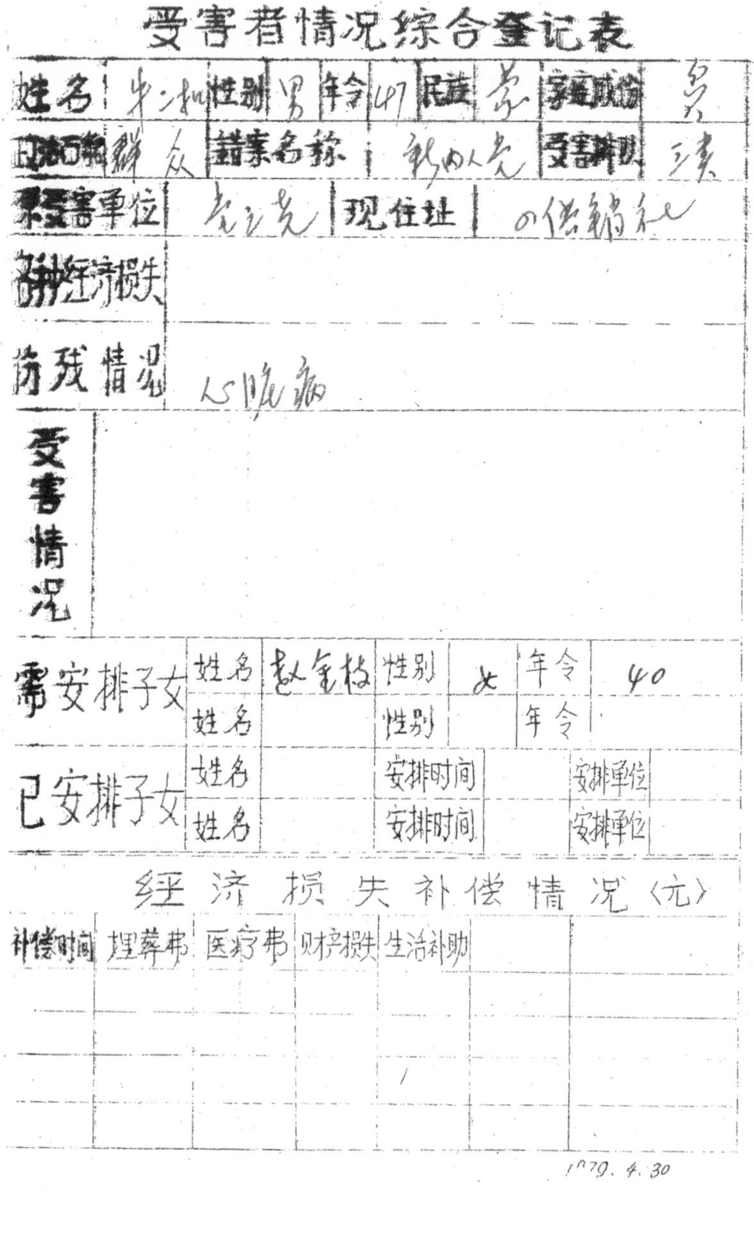

受害者情况综合登记表

姓名	牛二扣	性别	男	年令	47	民族	蒙	家庭成份	贫
政治面貌	群众	错案名称		新内人党				受害类别	三类
受害单位	老三类		现住址	[illegible]供销社					
各种经济损失									
伤残情况	心脏病								
受害情况									

需安排子女	姓名	赵金枝	性别	女	年令	40
	姓名		性别		年令	
已安排子女	姓名		安排时间		安排单位	
	姓名		安排时间		安排单位	

经济损失补偿情况（元）

补偿时间	埋葬费	医疗费	财产损失	生活补助		

1979.4.30

證明材料

证明材料：

四家尧公社党委：

朱二扣同志在挖"新内人党"过程中，曾被我社供销社挖成"内人党"，看守两个月，劳动改造。特此证明。

外四顷地公社党委

一九七八年十[illegible]

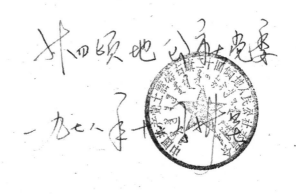

66.受害者情況，魏毛仁

受害者情况综合登记表

姓名	魏毛仁	性别	女	年令	29	民族	蒙	家庭成份	中
政治面貌	群众	错案名称		新内人党				受害类别	二类
原受害单位	王保公			现住址	莎皮革厂				
各种经济损失									
伤残情况	腰有病								
受害情况									

需安排子女	姓名		性别		年令	
	姓名		性别		年令	
已安排子女	姓名	魏毛仁	安排时间	77.	安排单位	莎皮革厂
	姓名		安排时间		安排单位	

经济损失补偿情况〈元〉

补偿时间	埋葬费	医疗费	财产损失	生活补助		
78年以前		405.09		130.00		
78.12			40.00			

1.79.4.30

重殘情況，王保公大隊（1978.07.31）

重残情况

魏光仁，女，27，蒙族，贫牧，群众。现在土右旗皮革厂工作。

68年在挖"新内人党"时，我被打成"新内人党"，当地拘留四个月，坐了内人党狱。

从那时期受毒打，身体被打坏，现在头部和腰部有病。

此致

敬礼

魏光仁 78.7.31

情况属实，同意上报。

[illegible]

78.7.31

67.受害者情況，黃三信鎖

受害者情況綜合登記表，黃三信鎖（1979.04.30）

受害者情况综合登记表

姓名	黄三信锁	性别	男	年令	53	民族	蒙	家庭成份	贫
政治面貌	群众	错案名称		新内人党		受害排队		一类	
原受害单位	本社		现住址	城塘[illegible]					
各种经济损失									
伤残情况	[illegible]、肺病、胃溃疡、腰疼								
受害情况									
需安排子女	姓名	黄金全	性别	男	年令	24			
	姓名		性别		年令				
已安排子女	姓名	本人	安排时间	76.	安排单位	[illegible]学校			
	姓名		安排时间		安排单位				

经济损失补偿情况（元）

补偿时间	埋葬费	医疗费	财产损失	生活补助		
78年以前		1007.85		155.00		
78.12			200.00			

1979.4.30

落實政策今後安排（1978.07.28）

落实政策今后安排

四会县 公社 城埠垅 大队(或单位) 78年7月28日

死残者姓名	黄三位铉	子女总数	6	已安排子女数	二	安排的对象与死残者关系	孙	仍死或残安排	死		
	安排对象情况										
姓名	黄金全	性别	男	年令	24	民族	汉	家庭成分	贫	本人成份	学生
健康状况	良好	文化程度	高小	何届毕业	68届	安排务农或做工	做工	何单位推荐			
籍贯	广东省四会县公社蝉岗大营村					现住址	城埠垅大队蝉岗大营队				
大队(单位)意见	同意安排 城埠垅大队 78.7.30										
公社(主管局)意见											
摘要批准											
备注											

落實政策今後安排子女登記表（1978.07.28）

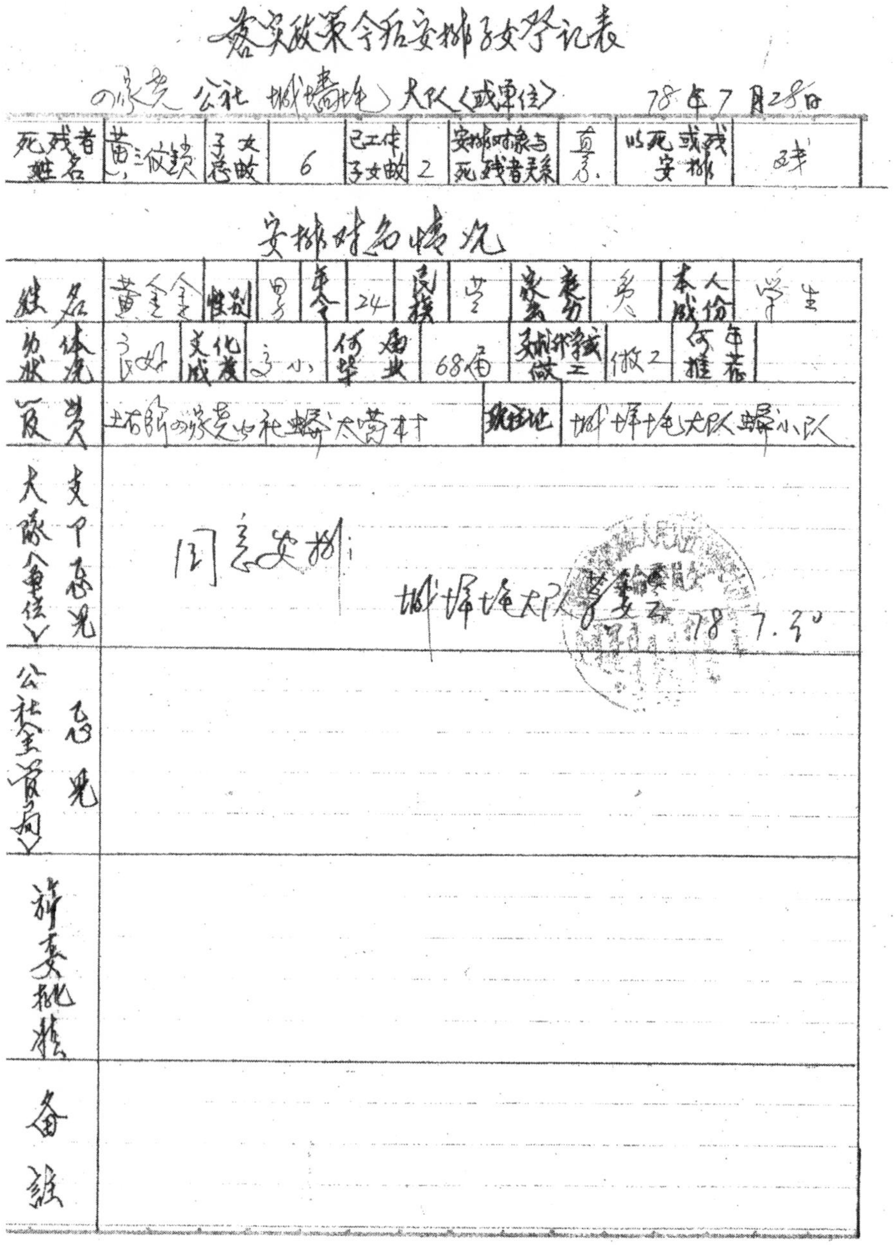

落实政策今后安排子女登记表

四家尧 公社 城[illegible]坨 大队（或单位） 78年7月28日

死残者姓名	黄二[illegible]	子女总数	6	已工作子女数	2	安排对象与死残者关系	直系	以死或残安排	[illegible]

安排对象情况

姓名	黄金全	性别	男	年令	24	民族	蒙	家庭成分	贫	本人成份	学生
身体状况	良好	文化程度	高小	何年毕业	68届	安排作何工作	做工	何年推荐			
原籍	土右旗四家尧公社[illegible]大营村					现住址	城[illegible]坨大队[illegible]小队				
大队（单位）支部意见	同意安排。 城[illegible]坨大队[illegible] 78.7.30										
公社（委员会）意见											
旗委批准											
备注											

受害經過

受残者黄三攸锁受害经过

在1968年挖"新内人党"时，黄三攸锁被打成"新内人党"骨干分子，被非法拘禁一月之久，残遭各种刑法（如罚站、跪膝、压杠和80斤重的砖压等的刑法了。脑後被人踩槌受伤，手背也影响了身体健康，至今不能参加重体力劳动。

[illegible]社机械大队革委会

1978.5.30日

證明材料

證明材料

姓名、蕭[illegible]、性別、男、年令、55歲、成份、貧農、民族、蒙、
政治面貌、群眾、現任職務、[illegible]、住址、[illegible]村。

受害情況：

一九六八年挖新內人黨期間受害嚴重，在大隊拘
留了31天，受盡刑法有、[illegible]、腳踢、壓脖子上[illegible]、
至使本人現在腰部還在疼痛，身体殘廢，并使妻
子嚇病，看病花錢共一千多元，家庭也受到嚴
重影响，損失嚴重，請在落實政策中按照
本人要求，給予其子蕭[illegible]安排工作。
詳細材料以後補。

城墻[illegible]人民公社革命委員會

一九七[illegible]年[illegible]月[illegible]日。

证明材料

于一九六八年冬，在挖"新内人党"时，公社负责人伍德亮让我去城相境大队调查黄姓锁的袁掌柜挑"新内人党"一案。我去庙荒子小队，经过询问黄三姓锁一小时左右，黄不承认，我们喝令黄滚出去冻了两小时左右，我们还大发脾气，骂黄"给一脚把你的脑壳踢烂，你承认也得承认，不承认也得承认"。有关我调查黄三姓锁的材料今后一律作废。

刘家汉 197[illegible].11.27日

证明材料

1968年挖"新内人党"时我为贫宣队员，先进衙营住，郭文何之才把我调到城大队、据此逮捕，到该大队揭发揪斗、捆绑，在一次公上围攻时，我对该人喷吼相骂，威逼他承认三种人是叛徒、走资派、特务、内奸，在将这样后以用手揪过。

证明人：陈明发

1978.11.

证明材料

1968年挖"新内人党"时，在一次大会围攻时，我给潘、姚锁锁揪上被去磨石，威逼他承认"内人党"。

证明人：魏金

1978.11.17日

证明材料

在68年挖"新内人党"时，公社白高才通知贫农队高宇选说：黄三性贫是内人党骨干份子(官存)因此大队和贫农队老高研究开了一个全体贫农队员及群众大会。把黄从大会场拉出来，我说：把黄三性贫拉出来叫到房子拘留审查3天，刑法：弯腰、压脖子、拳打踢蹈、压过磨石，白日弯腰8小时。因此，吓的黄内脏有病(腰椎压缩)是重残者另外，母亲也吓的有病致死。二五三屋有她儿子用轿车拿到呼市看了四年之久，后来死去，估计花费1200元左右另外女人也吓的有病(心脏病)及其他病症估计花费400多元白白烧炭25斤共耗过炭800斤左右。

党支书 王英

78.11.22号

旁证材料

1968年挖"新内人党"时，有一天刘老汉从公社来到城大队宅萧三娃铁"内人党"一事，当时我也在场。经过一段时间训过问，萧始终不承认，刘老汉踢出滚出去，在院里冻了2小时左右。刘又大发脾气骂过："李就把你那头颅割了脑壳了。"萧说过："你承认也得承认，不承认也得承认。"

旁证人 [redacted]女

张[redacted]

1978.11.20日

旁证材料

1968年挖"新内人党"时，将萧三娃铁通过大队逮捕，带到旗党部，关禁审查共31天，大挨过：供、信，挨闻刑有：（喷气式、老虎凳踩过一次，用手压过膝子，都是拳打脚踢。其中也有老虎凳）每天要跪八小时。

旁证人：[redacted]女（贵公队8组长）

1978.11.17日

申诉——关于在挖肃中，我家所受的损失情况

申诉人：黄三信锁，贫农，蒙族，49岁。

在68年大挖"新内党"运动中，我被严刑逼供，多次用刑，仅囚禁31天，有关详细情况，已另有材料，现将损失情况诉告如下：

一、在被挖我期间，我母亲和我女人都被惊吓成疾，女人患心脏病、神经病，仅看病花费四佰多元；母亲患了高血压病，治疗四年之久，用费一千二百多元，但因病势严重，不幸于76年死亡。

二、我被押期间，山药窖口被人撬开，冻坏山药两千斤左右；贫宣队的人和我们已吃、浪费肉我的肉七十多斤，白面一百五十斤左右，烧光石炭（班房里烧光的）八百多斤。

上述损失，给我生活造成极大的损失、困难，望予落实退赔。我家因挖内人党死人一口，我被直接至残，女人因此而患病，望给我儿黄金宝安排工作。

特此申诉。

四家尧公社，城墙壕大队此希太营村

黄三信锁

1978年11月29日

68.受害者情況，郝八應

受害者情況綜合登記表，郝八應（1979.04.30）

受害者情况综合登记表

姓名	郝八应	性别	男	年令	55	民族	蒙	家庭成份	贫
政治面貌	群众	错案名称		新内人党				受害类别	一类
原受害单位	本社		现住址	城墙地					
各种经济损失									
伤残情况	心脏病								
受害情况									
需安排子女	姓名		性别		年令				
	姓名		性别		年令				
已安排子女	姓名	郝永功	安排时间	79.2	安排单位	四家尧公社			
	姓名		安排时间		安排单位				

经济损失补偿情况（元）

补偿时间	丧葬费	医疗费	财产损失	生活补助
78以前				500
78年12月			200.00	

1979.4.30

郝八應旗寫給落實政策辦公室的信（1978.05.19）

143

内蒙古自治区呼和浩特土产采购供应站

旗落实政策办公室：

我叫郝八应，现年65岁，是本旗家住城内贫农，系四家尧公社时乃忽生产队社员。

在1968年挖肃期间，我被打成"新内人党徒"非法拘禁数次，其间我遭了种种酷刑，身受过摧残了我的身体。用钢丝弯腰时下腿新植被后石一脚踹来，当时摔倒直至现在一直腿疼。连々耳光打的我耳孔流血，致使现在耳聋，更残忍的是审讯时在我背上放了一个40斤重的黄盘，并三块土坯，我弯腰跪着不敢动，人家说这家伙（指我）有气力又骑上一个人，这样我坚持了三个小时，筋疲力尽，摔倒在地起不来，又抬来，致使我三个腰椎受损。随后我去包头住院治了很久，花费300余元，至今仍不忘。

内蒙古自治区呼和浩特土产采购供应站

而在69年落实政策时，评反时，只是说不是内人党就算了，政治上没有恢复名义，我也没有收到一张平反证明书。

因此我向上级申请：

1、要求平反、恢复名义，

2、没收我的书籍，衣物、债务请求给予解决，并进一步给予落实。

3、由于我被迫致残，经常腰部疼痛，近几年来一直影响到全家人的生活和债务还不清，要求公社和旗给予我以寻找能维持生活的工作（安排当工和其他职业）使家人今后不要再受我的拖累。

申请人 郝文应

1978.5.18

證明材料

1968年挖內人黨證明材料

1968年挖內人黨運動中，將我組織了專案小組，原呼蘇木莫力大隊，當時呼蘇木莫力大隊挖出很多，挖出了「內人黨」都是人名，我們在組織命令和[illegible]眼，[illegible]將都[illegible]都[illegible]打，[illegible]將都[illegible]大[illegible]由于受當地公社和[illegible]（[illegible]）去講[illegible]，我和[illegible]二鎮壓，將[illegible]打了兩[illegible]大七點[illegible]，當時[illegible]由于我年輕人（當年17歲）由于組織命令的指使，說他們不老實又打[illegible]一个人，[illegible]生活。

[illegible]

1968年挖內人黨證明材料

當呼蘇木莫力大隊代坤平被挖內人黨時，當了人都說代坤平不老實，將[illegible]組織領導說和很多，[illegible]代坤平，當時我[illegible]不行[illegible]說[illegible]我沒交了，[illegible]當時我有些[illegible]，將代坤平打了兩个七點，他們說還不老實，我又打了兩[illegible]。代坤平原都[illegible]回家[illegible]使代坤平[illegible]不能參加勞動，生活[illegible]了困難。

[illegible]

[illegible]

一九六八年挖内人党证明材料

当时，蝉太营郝八座，被打成内人党。那时，我是专人看。当时，我就把郝八座打了两个耳光。由于 我是专人看，当时，要让内人党交代材料，当时，郝八座未说。因为这样，我就打了他两个耳光，还进行了一些变相的体罚。

那时，由于我是个年青人，一时心血来潮，就打了人。

所以，我现在承认，打人是不对的，违背了毛主席指示，违背三大纪律、八项注意，特别是《三大纪律八项注意》中的第五条"不打人不骂人"。

我以后，一定遵照毛主席的指示，一定听从党指挥，听从华主席指挥。一定做到不打人骂人。一切工作都按照毛主席的指示去办，一切按照华主席指示去做。紧跟华主席，紧跟党中央，永远继承毛主席遗志，同新的长征，把自己全部精力，献给农业上。一定和人民群众团结好，一起建设好农村！

于一九七八年 月十八日。

专人看：白润虎

证明材料

姓名：郝八应，性别：男，年令60，成份贫农，民族蒙，政治面貌群众，担任职务社员，住址：蟒[illegible]村。

证实情况：

在挖"新内人党"时，受逼供的事实。诬陷大队[illegible]当了[illegible]，用刑法是：捆绑、毒打、[illegible]子等。被审人被罚钱，实际花钱了300多元，家庭损失的事实，详细情况附中附[illegible]盖章盖部。（详细证明材料附后）

证明人：[illegible]

一九七九年元月一日

证明材料

1968年挖"新内人党"时，我身为负责[illegible]派负责打成人民招供运动。一次在斗争时我将郝八应打了二个耳光。

证明人：[illegible]

1978.11.19日

审记人：[redacted]女

1978.11.19日

证明材料

在1968年清队时将郝八厦拘留了43天
白天劳动，晚间开会审问，释放回去，在古
历11月20号又挖新内人党把郝~~[illegible]~~村捆到
庙里了晚间31天上过大会14次小会
23次。白天会上打、吊、弯腰、喷气、跪膝
等刑法。压土坯、压磨石、未换衣骑墙。

贫协主任 刘[illegible]

党支书 王[illegible]

1978年11.20号

证明材料

1968年挖"新内人党"时，我爱文江、姜振与李特吉、王田花眼去叫郝八龙。当时我们将该人捆绑带到被害了。又在一次开会围攻时，我将郝八龙踢过一脚，当时踢倒在地。

证明人：张[illegible]林

1978.11.18日

重殘者郝八應受害經過（1978.07.30）

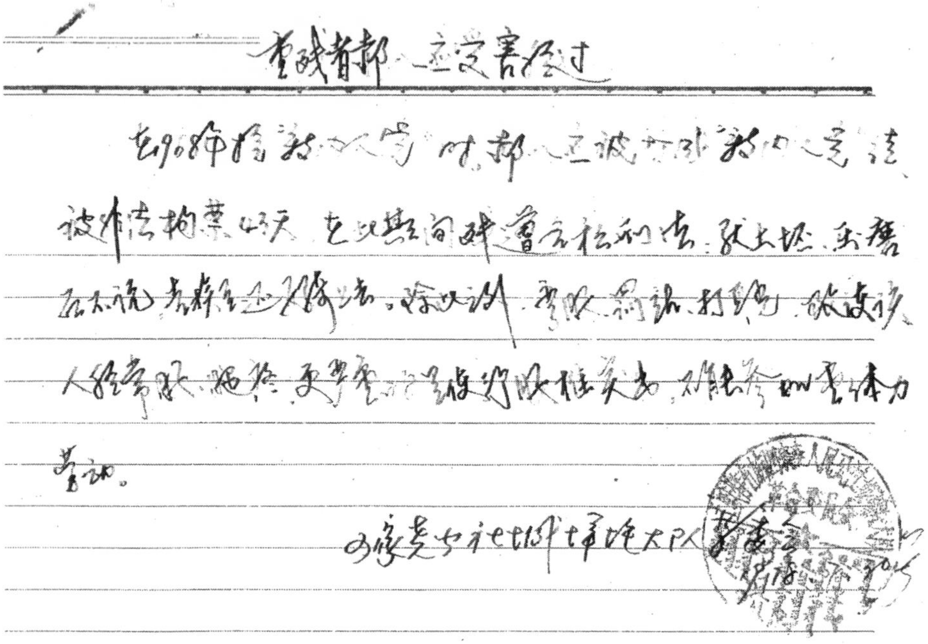

重残者郝八应受害经过

在1968年挖“新内人党”时，郝八应被打成“新内人党”，被非法拘禁45天，在此期间曾受[illegible]刑法：跪[illegible]、[illegible]压[illegible]木棍、老虎凳、[illegible]、[illegible]、罚跪、打耳光、[illegible]人格受辱，[illegible]，至今[illegible]丧失劳动[illegible]。

[illegible]公社[illegible]大队

旁證材料

旁证材料

1968年搞"清理阶级队伍"时在一次大会上李模三给郭八拉背上放过两块土坯、一块80斤重的磨石。并李模三殴打过该人。

旁证人：[illegible]文

1978.11.15日

旁证材料

1968年搞"清理阶级队伍"时，在一次大会围攻时，李模三给郭八拉背上放过两块土坯和一块磨石。

旁证人：张[illegible]申

1978.11.18日

個人要求，郝八應（1978.11.27）

个人要求

我在68年挖肃运动中，审查我的历史问题时，非法拘留过43天后，又在挖新"内人党"时，打成我"内人党"份子，又拘留过27天前后共70天。在拘留期间，受到各种刑法，（刑法有打人的个人证明材料）使我的身体受到摧残，经常腰腿疼的很严重，因此，经常看病花数300多元，又不能参加重体力劳动，因此生活无法维持，故之我向上级提出个人要求，希给予解决：

1. 要求恢复名义。
2. 要求看病及前者花的数300多元给予解决。

3. 除要求生活补助外，要给安排生活出路（参加工作）和其他职业来维持生活为要。

4. 要给我的儿子郝达標安排長期工作。

以上要求请上考虑解决为盼。

申请人：郝卜应

1978年11.27号

落實政策今後安排子女登記表（1978.07.28）

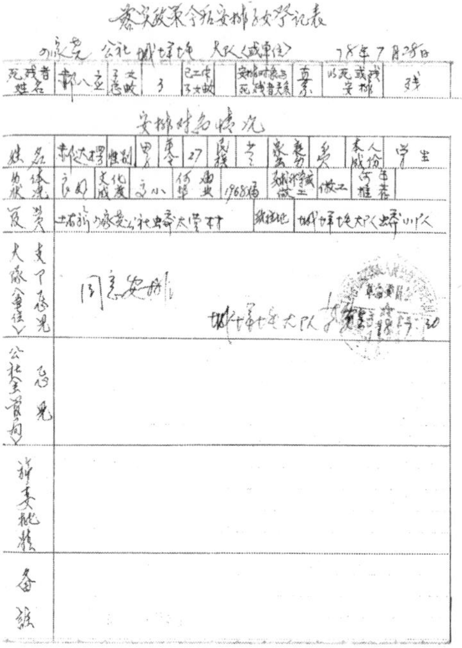

落实政策今后安排子女登记表

四家尧 公社 城圪塔 大队（或单位） 78年7月28日

死残者姓名	郝八立	子女总数	3	已工作子女数		安排对象与死残者关系	父子	以死或残安排	残

安排对象情况

姓名	郝仁太	性别	男	年令	27	民族	汉	家庭出身	贫	本人成份	学生
身体状况	良好	文化程度	高小	何时毕业	1968年	务农还是做工	做工	何年插队			
原籍	土右旗四家尧公社[illegible]太堂村					现住地	城圪塔大队[illegible]小队				
大队（单位）支部意见	同意安排 城圪塔大队 [illegible] 7.30										
公社（主管局）意见											
旗委批准											
备注											

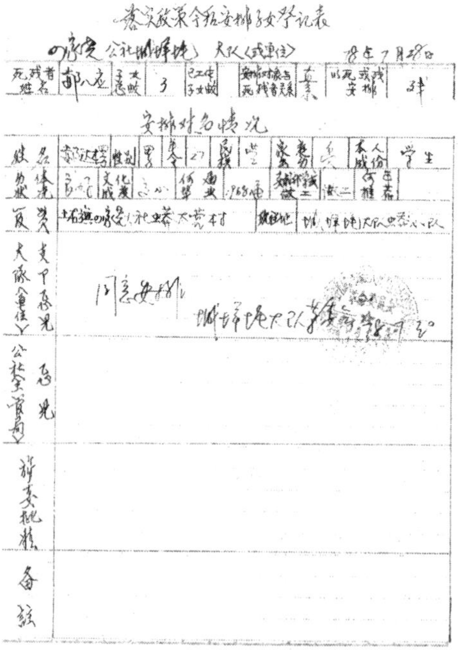

落实政策今后安排子女登记表

四家尧 公社 城圪塔 大队（或单位） 78年7月28日

死残者姓名	郝八立	子女总数	3	已工作子女数		安排对象与死残者关系	父子	以死或残安排	残

安排对象情况

姓名	郝仁太	性别	男	年令	27	民族	汉	家庭出身	贫	本人成份	学生
身体状况	良好	文化程度	高小	何时毕业	1968年	务农还是做工	做工	何年插队			
原籍	土右旗四家尧公社[illegible]太堂村					现住地	城圪塔大队[illegible]小队				
大队（单位）支部意见	同意安排 城圪塔大队 [illegible] 7.30										
公社（主管局）意见											
旗委批准											
备注											

69.受害者情況，王留保

受害者情況綜合登記表，王留保（1979.04.30）

受害者情况综合登记表

姓名	王留保	性别	男	年令	45	民族	蒙	家庭成份	贫
政治面貌	党员	错案名称		新内人党				受害排队	三类
原受害單位	本社			现住址	城镇地				
各种经济损失									
伤残情况	腰腿疼、肾炎。								
受害情况									

需安排子女	姓名	王白白	性别	女	年令	15	
	姓名		性别		年令		
已安排子女	姓名	本人	安排时间	75	安排單位	学校代课	
	姓名		安排时间		安排單位		

经济损失补偿情况（元）

补偿时间	埋葬费	医疗费	财产损失	生活补助		
78年以前				65.00		
78.12			60.00			

1979.4.30

證明材料

证明材料

姓名：王富峰，性别：男，年龄：45，成份：贫农，民族：蒙，政治面貌：党员，[illegible]

揭发情况：

一九六八年挖"新内人党"时将打成"新内人党"党徒，刑法捆绑八天，每天上午要跪八小时左右。（材料附后）

城塔[illegible]

一九七九年三月一日

证明材料

1968年挖"新内人党"时，将我捆绑在我大队，关了四天，对我进行捆绑八天，新犯在牢里被关了八个夜晚，先后六人小会批斗，每次小会都采用刑（喷气式）每天站着跪八小时左右。

证明人：王富峰
1978.11.20日

笔记人：[illegible]女
1978.11.20日

70.受害者情況，韓巴（力）登

受害者情況綜合登記表，韓巴（力）登（1979.04.30）

受害者情况综合登记表

姓名	韩巴登	性别	男	年令	76	民族	蒙	家庭成份	贫
政治面貌	群众	错案名称		新内人党				受害排队	一类
原受害单位	本社		现住址	[illegible]					
各种经济损失									
伤残情况	眼瞎、[illegible]								
受害情况									

需安排子女	姓名		性别		年令	
	姓名		性别		年令	
已安排子女	姓名	白文杰	安排时间	79.2.	安排单位	[illegible]
	姓名		安排时间		安排单位	

经济损失补偿情况（元）

补偿时间	埋葬费	医疗费	财产损失	生活补助		
78以前		27.91		270.00		
78、12			200.00			

1979.4.30

落實政策今後安排子女登記表（1979.08.11）

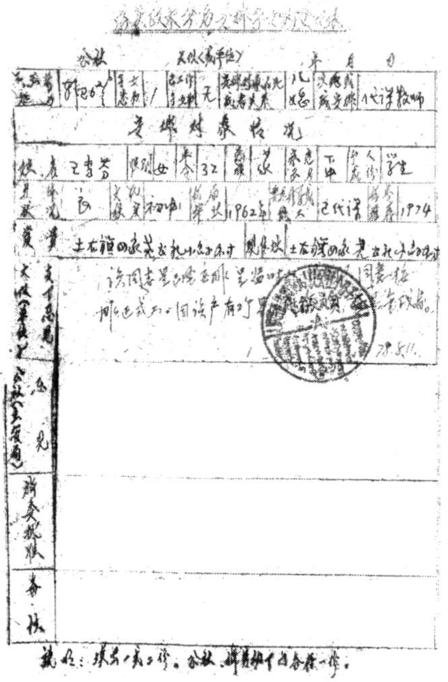

安排对象情况
姓名 王青芳 性别 女 年令 32 民族 农
文化程度 初中
1962年
土右旗の家(?)公社 小(?)村
说明：填写一式二份。公社、旗革命办公室各存一份。

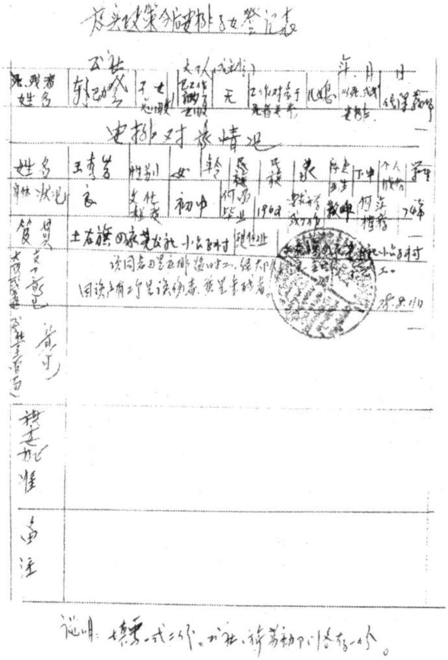

落实政策今后安排子女登记表
公社
年 月 日
姓名 王青芳 性别 女
身体状况 良 文化程度 初中
1962
土右旗の家(?)公社 小(?)村
78.8.11
说明：填表一式二份。公社、旗落办公室各存一份。

71.受害者情況，黃四拉麻

受害者情況綜合登記表，黃四拉麻（1979.04.30）

受害者情况综合登记表

姓名	黄四拉麻	性别	男	年令	62	民族	蒙	家庭成份	贫
政治面貌	群众	错案名称		新内人党				受害类别	三类
原受害单位	本社			现住址	[illegible]				
经济损失									
伤残情况	重病								
受害情况									

需安排子女	姓名	[illegible]	性别	女	年令	30
	姓名		性别		年令	
已安排子女	姓名		安排时间		安排单位	
	姓名		安排时间		安排单位	

经济损失补偿情况（元）

补偿时间	埋葬费	医疗费	财产损失	生活补助
78年以前				10.00
78.12			30.00	

1979.4.30

落實政策今後安排子女登記表（1978.08.04）

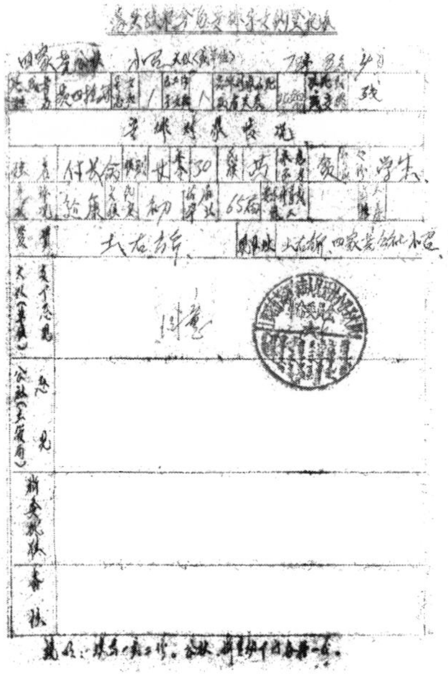

四家尧公社 小召大队

安排对象情况

姓名 付长

性别 女

年令 30

民族 蒙

学生

同意

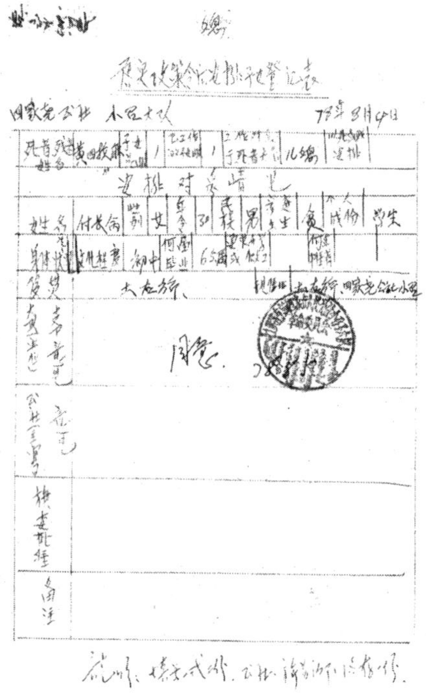

四家尧公社 小召大队 78年8月4日

安排对象情况

姓名 付长

性别 女

年令 30

民族 蒙

学生

同意

72.落實政策今後安排子女登記表，黃開利、紫吉勤格（1978.08.04）

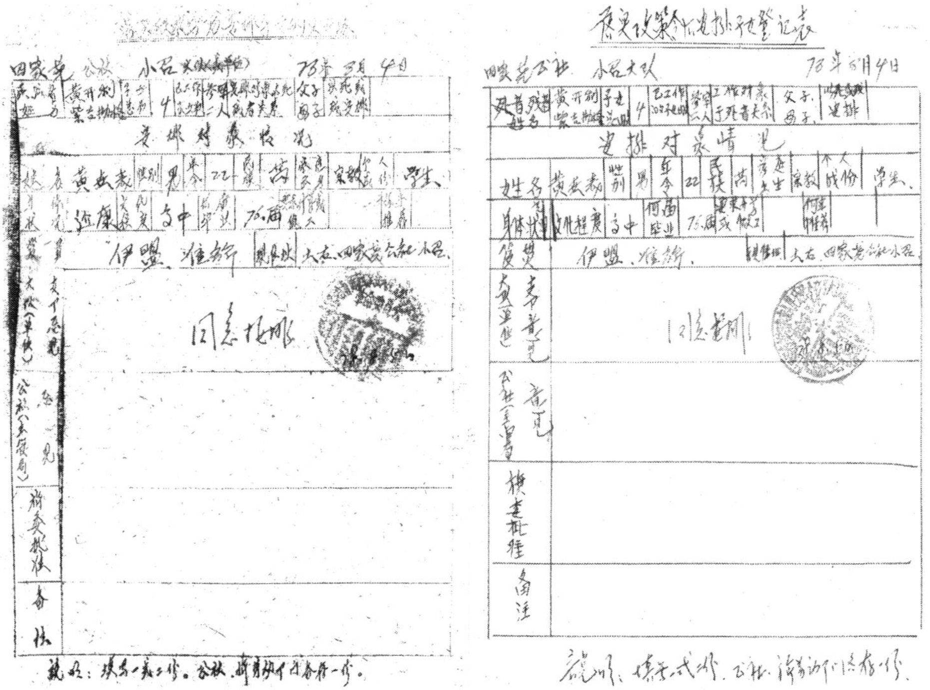

落实政策今后安排子女登记表

四家尧公社　小召大队　78年8月4日

职工姓名	黄开利 紫吉勤格	子女总数	4	关系	父子、母子

安排对象情况

姓名	黄长青	性别	男	年令	22	个人成份	学生
文化程度	高中	何届毕业	75届				
籍贯	伊盟、准旗	现住址	大右、四家尧公社小召				
大队意见	同意安排						
公社意见							
旗委批准							
备注							

说明：填表式二份，公社、旗劳动局各存一份。

73.受害者情況，奇速柱

受害者情況綜合登記表，奇速柱（1979.04.30）

受害者情况综合登记表

姓名	奇速柱	性别	男	年令	51	民族	蒙	家庭成份	
政治面貌	群众	错案名称		新内人党				受害排队	三类
原受害单位	东社			现住址	小吕大队				
精神经济损失									
伤残情况									
受害情况									
需安排子女	姓名	奇也来	性别	男	年令	26			
	姓名		性别		年令				
已安排子女	姓名		安排时间		安排单位				
	姓名		安排时间		安排单位				

经济损失补偿情况（元）

偿付时间	丧葬费	医疗费	财产损失	生活补助		
78.12			120.00			

1979.4.30

落實政策今後安排子女登記表（1978.08.05）

落实政策今后安排子女登记表

四家堂公社 十马子大队(或单位) 78年8月5日

死残者姓名	黄连柱	子女总人数	已安排工作人数	无	工作对象子女有关系	父	以死或残安排	

安排对象情况

姓名	黄连毅	性别	男	年龄	26	民族	蒙	家庭出身	贫农	个人成份	社员	
身体状况	良好	文化程度	初中	何年毕业	68年	毕业后干何工作	24年	何年参加				
籍贯	上庄四家堂公社十马子村			现住址	四家堂公社十马子村							
大队(或单位)意见	同意接班											
公社(或单位)意见												
旗县批准												
备注												

说明：填表一式三份。公社、旗劳动部门各存一份。

落实政策今后安排子女登记表

四家堂公社 十马子大队(或单位) 78年8月5日

死残者姓名	黄连柱	子女总人数	已安排工作人数	无	工作对象子女有关系	父	以死或残安排	

安排对象情况

姓名	黄连毅	性别	男	年龄	[illegible]	民族	蒙	家庭出身	贫农	个人成份	社员	
身体状况	良好	文化程度	初中	何年毕业	68年	毕业后干何工作	24年	何年参加				
籍贯	上庄四家堂公社十马子村			现住址	四家堂公社十马子村							
大队(或单位)意见	同意接班											
公社(或单位)意见												
旗县批准												
备注												

说明：填表一式三份。公社、旗劳动部门各存一份。

74.受害者情況，郝鳳岐

受害者情況綜合登記表，郝鳳岐（1979.04.30）

受害者情况综合登记表

姓名	郝凤岐	性别	男	年令	48	民族	蒙	家庭成份	贫
政治面貌	党员	错案名称		新内人党				受害排队	一类
受害单位	小召子			现住址	海勃湾				
各种经济损失									
伤残情况	腰痛								
受害情况									
需安排子女	姓名	郝金会	性别	男	年令	21			
	姓名		性别		年令				
已安排子女	姓名		安排时间		安排单位				
	姓名		安排时间		安排单位				

经济损失补偿情况〈元〉

补偿时间	埋葬费	医疗费	财产损失	生活补助		
78以前				120.00		
78.12			250.00			

1979.4.30

中共烏海市勃海灣辦事處落實政策辦公室寫給土默特右旗四家堯公社落實政策辦公室的信（1978.10.09）

装 订 线

土默特右旗四家尧公社落实政策办公室：

你办写的关于郝凤岐同志误被打成"新内人党"受害的证明材料，郝凤岐同志已送来我办。

为了解决好郝凤岐同志的遗留问题，根据中共内蒙古自治区委员会批转自治区党委落实政策领导小组《关于进一步解决好挖"新内人党"历史错案遗留问题的几项具体规定》和尤太忠同志在内蒙党委常委扩大会议上讲话的指示精神，现将关于郝凤岐同志误被打成"新内人党"受害的证明材料转去，请你们遵照执行党的政策妥善处理，并将处理结果通告我办。

注：郝凤岐同志要求落实政策材料[illegible]你办。

中共乌海市海勃湾办事处落实政策办公室（代）

一九七八年十月九日

第　　页

郝鳳岐同志被打成新內人黨詳細經過及傷殘情況證明（1978.09.12）

郝凤岐同志被打成新内人党

详细经过及伤残情况证明：

郝凤岐同志，原拿岱大队召光生产队贫农社员。于1968年11月，由于“四人帮”干扰破坏，在内蒙自治区“挖新内人党”时，主观武断，盲目蛮干，没有任何根据，把郝凤岐同志打成新内人党骨干分子，搞逼供信残酷迫害。现将当时情况分列于下，请贵处在落实政策时给予落实。

一、详细经过：

于1968年11月间，由拿岱公社特派小组全权所谓贫下中农的“贫宣队”，会同召光大队挖肃核心小组。于1968年11月29日召开全大队群众会议，当群宣布郝凤岐同志为召光大队新内人党骨干分子。当场执行捆绑吊打四个多小时。在此期间进行过：捆绑、吊打、坐老虎凳、大刑棍、皮带抽、手铐等多种刑法，政治上进行了迫害，致使该同志精神上受了折磨，身体上受尽了摧残。

第　　页

2、伤残情况：

经沂县医院证明为脑振荡后遗症，外伤导致的腰椎骨折，外伤导致的腰椎突出，大脑精神受损，手指麻木等多种疾患。

特此证明

[illegible]家营公社卫生院[illegible]

1978年9月12日

情况属实

包頭市土右旗四家堯公社寫給烏海市海渤灣辦事處、落辦的信（1978.09.12）

乌海市、海勃湾办事处、落办：

郭凤岐同志：原系我社贫农社员，在1968年挖新内人党时，是我社红旗大队专案审查者。现将当地落实材料转发给你们，请贵处在落实挖新内人党扩大化错案中，给予落实为好！

此致

包头市土右旗四家尧

1978.

第　　页

75.受害者情況，葛成葉

受害者情況綜合登記表，葛成葉（1979.04.30）

受害者情况综合登记表

姓名	葛成叶	性别	男	年令	58	民族	蒙	家庭成份	贫
政治面貌	群众	錯案名称		新内人党				受害排队	三类
原受害单位	东社		现住址		小召大队				
各种经济损失									
伤残情况	肺病								
受害情况									

需安排子女	姓名	葛三泉	性别	男	年令	25
	姓名		性别		年令	
已安排子女	姓名		安排时间		安排单位	
	姓名		安排时间		安排单位	

经济损失补偿情况（元）

补偿时间	埋葬费	医疗费	财产损失	生活补助			
78以前				100.00			
78.12			60.00				

30

落實政策今後安排子女登記表（1978.08.05）

落实政策今后安排子女的登记表 78年8月5日

死、残者姓名	曹成山	子女总人数	5	已工作子女人数	无	安排对象与死、残者关系	父	以死或残定安排	残

安排对象情况

姓名	曹二家	性别	男	年令	24	民族	蒙	家庭出生	贫农	个人成份	学生
身体状况	良好	文化程度	初中	何届毕业	76届	[illegible]	工作	何年推荐			
住址	土右旗の[illegible]公社[illegible]				の[illegible]村						
大队支部意见	同意安排										
公社党委意见											
旗委批复											
备注											

落实政策今后安排子女的登记表 78年8月5日

死、残者姓名	曹成山	子女总人数	5	已工作子女人数	无	安排对象与死、残者关系	父	以死或残定安排	残

安排对象情况

姓名	曹二家	性别	男	年令	24	民族	蒙	家庭出生	贫农	个人成份	学生
身体状况	良好	文化程度	初中	何届毕业	76届	[illegible]	工作	何年推荐	无		
住址	土右旗の[illegible]公社[illegible]				の[illegible]村						
大队支部意见											
公社党委意见											
旗委批复											
备注											

76.受害者情況綜合登記表，郝寧布（1979.04.30）

受害者情况综合登记表

姓名	郝宁布	性别	男	年令	57	民族	蒙
家庭成份	贫	政治面貌	群众	错案名称	新内人党	受害排队	三类
原受害单位	东社	现住址	城塔拉				
各种经济损失							
伤残情况	头痛.眼昏						
受害情况							

需安排子女	姓名		性别		年令	
	姓名		性别		年令	
已安排子女	姓名	郝乌宁成	安排时间	76	安排单位	四供销社
	姓名		安排时间		安排单位	

经济损失补偿情况（元）

补偿时间	埋葬费	医疗费	财产损失	生活补助		
78年以前				15.00		
78年12月		65.00				

1979.4.30

77.受害者情況，郝存祥

落實政策今後安排子女登記表，郝存祥（1978.07.28）

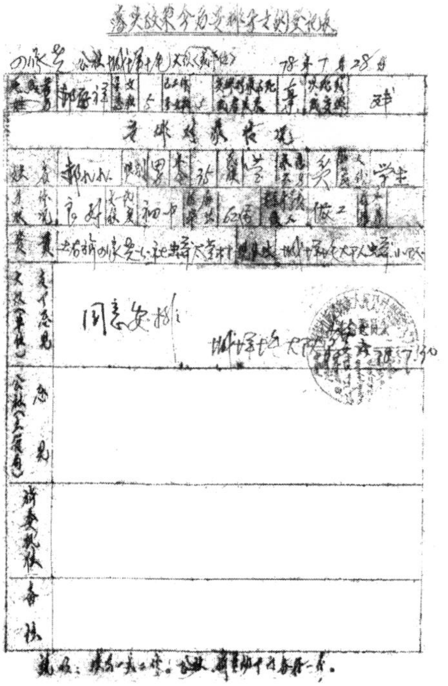

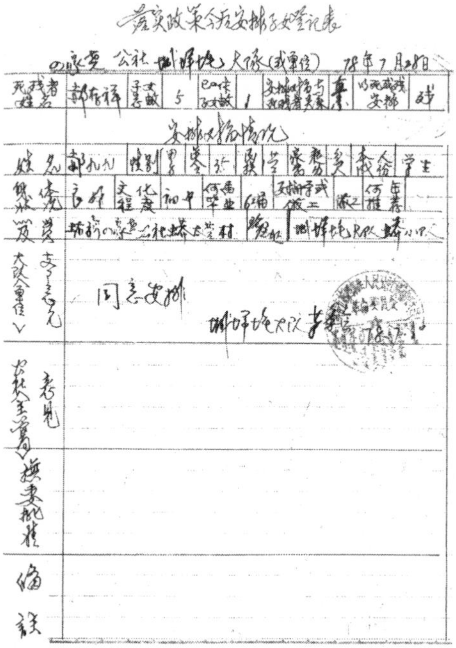

部分殘者郝存祥受害經過（1978.07.30）

部分残者郝存祥受害经过

在1968年挖新内人党时，郝存祥被打成新内人党徒，非法拘禁十余天，残遭毒打，罚跪受刑后，致使该人双耳聋、眼花，神经有些轻微。

乌审召公社[illegible]大队革委会 78.7.30

證明材料

证明材料

核查郝存祥，性别：男，年令57，出生内蒙，民族蒙，政治面貌群众，现任职务社员，住址[illegible]，受害情况：

一九六八年挖新内人党期间，被非法拘禁15天，定为新内人党骨干，残酷用刑后，患脑、胸部疾病。其妻子被折磨，患神经失常，为重病，请给予适当安排。

（详细材料另寄）

城川公社[illegible]

一九七九年[illegible]

证明材料

1968年挖"新内人党"时，围攻郝殴打，我都在场。让郝下跪时，我踢过郝两脚，并用手绳子捆起，威逼他老实交代。

证明人：[illegible]

1978.11.17日

证明材料

1968年挖"新内人党"时，在一次大会上我将郝殴打打过一巴掌。

证明人：[illegible]

1978.11.19日

审讯人：[illegible]

1978.11.19日

证明材料

在68年"挖新内人党"时，把郝存祥从大会上拉出来给打死了。在场有张平亮、下面女人叫庞存霜、黄果、张平亮。

庞文书玉英

1978年11.20号

記明材料.

68年挖新内人党时. 在黄任镇院内开大会 把我从大会上揪出. 打成新内人党. 随后在寿老子村被关了15天. 晚上被绳住了8天. 挖的我耳聋了. 一个眼看不清. 又伤又残 在这种情况下. 把女人吓怕. 得了出血病. 因家中无人照料. 冻了山药1000多斤造成损失70.00多元. 同时饿死了母猪丢了. 剩下小猪也给丢了 造成损失350.00元. 女人得了出血症后经医生检查. 救后. 去了呼和浩特医院住院看. 后又一直去包头托人. 回家就在当地医治. 一直没有治好. 病情一直加重. 这段时间共花了1600.00多元. 去年夏天病情又严重在四间街住院 变了多月. 但不见效. 从此就不能起炕. 同时大小便也不能下地. 一直到现在. 这段时间又花了1500.00元. 今夏去呼市什么医院检查了一次. 因生活困难没有看成. 猪是给煮了. 煮了吃掉. 因挖内人党造成了病和家中

所受的损失，特申请你们解决生活困难和安排儿子（郝门夫）

受迫害人：郝存祥

78.11.17.

知情人 ~~[illegible]~~

黄红秀　付贵祥

郝桂华

以上情况属实。另外，将郝存祥从大会揪斗回来压力很重，下的女（人）有病，并很严重。

原支书：王荣

78年11.20号

旁證材料

旁证材料

1968年挖"新内人党"时，将郝存祥非法拘留15天，大搞逼、供、信，非法用刑有：（喷气式、绑绳几捆过两脚）。

旁证人：[illegible]女、刘[illegible]

1978.11.17日

78.受害者情況，郝圪善

受害者情況綜合登記表，郝圪善（1979.04.30）

受害者情况综合登记表

姓名	郝[illegible]	性别	男	年令	70	民族	蒙	家庭成份	贫
政治面貌	群众	错案名称		新内人党				受害排队	二类
原受害单位	[illegible]		现住址	[illegible]					
各种经济损失									
伤残情况	[illegible]								
受害情况									

需安排子女	姓名	郝[illegible]	性别	男	年令	25
	姓名		性别		年令	
已安排子女	姓名		安排时间		安排单位	
	姓名		安排时间		安排单位	

经济损失补偿情况〈元〉

补偿时间	埋葬费	医疗费	财产损失	生活补助		
78年以前				15.00		
78.12			68.00			

1979. 4. 30.

證明材料

证明材料

姓名：郝培善，性别：男，年令：70岁，成份：贫农，民族：蒙族，政治面貌：群众，现任职务：社员，现住地：蟒太营村。

受害情况：1968年挖"新内人党"时，该社员被打成"新内人党"徒，非法拘禁20多天，拘留期间主要刑法有：（90度弯腰、打巴掌、脚踢）证明材料附后，致使该社员人身受摧残，经济受损失。希上级党委适当考虑，给予妥善安排与以照顾。

城拜蚌大队 革命委員会

79.

证明材料

在68年挖新"内人党"时，把郝玉善打成"内人党"分子，当时儿子郝永胜呼市十五中念书报名参军，当时来人调查郝的家庭情况，大队给写了他父是"内人党"因此回来没叫郝永胜入伍。希公社落办开给证明，让当地政府给优先照顾、提受害者子女安排工作。如果那时参了军每年至少补200个劳动日，生活好安排，在11年补2200个那生活就好安排了。要求公社以对郝玉善在生活上多加照顾。

原支书 王荣

1978.11.22号

装订线

证明材料

在1968年挖新内人党时把郝[illegible]善拘留了20多天，因家无人照看，把一口猪100多斤肉叫工作队人吃掉了，没有付款。

当时压力很重，本人心小，下叫得了肚子病很严重，当时没钱治疗，把买下三间房的木料全部卖掉看病用了。以后病还不好，去四家尧卫生院住院花款100多元。

房支书 王英

1978.11.29

证明材料

1968年搞"新内人党"时，我给郝培秀、郝法周和[illegible]（90斤重的、架臂膊）戴高帽逼其承认内人党一名

证明人 刘[illegible]贵

1978.11.20日

证明材料

1968年搞"新内人党"时，在一次会上，因郝培秀等死不交代，我将该人打过一巴掌。

证明人：何国[illegible]

1978.11.19日

审讯人：[illegible]女

1978.11.19日

证明材料

1968年挖"新内人党"时，在一次会上我将郝如媳妇踢过一脚。

证明人：郝[illegible]十一
1978.11.19日

旁证人：袁[illegible]女 1978.11.19日

旁证材料

1968年挖"新内人党"时，与我在同一次会上看到[illegible]将郝如媳妇踢过两脚。

旁证人：郝[illegible]十一，袁[illegible]女
1978.11.19日

证明材料

1968年挖"新内人党"时，我身为贫宣队员，去城大队红旗村部把蒙进行过威胁、辱骂、给该人坐过飞机。并按住头和脖成90度弯腰（喷气式）

证明人：孙明发

1978年11月7日

79.受害者情況，白二幫郎

受害者情況綜合登記表，白二幫郎（1979.04.30）

受害者情况综合登记表

姓名	白二帮郎	性别	男	年令	64	民族	蒙	家庭成份	贫
政治面貌	群众	错案名称		新内人党				受害类别	三类
原受害单位	本社		现住址		新建大队				
各种经济损失									
伤残情况	致有病								
受害情况									

需安排子女	姓名	白利英	性别	女	年令	20
	姓名		性别		年令	
已安排子女	姓名		安排时间		安排单位	
	姓名		安排时间		安排单位	

经济损失补偿情况〈元〉

补偿时间	埋葬费	医疗费	财产损失	生活补助		
78年以前				72.00		
78、12			50.00			

1979. 4. 30

證明材料（1978.12.15）

场地党委：
公社党委

证明材料

姓名	白仁成	成份	贫农	年龄	[illegible]	政治面貌	社员
住址	土右旗四家尧公社新营大队一队						

本人介绍材料

有关挖内人党的具体问题，已社党委、党委已互相进行交了按照的原则而妥善解决。我们没有要求党委的支持和帮助。给下三向党委、党委回报我的具体情况。

有关我的问题，在挖内人党期间，受过无休止的打击和刑罚的殴打，具体情况如下，当时被大队叫入党员部进行殴打，办法是罚跪、吊打，又向我追内人党的情况，而第二次又叫入大队，把我推进黑房，关了七天七夜。当时因受内人党的迫害和他们的殴打，至此发生了严重的病情，当时没有治疗，病情更加严重。经过一段时间后到医院检查，病情是因受迫害受打而发生的胃病。具体当时治疗的医药费已社已报销，至今该病仍未好转，望给予补助。

78.12.15号

80.受害者情況，戚納楞

受害者情況綜合登記表，戚納楞（1979.04.30）

受害者情况综合登记表

姓名	戚纳楞	性别	男	年令	61	民族	蒙	家庭成份	[illegible]
政治面貌	群众	错案名称		新内人党				受害排队	二类
原受害单位	本社	现住址	近郊大队						
各种经济损失									
伤残情况	心脏病、高血压								
受害情况									
需安排子女	姓名		性别		年令				
	姓名		性别		年令				
已安排子女	姓名		安排时间		安排单位				
	姓名		安排时间		安排单位				

经济损失补偿情况（元）

补偿时间	埋葬费	医疗费	财产损失	生活补助		
78年以前		37.02		120.00		
78.12			50.00			

申訴材料（1978.09.03）

申訴材料

我在1965年四清时当选为贫协委员，四清过去以后紧接着就是文化大革命运动，挖肃、挖新内人党运动。在四清时由于我担任贫协委员，给大队干部提了些意见，特别是给大队支书任永胜提了些帮助意见，任永胜当面接受意见非常诚恳，过后却怀恨在心。特别对贫协主任金三旦意见很大。挖新内人党一开始，第一个把金三旦抓去。为了给金三旦捏造材料，先是大队支书任永胜跟我个别谈话，甜言蜜语地哄骗我说，只要你捏造了金三旦的材料就跟你无事。我本没有了解上的没说啥呢，任永胜再三跟我说，如果你不捏造金三旦的材料（内人党材料）你是没有好下场的。最后还是翻脸不认人。一天看到从我口里得不到啥材料，任永胜指使打手王海亮等将我五花大绑吊在梁间百般拷打，打得我昏过去，不知几时将我从梁上放下来，裤裆里污血屎尿不分，拷打后将我禁闭多日。

我当时想活在世无别的出路，只有死路，后经家人

~~拷打~~的

的功理，并没有造成事实。经过这次拷打，已经造成残废。

原来是一个好端端的人，现已百病具全，心脏病，高血压，心机梗塞，现已半身不遂。这地方也不能搬动了。更使人痛心的是在春节的前几天大队公社撵出不让居住（当时住的公房）数九寒天让我住处，并对我说这房子不是给你们住的。就这样只好离开娘家另找住处。这也是致成我残废的原因之一。

经济上受了很大的损失，搬家走时没有来的急拿，有大黄斗左右、小药一百多斤、还有棍一个多都给糟蹋了，事后问寻人家，人们都说不知道，据了解都是那些打手、看守们吃了、烧了。

希望我现在已成残废人了，请有关部门给予合理解决。

我在毛主席英明领导下任何冤案或错案会得到合理解决的。

情况属实，[illegible]给解决。

受害者 成[illegible]

1978.3[illegible]

挖新内人黨受害者呈報表（1978.12.25）

挖新内人党受害者呈报表

78.12.15

风那楞，女，61岁，蒙族，贫牧社员，本人在68年挖新内人党时，被错挖成新内人党，当时大队不让本人外出（因本在大队学校住），被捆、吊打过，至使本人现在身体不正常，高血压、心脏病等，所以在这次落实政策中被评定为二类受害者。

此报

建设大队党支部

78

申訴（1979.03.04）

年　月　日

申诉

一、个人简历：我在1965年四清运动中是积极分子，担任过全大队的贫协会主任。当过生产队妇女队长前后好几年。由于在四清运动中是积极分子，在挖新内人党时受害最严重。

二、受害情况：我公社在挖新内人党时，是以原公社党委书记、白高才为头子的指示下进行的。指示各大队采取逼供、信、刑讯手段进行，并宣布限期自白登记，如拒不自白登记者要加倍处。

于是在1968年10月间就把我拘留大队，每天审讯逼问没有结果，因为我不知道什么是内人党，因而给人家交待不出什么来。经过多次的审讯、逼问，终于在一天的上午，大队的几个打手：王栓喜、李润狗、张二蛮等人将我五花大绑，吊在梁间，并且打耳光、脚踢，让我供出内人党头头是谁等等。当时由于酷刑难熬，只好胡说一顿。当时吊打时晕过几次，尿拉在裤子里，并且阴道出血。经过酷刑吊打以致成疾（心脏病、高血压、动脉硬化等）事后经过多次治疗仍无见效。由于治病无钱，拆卖了价值五百多元钱

年　　月　　日

的房子，现在仍然病魔缠身，多少年来不能参加体力劳动，再加上看病花钱，致成生活上的贫困。

最使人伤心的是我当时住的公房，在寒冬腊月天气赶出去不让我居住，只好冒着寒风搬家另行别处。

在经济方面也受很多损失，由于搬家有些东西带不了全给丢失，如山药 1000 多斤，菜籽 1000 多斤，黄黑豆五六升，这些都没作处理赔尝，这些都是经济方面的一些损失。

更重要的是现在我已成为残废人了，生活维持不了。

三、目前要求：

在党中央华主席的英明领导下，全国各族人民紧紧地团结在以华主席为首的党中央周围，制订了英明决策，纠正各种冤案、错案。根据情况提出申诉请上级给予合理的安排。

要求的目前在生活上给予适当的安排照顾。

建设大队

戚纳楞

79.5.4

牛东旗…各位…建设大队…

81.受害者情況，李二後生

受害者情況綜合登記表，李二後生（1979.04.30）

受害者情况综合登记表

姓名	李二后生	性别	男	年令	61	民族	蒙	家庭成份	贫
政治面貌	群众	错案名称		新内人党		受害排队		三类	
原受害单位	本社			现住址		建设大队			
各种经济损失									
伤残情况	肝炎								
受害情况									

需安排子女	姓名	李根仁	性别	女	年令	26	
	姓名		性别		年令		
已安排子女	姓名	李仙仁	安排时间	76	安排单位	土默特[illegible]学校（[illegible]）	
	姓名		安排时间		安排单位		

经济损失补偿情况〈元〉

补偿时间	埋葬费	医疗费	财产损失	生活补助		
78年以前		28.50		111.00		
78.12			45.00			

1979.4.30

申訴材料（1978.08.30）

情况属实，请上级党组织给予解决。
建设大队
1978.

申诉材料

四家子公社党委：
建设大队支委：

我在1962年担任建设大队队长（62年10—63年4月）1963年4月去市大工作，任大队主任。一直到1967年党挖肃开始接着就是"挖新内人党"我公社以内当头头子乱抓乱挖内人党。我大队支书任永胜相信左倾抓到大队硬说我是新内人党的头子，不承认不行。当时任永胜采取了逼供信手段，将我关到大冷房挨冻，第一次关了16天第二次11天第三9天，连大春节那天还让我们低头认罪，挨冻前后共36天。通过多次审讯，熬夜，给造成残废，患荨麻疹、肝炎和心脏病，至今年不能参加体力劳动，给家庭造成极大的困难和损失，我现在已成残废。请组织给予合理解决。

我认为在英明领袖华主席的领导下，彻底清除了四人帮反党集团，几年来纠正了不少冤案和错案这是体现了华主席的英明。使受害者重新获得重见天日

受害者 李二成生

1978.8.30

申訴（1979.03.04）

年　　月　　日

申诉

一、个人简历。我从1962年4月—1963年4月担任生产小队长。1963年4月调往生产大队当主任，一直到四清时仍然当生产大队主任。前后当大队主任六年左右。

二、受害情况。我公社在挖肃时，是以原公社党委书记白文为头子。在指示各大队采取了逼供信的手段，并宣布限期登记新内人党，如不按期登记者要加重处分。

于是在1968年4月间开始大抓内人党，我就是其中的一个，当时把我叫到大队，第一次抓起拘留了16天，整天审讯、拷问、熬夜。第二次是11天，同样是整天审讯、拷问、熬夜，坐冷房等。第三次拘留9天还是同样审讯、熬夜、坐冷房等。在过春节那天还把我们拘留起来让我们低头认罪、低头、弯腰、罚跪达数小时。经过这次前后共36天的拘留、审讯、熬夜、挨冻、坐冷房等各种刑罚，以致成全身病症，如黄疸病（肝炎）心脏病。由于各种病症，多少年来未能参加生产队里的生产劳动，确实给家庭造成了极大的穷困。又加草地连年灾荒，农业收成微收，更是给家庭造成了特大的穷困，甚至就连最低的糊口粮

年　　月　　日

会没有。确实有时真有断炊的危险。但是就连这样对东四人帮横行时是无处去诉。针对这种情况有苦无处诉。只好自己变卖家产去请大夫吃药、治病，因看病无钱，将房变卖钱财。经过多次对疾病的治疗，但也没有得到多大的疗效，至现在病魔仍然缠身。更使人痛心的一件事就是要把我们四五类分子（要划成地主、富农）参加五辉横以评·搞什么二次土改革命。

至发案以来虽经几次平反，我认为极不彻底，以我自己为例，我本来没有什么是病，年岁已超花甲，已经失去劳动力，但在平反纠正错案、冤案时仅给三四十元钱，就算了事。在生活上没有做怎样的安排。

三、目的要求：

在党中央华主席的英明领导下，全国各族人民紧密地团结在以华主席为首的党中央周围，执行英明决策，纠正各种错案、冤案。

我申诉的目的是象我这样为党做了一些工作、受了错案、冤案的迫害的，身体已经残废，年纪已超花甲的老年人应该如何处理。请求上级给予合理的处理。

年　　月　　日

为盼。我的要求能在生活上作一合理安排就可以了。

情况属实，请给解决

退休大队

79.3.5

建设大队

李小旺

1979.3.4

82.受害者情況，金三旦

受害者情況綜合登記表，金三旦（1979.04.30）

受害者情况综合登记表

姓名	金三旦	性别	男	年令	40	民族		家庭成份	贫
政治面貌	群众	错案名称		新内人党				受害类别	一类
原受害单位	本社		现住址		原籍				
各种经济损失									
伤残情况	胃下垂、十二指肠溃疡。								
受害情况									

需安排子女	姓名	本人	性别	男	年令	40	
	姓名		性别		年令		
已安排子女	姓名	本人	安排时间	73	安排单位	养路队	
	姓名		安排时间		安排单位		

经济损失补偿情况〈元〉

补偿时间	埋葬费	医疗费	财产损失	生活补助		
78年以前		39.21		320.00		
78.12			200.00			

挖新內人黨受害者呈報表，金占山（1978.12.15）

挖新内人党受害者呈报表 78.12.15.

金占山 男 40岁 蒙族 文化程度 高小

现在养路段工作。

本人在68年挖新内人党时被错挖成新内党，在大队关押四十多天，在押期间被捆吊、打、跪炼、细麻绳捆手指等多种刑法。当时女人给送来被褥还不让本人用，一直关在冷房。本人因受刑过重，经确诊肋骨断了一条，十二指肠溃疡，脑神经痛，肩骨破裂，关节炎等病，使本人身体受残。所以在这次落实政策时被评为一类受害者。

此致——

建设大队党支部

78.12.15

四家堯公社建設大隊第一隊，控訴書（1978.08.15）

四家尧公社

建设大队

第一队

1978年8月15号

控诉书

复仇分子、打砸抢者、民族分裂分子任永胜，必须依法惩办！

在一九六八年冬，六九年春，的挖肃运动中，窑居庄建设大队支部书记要职的任永胜，趁清队、挖"新内人党"之机，拉帮结派，公报私仇。他任意践踏党的政策，竭力煽动民族情绪，私设公堂，严刑拷打贫下中农，大搞民族分裂活动。直接迫死两人，间接迫死一人，重残迫病者五人（蒙族估90%），使我大队的革命和生产受到严重损失。现就我（金三旦）受害一例，也足以说明他是一个地地道道的复仇分子、打砸抢的暴徒分子、民族分分裂主义者。

装　订　线

~~一、趁机复仇，大搞民族分裂~~

在六五年社社会主义教育运动即四清运动中，广大贫下中农对他鸣放、揭发了一些问题，清查了一些帐簿，使他怀恨在心。工作组一走，他跳出来大喊大叫地说："四清是黑四清！""四清工作组是乌兰夫派来的特务、黑帮！"特别对其中哪个叫哈斯之岗的蒙族工作组同志大肆污蔑，借机煽动民族情绪，什么"黑帮""黑线""爪牙""民族分裂"帽子满天飞，大造蒙汉分裂舆论，为他们向贫下中农反攻倒算制造根据。六八年清理阶级队伍运动一开始，他就抓住此不放，在会上公开说："黑四清搞了我，给我提了不少意见，清查了帐簿，特别哈斯之岗，是个大特务、大黑帮、大民族分裂主义分子，他在我大队下了黑蛋，留下了黑根。孟三旦，你是大队的贫协付主任，哈斯和住在你家干了些什么，赶快给我交待，还有很多人都得给我检查！"

揪斗我时说"如果不好好交待，没有你们的好下场"，不几天，就开始斗我。在这以前，我已向他们作了必要的说明或交待，但不解决。要我向群众低头认罪。挖肃内人党运动一开始，对我更是变本加厉，严刑拷打。对我的刑法是一连几天几夜两腿并齐站，他们轮班看守，直站到两足两脚浮肿，连鞋和衣服都脱不下去，昏倒在地。每天白天绑在冷房（教室里），晚上下毒手。用特意买的新白麻绳子，五花大绑，把手抽上去吊在梁上，从头上一直打到下巴。一次，下巴被踢了一足，当时就昏了过去。醒后，把姆指捆在一块，用棍撬，直到姆指破裂，鲜血迸流，昏过去后，在地上吐了一堆。他们又拉上在院内转，凉风吹。后又关在冷房，铐镣锁着。又一次，脱去衣服，在冰天雪地里，绑在电线杆上冷一边进行毒打。然后又拉在火炉上烤，用拉去跪圆木。

装　订　线

冻成冰，冰化成水，衣服和肉黏在一块，脱不下来。一开大会，把我示众，在板凳上一跪就是半天。这样一直折磨了四十多天。这些刑法，全是任永胜和王三得应手的。所以任永胜当时就是指挥者，又是打人凶手。对人民的凶残，比国民党和法西斯也有过之而无不及！当时他说："要抽你的筋，扒你的皮"，"不交待，死路一条！"他要置我于死地，这哪里是错整好人？现在他可能要往上级推，只是执行人之误！过去我一无所有，现在翻身当家作了主人，我的家庭、作为，他是一清二楚的。是不是敌人，他当时心里就有底。他所以要这样，完全出于他公报私"仇"镇压贫农，迫害好人的罪恶意图。他说得好："全村人党里也是好人，你跑不了！"

他灭绝人性，到了歇斯底里的程度。在囚禁

四十多天内，女人送来的热饭，他们以检查为名，把饭挑冷、冷了以后，才拿给我。并百般刁难恐吓女人，并也不叫我送些铺盖，送来又强逼拿回。女人因惊恐成病（气血病）孩子因失奶而死亡。他们对我们太绝，断绝人家，我们一家人，男人受害，女人得病，孩子死掉，在新社会，岂非岂不惨了！非敌人，谁能对贫农采取这样的待遇！

今后，我已危在一息。虽经十多年的治疗，但到至今得不到健康，一根骨肋折断，生殖四处发病，患有严重胃病，一个膀子瘫痪，脑子经常胀疼，关节痛，皮肤炎。

女人因惊吓生病不仅使一小儿失奶至死，且现在每生一小儿，都失奶。需花二百多元才能养活一个孩子。（她患有脑病、胃病、血气病等）。绝不能不仅害死我，并且要害死蒙古人的后代！

在押期间，家庭财产也受到了极大的损失：

因无人管理，冻死大羊一只，小羊两只。因冻山药一窑三千余斤。

因治病，卖大猪两口，飞鸽车一辆，松木红柜一个，羊四只，又卖圆木两根，椽子三十八条。

方木四根，欠队往来款二百余元，向亲友、国家借款六百

余元，都用于治病和抚养孩子方面。对我的生活造成极

大的困难。

另外，任永胜在职期间，身为蒙汉杂居的大队支书，

对党的民族政策视若罔闻，对少数民族采取歧视排斥

的政策。这在整党运动中暴露的尤为显著。该大队

十五人的入党，十二名是蒙族，整死三人，二人是蒙人。

重受刑的共五人，全是蒙族。在揪蒙人受画一份内西地没有文件，自行

时，竞争执行。在政策落实时，又拖延，又研究。

对发展少数民族党员、培养民族干部，更是非常被动。

但在揭了若人成份(如黄行禄、黄金保、黄喇嘛等)

全部人为"内人党"、反革命分子、都非常卖力,又是指挥者

又是亲自打骂上刑、无所不用其极。他认为若人

就是敌人。在他的影响下,我大队的民族团结受

到了破坏。

现在打倒了"四人帮",革命才大解放。但是我的

问题一直没有彻底解决,现提出如下要求。

一、一定要依法惩办复仇分子、法西斯暴徒、民

族分裂破者任永胜。以大量事实看,他是蓄意的。

1140 二、对蓄意制造错案、假案、打、砸、抢的首恶分子要 11

加惩办。

三、必须惩办破坏毛主席革命路线、破坏无产阶级

专政、破坏各族人民大团结的首要分子。

高呼毛主席的革命路线胜利万岁!

四家尧公社建设大队一队 黄三旦

1978年8月15号 95/8

83.受害者情況，魏玉厚

受害者情況綜合登記表，魏玉厚（1979.04.30）

受害者情况综合登记表

姓名	魏玉厚	性别	男	年令	64	民族	蒙	家庭成份	中
政治面貌	群众	錯案名称		新内人党				受害排队	一类
原受害單位	本社			现住址	王several				

各种经济损失	
伤残情况	腰腿疼
受害情况	

需安排子女	姓名		性别		年令	
	姓名		性别		年令	
已安排子女	姓名	魏三三	安排时间	76.	安排單位	二机厂
	姓名		安排时间		安排單位	

经济损失补偿情况（元）

补偿时间	埋葬费	医疗费	财产损失	生活补助		
78年以前				63.00		
78.12			200.00			

1979.4

關於挖「新內人黨」全過程個人材料（1978.11.14）

内蒙古土默特右旗皮革厂公用笺　　魏玉厚

关于挖新内人党全过程个人材料

我在68年阳历9月24日被捕，当场上手銬，关在学校前屯。先后受刑审六次，一般打等不计详细次数。其六次是五次捆吊毒打，一次捆母指，是乔吉眼亲手捆住母指，每次受刑死过多次，每次被正死过去，用尿灌活来，今在华主席英明领导下，纠正错案、冤案，以下我把详细过程向组织谈一下：（被捕期间先后共计105天）

第三次毒打是捆吊乱打，用胡鞭子、绳子、鞭杆，首要是郝大山为首打动。上脑股，把我捆在大队院内电杆上，连冻带打，其主谋是胡三山、范方不动。背捆在电杆上，背后又加一块大炭，边打胳膊两根，坏了胳膊一条，迄今没有痊愈，处于残废状态，其证明人：李三黑、吴三钱二人。捆吊毒打主要人就是郝大山、张保、乔吉眼，打的昏过去放下来灌尿清醒，负责灌尿有吴二仁，针刺抢救董还恩、刘济二位大夫。捆母指是乔吉眼，其人用脚踢掉牙一个，鼻口出血，过后刘济打针抢救。又一次是郝大山上脑股吊起，是刘六十二、郝大山用皮带、权站麻绳打的，证明人：李三黑、刘王十九二人。再一次是郝大山上脑股吊起，是成三板头、郝大山二人打的，把裤子脱下直接打肉体。证明人安祥、闫俊二人。另外一次是郝大山上脑股捆吊，乔吉眼动手拿绳子打，郝大山用皮带打，证明人闫俊、安祥木、赵兴亮。上述情况是我本人回忆，希组织详细查证落实为盼。

快刀床、印碳尖、板凳三刑据我看来一般，不详细谈谈了。

魏玉厚［印］
78.11.14.

食物損失（1978.11.14）

内蒙古土默特右旗皮革厂公用笺

食物损失、：

看病先后损失款项、95.00元左右。共大夫有：双龙张玉，田家先

刘升、董还恩，谢培顺、王俊山、姜有权。

被捕后因家中小女11岁，损失家畜猪一口，羊两只，被盗衣服一件，皮鞋一双，毛毯一块，猪肉40斤之多。

搜去字平同志来信一封，1至9年总路线，兽医针一包。

以上损失望公社党委详细查证归案为盼。

詹振玉 厚 [印：王□□]

78.11.14.

情况属实，党组织上给予照顾。

已经[illegible]

全殘情況（1978.7.28）

全残情况

尊敬的领导：

我将"挖内人党"期间我被关押，家里所遭受的经济损失略述一下。

68年胡务尔脑包将我圈起，家里无人照看，只有两个女儿，因此上受了些损失，据情有以下几方面：

1. 当年喂的二口猪，一个大的，一个半大的。由于家里处於那种状态，把那口大的杀了准备自己吃，结果让人偷了半扇，当时不清楚后果如何，所以只顾吃好的。另一口猪因无人喂被迫活活饿死了。

2. 喂的几只羊，有两只母羊下羔子都被冻死了。那时谁也顾不得看那些牲畜。

3. 10月份，我和老伴都被围起，家里只剩一个十来岁的女孩子，三山大队周德和王倚文来到家将了（一本毛选）单位给我寄来的手册和信拿去，并连看病日用的针也拿去。那时没敢向他们要。

4. 我爱人就是在拷打期间被吊的，后来让黄必根给打针的苏费和没回家后看病共花了肆佰陆拾伍元正，看的实际能行动一点了，就再没有看，直到现在已11年还经常有病。

以上几点都是实事求是，我要对领导和组织负责。请领导们执情考虑。

此致

敬礼。

自写者 魏×厚敬上

情况属实，同意 7.28

第　页

84.受害者情況，白二毛仁

受害者情況綜合登記表，白二毛仁（1979.04.30）

受害者情况综合登记表

姓名	白二毛仁	性别	男	年令	55	民族	蒙	家庭成份	贫
政治面貌	群众	错案名称	新内人党					受害排队	二类
原受害单位	本社	现住址	新建大队						
各种经济损失									
致残情况	肾脏炎后遗症								
受害情况									
需安排子女	姓名		性别		年令				
	姓名		性别		年令				
已安排子女	姓名	白贵保	安排时间	76	安排单位	纺织厂（临工）			
	姓名		安排时间		安排单位				

经济损失补偿情况〈元〉

补偿时间	埋葬费	医疗费	财产损失	生活补助		
78年以前				176.00		
78.12			100.00			

1979.4.

我的被害經過（1978.12.16）

我的被害经过

白二乞人，我今年六十二岁，是贫农。在1968年11月28、29日，挖内人党开始的时候，就把我叫到大队，给我上了手靠。后来又把我叫到第八个房里冬了一个来小时。从凉房里叫到办公室用三根大木棒捆起来，吊到房顶。当时我已经昏昏沉沉的什么也不知了，可是我想到怕自己的身体受损失，自己开始就说了，我是内人党，但是承认了内人党还不行，那些整人的人还让我交代你是如何加入的内人党，发展了多少内人党。就在这没办法的情况下，我把我自己的儿子白锁宝胡说成是我培养的内人党。我供彻底的话了以后，把我放到一个凉房里，圈了九天。就这样吃吃不上，喝喝不上，冷一顿热一顿。这时我胃部发疼痛。得到严重的时候，嘴里带出一些血丝，后来就形成了胃癌病。胃癌是慢性病，逼供时用了严重手段，慢性病也发生了。在刚得了病的时候还可以参加劳动，过了二年以后，病急躁上升，引起了大胃出血，回家以后又在医院都看过。在本地医院看了一年没有看好，后来又去包头、固阳、和武川等地治疗了三年，才有一点。到现在我的身体受了折磨，受了损失。我这人比较老实，在从前我就没有把这事向上反应过，而且反应了也不起作用。今天华主席党中央为内人平反、昭雪，我对党组织说明一下自己的情况吧。

白二乞人

1978年12月16日

85.受害者情況，黃秀英

受害者情況綜合登記表，黃秀英（1979.04.30）

受害者情况综合登记表

姓名	黄秀英	性别	女	年令	79.	民族	汉	家庭成份	贫
政治面貌	党员	错案名称		新内人党				受害排队	一类
原受害单位	本社		现住址	[illegible]					
各种经济损失									
伤残情况	[illegible]								
受害情况									
需安排子女	姓名		性别		年令				
	姓名		性别		年令				
已安排子女	姓名	[illegible]	安排时间	76.	安排单位	四供销社			
	姓名		安排时间		安排单位				

经济损失补偿情况〈元〉

补偿时间	埋葬费	医疗费	财产损失	生活补助		
78年以前		10.59		489.00		
78.12			200.00			

1979. [illegible]

黃秀英的信（1978.11.12）

落实政策同志： 情况属实，同意本人意见。

姓名黄秀英，成份贫农，民族蒙族，政治面貌共产党员：

我在解放初期加入了组织，一直就参加了革命工作，工作从未间断。现在是大队党支部副支书。在1968年挖肃期间，被搞成内人党，身心受到严重摧残，那时白高才是四家尧公社书记，68年10份他通知各大队支书去旗里学习，在会议上宣布凡是出席过学盟会议的蒙人都是内人党，黄秀英就是其中的一员。接着把我弄到大队，闫俊派人把我抓起，圈在学校前院，残遭毒打，白天黑夜都带着手铐子，时间三个多月，看守人员三钱给带的。第一次在公社干部侯英主持下，让跪炭渣，李吉眼让我挽起裤腿跪在上去。证明人李吉眼。二次召开大会批斗我，让我跪板凳，侯英当众打了我一个耳光。喊的口号：黄秀英是叛徒。戴三板头把蒙人比作牛，骂我是老乳牛。大会主持者闫俊。三次在大队家里把我吊起上的背铐，闫俊逼问叫我交代五个内人党，吴三钱等人在场。四次拍半夜，闫俊把我打了四棒，把棒都打断，郝大山给吊的还上的脑箍。李吉眼用鱼钢线搡母指，鱼钢线断了又换的麻绳子，我疼的叫喊，安祥小用一块脏布填住我的嘴。死过4次，刘秃成泼的凉水，王尚义浇的尿。证人刘秃成、黄吉眼。至此得了重病，在大队黄吉眼的要求下，把我放了回去。后来又把我丈夫二海全也打成内人党，家庭损失严重。现在我还病中，身体已瘫痪，每天靠药吃药。把两口猪死掉，和小件物共计损失二百元。本人要求上级经济赔偿，病情治疗，对家庭要适当的照顾，要求安排一人，二海全的侄儿黄云美，黄三海旺的小子。

此致

黄秀英

于78.11.12.

全殘的情況（1978.07.31）

全残的情况

黄秀英 女 79岁 蒙族 贫农 党员 住土右旗四家尧公社[illegible]大队。

68年我被打成"新内人党"，当地拘留起来，当了"内人党"的罪状，从此，我遭受的折磨，毒刑的拷打，以致被治残，又丧失劳动，家庭生活受到严重损失，现向领导略述一下。

自从被关在小黑房里，家里死猪被偷以，口粮也都受损失，统计合款有百元左右。

此致

敬礼

黄秀英 78.7.31.

情况属实，同意意见。[illegible]

78.7.31.

個人申請（1978.12.26）

个人申请

我曾于1962年4月份从杭金衢回到家里，5月份后公社书记杨吉山来我大队召开群众大会，宣布我为历史反革命分子，从这以后，一直没有停止我的揪斗和审讯，带上三尺多的纸帽子，挂上黑牌子，从周围的村庄游斗，在大队跪过炭渣，压过杠子，吹过夜壶，做过种种无人能做的事情，受到了非人的折磨。

1968年5月份在公社审鬼大会上，被打的头破血流皮开肉绽，共审过三次，次次如此。1968年7月份被非法逮捕，逮捕时是大队支书陶传说是以公社名义逮捕的，公安局也没有发过逮捕证，也没有判刑，我这样无辜地坐了三年监狱，公社李万花、白锦应送去杭金衢的。

从这以后，家庭损失十分严重，房前房后种的地，其他人的没有没收，上级也没有指示精神，队长郭厚仰没根没据地就把我的粮食没收了。劳动中也不把我当做一个人，耕地让我背绳套，不让车拉，我就象一个牲口一般。被捕以后，家庭状况如下：卖过自行车一辆

第　　页

缝纫机一台，柜子一顶（三节），风门一个，妻子心神失常，无钱医治，最后经过左邻右居们的帮助才保住性命，至今还欠队里600多元钱。

在挖"新内人党"期间，闫侯旺人向黄秀英、魏五厚要过"内人党"武装部部长（当时我在盟训），这是闫侯旺人对我的诬陷，我并不是什么"新内人党"武装部部长，以上所写的，请■领导给以适当的处理决定。

申诉人 鲁通

证明人 黄秀英 [印：黄秀英]

魏五厚 [印：魏五厚]

78.12.26.

装 订 线

第 页

86.受害者情況綜合登記表：郝爾慶，韓石柱，黃二後生，竇三三，黃長木樹，白文傑，王三喇嘛，付俊鎖，郝乃英，白貴成，楊青花，白花眼，黃永旺，紫吉勤格

受害者情况綜合登记表

姓名	郝尔庆	性别	男	年令	54	民族	蒙	家庭成份	贫
政治面貌	群众	錯案名称		新内人党				受害排队	一类
原受害單位	本社		现住址		小召子				
各种经济损失									
伤残情况	肺硬化								
受害情况									
需安排子女	姓名		性别		年令				
	姓名		性别		年令				
已安排子女	姓名		安排时间		安排單位				
	姓名		安排时间		安排單位				

經济损失补偿情况〈元〉

发放时间	埋葬费	医疗费	财产损失	生活补助		
78年[illegible]月				537.75		
78.12.		350.00				

1979.4.20

受害者情况综合登记表

姓名	韩石柱	性别	男	年令	34	民族	蒙	家庭成份	贫
政治面貌	群众	错案名称		新内人党				受害排队	一类
受害單位	小召子		现住址	包市民中					
精神经济损失									
伤残情况	腿疼								
受害情况									

需安排子女	姓名		性别		年令	
	姓名		性别		年令	
已安排子女	姓名	王三女	安排时间	79.2.	安排单位	喀喇沁乡
	姓名		安排时间		安排单位	

经济损失补偿情况〈元〉

补偿时间	埋葬费	医疗费	财产损失	生活补助		
78年以前				155.00		
78.12			200.00			

受害者情况综合登记表

姓名	黄[illegible]	性别	男	年令	50	民族	蒙	家庭成份	
政治面貌	群众	錯案名称		新内人党				受害排队	三类
原受害單位	[illegible]出版社			现住址		内蒙古出版社[illegible]			
各种经济损失									
伤残情况									
受害情况									

需安排子女	姓名	黄[illegible]	性别	女	年令	19
	姓名		性别		年令	
已安排子女	姓名	黄[illegible]	安排时间	77.	安排單位	包头[illegible]
	姓名		安排时间		安排單位	

经济损失补偿情况〈元〉

补偿时间	埋葬费	医疗费	财产损失	生活补助		

1979. 4. [illegible]

受害者情况综合登记表

姓名	袁三三	性别	男	年令	70	民族	蒙	家庭成份		
政治面貌	群众	错案名称			新内人党			受害排队	三类	
原受害单位	小召子			现住址	小召子					
各种经济损失										
伤残情况										
受害情况										
需安排子女	姓名		性别		年令					
	姓名		性别		年令					
已安排子女	姓名	袁毛毛	安排时间	76年	安排单位	药.皮革厂				
	姓名		安排时间		安排单位					

经济损失补偿情况（元）

偿付时间	埋葬费	医疗费	财产损失	生活补助		
78.12			30.00			

1979.4.30

受害者情况综合登记表

姓名	黄花木树	性别	男	年令	66	民族	蒙	家庭成份	
政治面貌	群众	错案名称		新内人党				受害排队	二类
原受害单位	本社		现住址		小吕大队				
各种经济损失									
伤残情况	[illegible]								
受害情况									
需安排子女	姓名		性别		年令				
	姓名		性别		年令				
已安排子女	姓名		安排时间						
	姓名		安排时间						

经济损失补偿情况

补偿时间	埋葬费	医疗费	财产损失	生活补助
78年以前				30.00
78.12.			20.00	

1979.4.20

受害者情况综合登记表

姓名	何文彬	性别	男	年令	42	民族	蒙	家庭成份	贫农
政治面貌	党	错案名称		新内人党				受害排队	三类
原受害单位		小召子		现住址		三道河公社二队			
各种经济损失									
伤残情况									
受害情况									
需安排子女	姓名		性别		年令				
	姓名		性别		年令				
已安排子女	姓名		安排时间		安排单位				
	姓名		安排时间		安排单位				

经济损失补偿情况〈元〉

偿付时间	丧葬费	医疗费	财物损失	生活补助		
78.12			50.00			

1979. 4. 30

受害者情况综合登记表

姓名	王[illegible]	性别	男	年令	71	民族	蒙族	家庭成份	
政治面貌	群众	错案名称		新内人党				受害排队	二类
原受害单位	本社		现住址		小吕大队				
各种经济损失									
伤残情况									
受害情况									
需安排子女	姓名	王小清	性别	女	年令	15			
	姓名		性别		年令				
已安排子女	姓名		安排时间		安排单位				
	姓名		安排时间		安排单位				

经济损失补偿情况（元）

补偿时间	埋葬费	医疗费	财产损失	生活补助	
78年以前				20.00	
78年以前				10.00	
78.12			40.00		

1979.4.30

受害者情况综合登记表

姓名	伏俊[illegible]	性别	男	年令	42	民族	蒙	家庭成份	贫
政治面貌	党员	错案名称		新内人党				受害排队	一类
原受害单位	公社		现住址	[illegible]公社					
各种经济损失									
伤残情况	全残								
受害情况									

需安排子女	姓名		性别		年令	
	姓名		性别		年令	
已安排子女	姓名	伏金枝	安排时间	79.2	安排单位	[illegible]宣传部
	姓名		安排时间		安排单位	

经济损失补偿情况(元)

补偿时间	丧葬费	医疗费	财产损失	生活补助		
78年以前				300.00		
78.12			200.00			

1979.9.30

受害者情况综合登记表

姓名	郝乃荣	性别	男	年令	55	民族	蒙	家庭成份	贫
政治面貌	群众	错案名称		新内人党				受害程度	三类
原受害单位	东胜			现住址	城墙梁大队				
何种经济损失									
伤残情况	头疼、肚疼								
受害情况									

需安排子女	姓名		性别		年令	
	姓名		性别		年令	
已安排子女	姓名	郝栢福	安排时间	76	安排单位	祥界国
	姓名		安排时间		安排单位	

经济损失补偿情况（元）

补偿时间	埋葬费	医疗费	财产损失	生活补助
78年以前				14.00
78.12			40.00	

79.4.30

受害者情况综合登记表

姓名	白贵成	性别	男	年令	41	民族	蒙	家庭成份	贫
政治面貌	群众	错案名称		新内人党		受害排队		三类	
原受害单位	苏社		现住址	新建					
各种经济损失									
伤残情况	腰残								
受害情况									
需安排子女	姓名		性别		年令				
	姓名		性别		年令				
已安排子女	姓名	白志栋	安排时间	79	安排单位	苗果园			
	姓名		安排时间		安排单位				

经济损失补偿情况〈元〉

偿还时间	埋葬费	医疗费	财产损失	生活补助		
78年以前				25.00		
78.12			15.00			

1979.4.[illegible]

受害者情况综合登记表

姓名	杨青花	性别	女	年令	50	民族	蒙	家庭成份	
政治面貌	群众	错案名称		新内人党				受害排队	三类
原受害单位	本社			现住址	腊卜大队				
各种经济损失									
伤残情况									
受害情况									

需安排子女	姓名	郝常命	性别	男	年令	26	
	姓名		性别		年令		
已安排子女	姓名		安排时间		安排单位		
	姓名		安排时间		安排单位		

经济损失补偿情况（元）

补偿时间	抚恤费	医疗费	财产损失	生活补助		
78年以前				81.00		
78年12月			50.00			

1979. 4. 30

受害者情况综合登记表

姓名	伍花明	性别	女	年令	58	民族	蒙	家庭成份	贫
政治面貌	群众	错案名称		新内人党		受害排队		一类	
原受害单位		本社		现住址		腊卜大队			
各种经济损失									
伤残情况		已死亡							
受害情况									
需安排子女	姓名	黄石亮	性别	男	年令	22			
	姓名		性别		年令				
已安排子女	姓名		安排时间		安排单位				
	姓名		安排时间		安排单位				

经济损失补偿情况（元）

补偿时间	埋葬费	医疗费	财产损失	生活补助		
78年以前				70.00		
78.12			50.00			

1979.4.30

受害者情况综合登记表

生名	[illegible]	性别	男	年令	[illegible]	民族	苗	家庭成份	贫
治面貌	群众	错案名称		[illegible]				受害排队	二类
受害单位	[illegible]社		现住址	[illegible]					
种经济损失									
残情况	腰腿残								
受害情况									

排子女	姓名		性别		年令	
	姓名		性别		年令	
排子女	姓名	[illegible]	安排时间	79.2.	安排单位	[illegible]
	姓名		安排时间		安排单位	

经济损失补偿情况〈元〉

偿时间	埋葬费	医疗费	财产损失	生活补助		
78年以前				95.00		
78.12			120.00			

1979. 4. 30

受害者情况综合登记表

姓名	[illegible]	性别	女	年令	61	民族	蒙	家庭成份	贫
政治面貌	群众	错案名称		新内人党		受害排队	二类		
原受害单位	本社	现住址	十[illegible]						
各种经济损失									
伤残情况	眼瞎、胳膊不能用力								
受害情况									

需安排子女	姓名		性别		年令	
	姓名		性别		年令	
已安排子女	姓名	黄[illegible]表	安排时间	79.2.	[illegible]	旗水电局
	姓名		安排时间		[illegible]	

经济损失补偿情况

补偿时间	埋葬费	医疗费	补发工资	生活补助
78年以前				85.00
78、12			60.00	

1979.4.30

87.基本喪失或完全喪失勞動能力的「三民」享受定期定量補助審批表：魏毛仁，紫吉勤格，戚納楞，黃劃拉，白花眼，張明圪拉，黃增登，魏玉厚，金玉山，郝哈特沙，韓劉保，黃秀英，雷通，王三喇嘛，黃掌木素，郝鳳岐，奇繼君，韓石柱，竇三三，郝爾慶，韓巴（力）登，李二後生，金占山，黃拉莫，黃能塊，奇艮山，黃三旦，袁金文，安三，常志忠，黃六十八，伏海海，郝八（卜）應，黃三姓鎖，牛戈如，白二毛仁，白二幫郎，金六十五

基本丧失劳动能力的社员享受定期定量补助审批表

致残人的情况	姓名	[illegible]仁	性别	女	年令	30	民族	蒙
	家庭出身	贫农	本人成份	社员	政治面貌			
	籍贯	[illegible]						
	所在地区和职务	[illegible]						
	因何种冤错假案致残	挖"新内人党"						
	致残程度	部分残。		补助金额				
致残简况经过	[illegible]挖"新内人党"时，[illegible]腰部[illegible]。							
有无政治历史问题	无							
群众讨论	同意享受定期补助金。							
大队党支部意见	[stamp] 10.							
公社党委意见								
旗委审批意见								
市委办公室意见								
备注								

基本丧失劳动能力的公民享受定期定量补助审批表

致残人的情况	姓名	毕吉青格	性别	女	年令	61	民族	蒙
	家庭出身	贫	本人成份	农民	政治面貌	群众		
	籍贯	土右旗[illegible]小召大队五队						
	所在地区和职务	小召大队五队						
	因何种冤错假案致残	挖"内人党"						
	致残程度	部分丧失	补助金[illegible]					
致残简况经过	在挖"内人党"运动中，[illegible]，受[illegible]逼供，[illegible]。							
有无政治历史问题								

群众讨论	该社员确受逼供，群众同意给予补助。
大队党支部意见	情况属实，希给予补助。 小召大队 79.9.11
公社革委会意见	
旗革委会民政科意见	
市革委会民政办意见	
备注	

完全丧失劳动能力的"三民"及家属享受定期定量补助审批表

致残人的情况	姓名	成纲楞	性别	女	年令	62	民族	蒙		
	家庭出身	贫农	本人成份	农民	政治面貌					
	籍贯	四家尧公社建设大队第六生产队								
	所在地区和职务	建设六队								
	因何种冤假错案致残	因挖新内人党								
致残简况及结论	在1968年冬季因挖新内人党时被吊打，现已成残废，当时绳绑吊打晕过几次，经过医院治疗，诊断无效，现已全残，病状是心脏病、高血压症、胃病病等。									
有无政治历史问题及结论	无									
家属简况	姓名	性别	年令	民族	出生年月日	与残者关系	政治面貌	家庭出身	所在地区及职务	补助金数
	满姜保	男	13	蒙	66.1	儿子		贫	建设六队	

群众意见	情况属实，确系全残。
大队支部意见	[illegible]
公社党委意见	
旗县审批意见	
市、盟办公室意见	
备注	

基本丧失劳动能力的三民享受定期定量补助审批表

致残人的情况							
姓名	黄[illegible]	性别	女	年令	62	民族	蒙
家庭出身	中农	本人成份	农民	政治面貌	群众		
籍贯	土右旗[illegible]公社[illegible]大队						
所在地区和职务	[illegible]大队社员。						
因何种冤错假案致残	挖新内人党、清队						
致残程度	神受惊患病			补助金额			

致残简历经过	在挖新内人党时因被查多次，受惊后患了[illegible]但[illegible]。
有无政治历史问题	无
群众讨论	因挖内人党时多次受审查，神受惊患病。
大队党支部意见	情况属实 [illegible] 7.10
公社党委审查意见	
旗委审批意见	
市委审批意见	
备注	

基本丧失劳动能力的"三民"享受定期定量补助审批表

致残人的情况	姓名	乌花眼	性别	女	年令	60	民族	蒙
	家庭出身	贫	本人成份	农民	政治面貌	群众		
	籍贯	土右旗						
	所在地区和职务	[illegible]公社[illegible]社员						
	因何种冤错假案致残	挖"新内人党"						
	致残程度	部分残	补助金额					

致残简况及经过：

挖新内人党时，打成"内人党"，[illegible]批斗、冷冻，因下五血、时间常（6年），引起腰腿痛和气管炎。

有无其他历史问题：

无

群众讨论意见：

因挖"新内人党"时，受冷冻多次，患了下五血六年，引起了腰腿痛未好。应给予生活补助费。

79.9.9日

大队党支部意见：

以上情况属实，同意给予补助费。

79.[illegible]

公社党委审批意见：

旗委审批意见：

市委审批意见：

备注：

"三民"遺屬享受定期定量補助審批表

致死人的情况	姓名	[illegible]	性別	女	年令	45	民族	蒙			
	家庭出身	贫农	本人成份	贫农	政治面貌	群众					
	籍貫	上[illegible]公社									
	所在地区和职务	[illegible]									
	因何种冤錯假案致死	按"新内人党"									
致死简况(经过)	按内人党中遭致摧打、吊、皮带抽等各种刑法，使其身体受到严重摧残，后于7[illegible]年病故。										
有无历史问题及结论	本人无历史问题。										
遺屬簡况	姓名	性別	年令	民族	出生年月日	与死者关系	政治面貌	家庭出身	本人成份	所在地区及职务	补助金额
	[illegible]	男	14	蒙	60.12.3	父子	群众	贫农	学生	[illegible]	300.-
	[illegible]	女	9	〃	71.4.8	〃	〃	〃	〃	[illegible]	
	小計										

群众評议	一致同意遗属享受定期定量补助
大队党支部意见	同意
公社党委意见	
旗委审批意见	
补办意见	
备注	

基本丧失劳动能力的社员享受定期定量补助审批表

致残人的情况	姓名	黄[illegible]	性别	女	年令	59	民族	蒙
	家庭出身	贫农	本人成份	农民	政治面貌	群众		
	籍贯	[illegible]						
	所在地区和职务	[illegible]						
	因何种原因致残	挖"新内人党"致残						
	致残程度	全残	补助金额					
致残简况经过	在挖"新内人党"运动中打成"新内人党"分子，[illegible]							
有无政治历史问题	无							
群众讨论	同意享受定期补助							
大队党支部意见	同意群众意见 73.8.[illegible]							
公社党委意见								
旗委(革委)审批意见								
盟委(革委)审核批示								
备注								

基本丧失劳动能力的三民享受定期定量补助审批表

致残人的情况	姓名	魏玉[illegible]	性别	男	年令	66	民族	蒙
	家庭出身	农民	本人成份	[illegible]	政治面貌	无		
	籍贯	集宁[illegible]						
	所在地区和职务	[illegible]						
	因何种原因致残	挖新内人党						
	致残程度	基本丧失劳动能力	补助金额					
致残简况经过	该同志被在挖新内人党时受过刑，打、吊、熬夜等种种刑法，身体~~[illegible]~~[illegible]2处，腿一个大疙瘩。被挖新内人党后，该同志终身参加劳动。							
有无政治历史问题	内人党前[illegible]，内人党后参加[illegible]。[illegible]							
群众讨论	同意享受定期补助金。							
大队革委会意见	同[illegible]							
公社革委会意见								
旗委审批意见								
市委办公室意见								
备注								

基本丧失劳动能力的社员享受定期定量补助审批表

致残人的情况	姓名	金玉山	性别	男	年令	56	民族	蒙
	家庭出身	贫农	本人成份	农	政治面貌	[illegible]		
	籍贯	土右旗 [illegible]						
	所在地区和职务	[illegible]						
	因何种冤错假案致残	挖"新内人党"						
	致残程度	基本丧失劳动能力	补助金额					
致残简况经过	该同志被挖新内人党时受过捆打、吊、冬季挨冻挨打，头部受震，腰部及 [illegible] 折骨，到大队因压杠子，腰痛。被挖新内人党后，丧失参加劳动。							
有无政治历史问题	无							
群众讨论	同意享受定期补助金。							
大队党支部意见	[stamp] ?.9.10							
公社党委意见								
旗委审批意见								
市委审批意见								
备注								

基本丧失劳动能力的"三民"享受定期定量补助审批表

致残人的情况	姓名	[illegible]	性别	男	年令	3[illegible]	民族	蒙
	家庭出身	[illegible]	本人成份	[illegible]	政治面貌			
	籍贯	[illegible]						
	所在地区和职务	[illegible]						
	因何种冤错假案致残	挖"新内人党"						
	致残程度	部分残			补助金额			
致残简况经过	该同志在挖"新内人党"[illegible]，[illegible]部分致残。							
有无其它历史问题	无							
群众讨论	同意享受定期补助金。							
大队党支部意见	[stamp]							
公社党委意见								
旗委审批意见								
市委办公室意见								
备注								

“三民”遗属享受定期定量补助审批表

致死人的情况	姓名	[illegible]	性别	男	年令	64	民族	蒙
	家庭出身	牧民	本人成份	[illegible]	政治面貌			
	籍贯	伊盟准旗						
	所在地区和职务	[illegible]						
	因何种冤错假案致死	挖“新内人党”						
致死简况及结论	[illegible]在挖“新内人党”时自杀。							
有无历史问题及结论	[illegible]							

遗属简况	姓名	性别	年令	民族	出生年月日	与死者关系	政治面貌	家庭出身	本人成份	所在地区和职务	补助金额
	[illegible]	女	59	蒙	1921.9.20	妻			[illegible]	[illegible]	
	[illegible]	男	31	〃	1949.7.6	子			〃	〃	
	[illegible]	〃	27	〃	1953.8.[illegible]	〃			〃	〃	
	小计										

群众评议	同意享受定期补助金。
大队党支部意见	[stamp]
公社党委意见	
旗委审批意见	
市委落实政策办意见	
备注	

完全丧失劳动能力的"三民"及家属享受定期定量补助审批表

致残人的情况	姓名	黄秀芳	性别	女	年令	80	民族	蒙
	家庭出身	贫农	本人成份	农			政治面貌	党员
	籍贯	[illegible]						
	所在地区和职务	[illegible]						
	因何种冤假错案致残	"挖新内人党"						
致残简况及结论	在"挖新内人党"时，被同志们进行了严刑拷打等十多种刑法，致使此同志完全丧失劳动能力。							
有无政治历史问题及结论	无							

家属简况

姓名	性别	年令	民族	出生年月日	与致残者关系	政治面貌	文化程度	所在地区及职务	补助金	人数
黄海金	男	61	蒙	1918	夫妻		[illegible]			

群众意见	同意享受定期补助金。
大队支部意见	同意（印章）[illegible].10.
公社党委意见	
旗委审批意见	
市委政府意见	
备注	

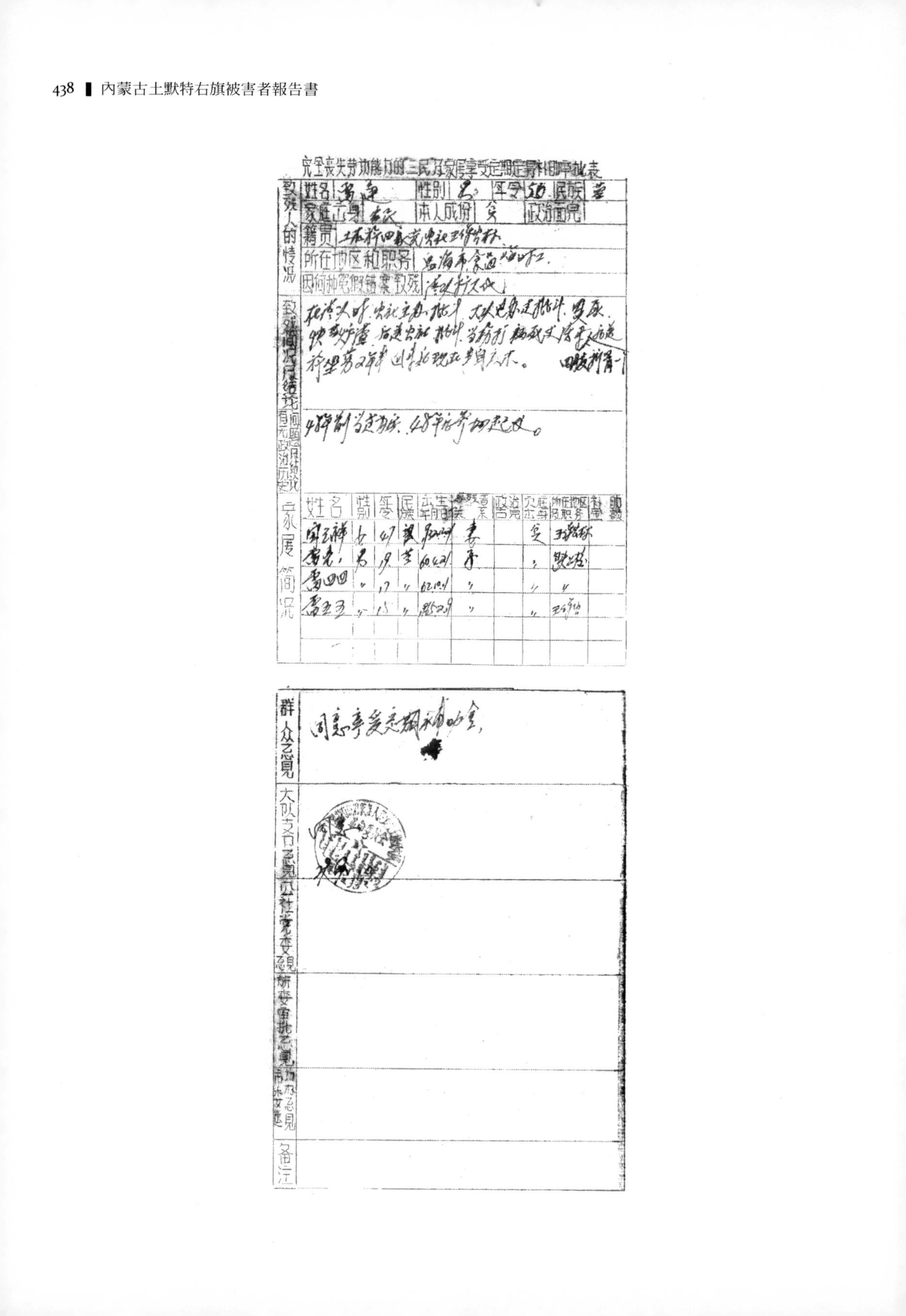

完全丧失劳动能力的三民及家属享受定期定量补助审批表

致残人的情况							
姓名	雷[illegible]	性别	男	年令	50	民族	蒙
家庭出身	[illegible]	本人成份	贫	政治面貌			
籍贯	土默特旗[illegible]公社王保营村						
所在地区和职务	[illegible]						
因何种冤假错案致残	[illegible]						

致残简况及结论：

[illegible]

有无政治历史问题及结论：

[illegible]

家属简况：

姓名	性别	年令	民族	出生年月日	与残者关系	政治面貌	家庭出身	所在地区及职务	补	助数
[illegible]	女	47	汉	[illegible]	妻		贫	[illegible]		
雷[illegible]	男	19	蒙	60.4.21	子		〃	[illegible]		
雷[illegible]	〃	17	〃	62.10.4	〃		〃	〃		
雷[illegible]	〃	15	〃	1965.2.9	〃		〃	[illegible]		

群众意见	同意享受定[illegible]补助金，
大队支部意见	[illegible]
公社党委意见	
旗落实审批意见	
旗落实办公室意见	
备注	

基本丧失劳动能力的三民享受定期定量补助审批表

致残人的情况	姓名	王[illegible]	性别	男	年令	74	民族 汉
	家庭出身		本人成份	贫农	政治面貌	群众	
	籍贯	[illegible]					
	所在地区和职务	小[illegible]大队五队					
	因何种冤错假案致残	被人害					
	致残程度	[illegible]		补助金额			
致残简况经过	[illegible]、患腿疼病。丧失劳动力。						
有无政治历史问题							
群众讨论意见	该社员确实受残，群众同意给予补助。						
大队党支部意见	按次表决，要给予补助。 小[illegible]大队 79.9.11						
公社党委意见							
旗委审批意见							
盟委意见							
备注							

基本丧失劳动能力的社员享受定期定量补助审批表

致残人的情况	姓名	郭富来	性别	男	年令	68	民族	蒙
	家庭出身		本人成份	贫农	政治面貌	群众		
	籍贯	土右旗[illegible]公社[illegible]大队[illegible]小队						
	所在地区和职务	小吕大队五小队社员						
	因何种冤错假案致残	新内人党						
	致残程度	部分残	补助金额					
致残简况经过	在搞新内人党运动中，使受到体罚四次，受逼供刑讯、患肺结核病。丧失劳动力。							
有无政治历史问题								

群众讨论	该社员确受迫害，群众同意补助。
大队党支部意见	情况属实，要给予补助 小吕大队 79.7.11
公社党委意见	
旗委落实政策办意见	
市委落实政策办意见	
备注	

基本丧失劳动能力的三民享受定期定量补助审批表

致残人的情况	姓名	郭凤岐	性别	男	年令	48	民族	蒙	
	家庭出身	贫	本人成份	农民	政治面貌	党员			
	籍贯	土右旗の家营子公社小召大队							
	所在地区和职务	包头市郊区公社．工人．							
	因何种冤错假案致残	新内人党							
	致残程度	部分残	补助金额						
致残简况经过	在挖新内人党运动中，被揪斗四十多天，受捆绑、打等刑法，由此患腰疼病。								
有关政治历史问题	无。								

群众讨论	该同志确因在运动中受残，群众同意给予补助。
大队党支部意见	情况属实．拟给予补助 小召大队 79.9.11
公社党委意见	
旗委审批意见	
市委办公室	
备注	

基本丧失劳动能力的"三民"享受定期定量补助审批表

致残人的情况	姓名	奇建君	性别	男	年令		民族：蒙
	家庭出身	贫农	本人成份	农民	政治面貌	群众	
	籍贯	土右旗[illegible]公社[illegible]大队[illegible]队					
	所在地区和职务	[illegible]公社[illegible]大队社员。					
	因何种冤错假案致残	挖内人党					
	致残程度	部分残	补助金额				
致残简要经过	在挖新内人党运动中被揪斗三十一天，受尽折磨，低头、弯腰，由此患肝脏动脉硬化病。						
有关政治历史问题	无。						

群众讨论	该同志确实受到摧残，群众同意给予补助。
大队党支部意见	情况属实，希给予补助。 小召大队 79.9.11
公社革委会意见	
旗委审批意见	
市委办公室审批	
备注	

基本丧失劳动能力的三民享受定期定量补助审批表

致残人的情况	姓名	彭石龙	性别	男	年令	35	民族　汉
	家庭出身	下中农	本人成份	学生	政治面貌	群众	
	籍贯	土右旗[illegible]小召大队五队人。					
	所在地区和职务	包头市第十中学教师。					
	因何种冤错假案致残	新内人党					
	致残程度	部分致残。	补助金额				
致残简况经过	在挖新内人党运动中，被打伤五十多天，受捆、绑、摔、打等刑法。经医院检查，患动脉曲张、腰肌损伤、关节疼痛。						
有无政治历史问题	无。						
生产队或大队意见	该同志确实是受害致残，符合政策，给予补助。						
	特此呈报，建议给予享受补助。　小召大队 [illegible] 11						
公社或街道意见							
旗县委[illegible]意见							
[illegible]							
备注							

基本丧失劳动能力的"三民"享受定期定量补助审批表

致残人的情况	姓名	黄三三	性别	男	年令	71	民族	蒙
	家庭出身	贫农	本人成份	农民	政治面貌	群众		
	籍贯	土左旗[illegible]小台大队五队						
	所在地区和职务	小台大队五队社员。						
	因何种冤错假案致残	挖内人党						
	致残程度	部分丧失		补助金额				
致残简要经过	在揪挖"内人党"运动中，该同志住学习班三十多天，受逼供。患腰腿疼痛。							
有无政治历史问题	无。							
群众意见	该同志在运动中身体受[illegible]，同意给予补助。							
大队党支部意见	情况属实，同意给予补助。 小台大队党支部 79.3.15							
公社党委意见								
旗委审批意见								
市委审批意见								
备注								

完全丧失劳动能力的"三民"及家属享受定期定量补助审批表

致残人的情况							
姓名	郭乐庚	性别	男	年令	56	民族	蒙
家庭出身	贫	本人成份	农民	政治面貌	群众		
籍贯	土默特右旗[illegible]公社小岱大队						
所在地区和职务	土默特右旗[illegible]公社小岱大队[illegible]。[illegible]						
因何种冤假错案致残	挖内人党						

致残简况与结论：

在挖新内人党运动中，该同志被打[illegible]，[illegible]

[illegible]

[illegible]

[illegible]。全部丧失劳动力。

有无政治历史问题及何结论：

无。

家属简况：

姓名	性别	年令	民族	出生年月日	与致残者关系	政治面貌	家庭出身	所在地区及职务	补助数
[illegible]	女	53	蒙	1927[illegible]	妻	群众	贫	小岱大队	
郭永亮	男	15	〃	1967.3.7	儿	〃	贫	小学	

群众意见	该同志确实是挖残，群众同意给予补助。
大队支部意见	情况属实，请给予补助。 小岱大队 79.9.10
公社党委意见	
旗县审批意见	
市盟核定意见	
备注	

完全丧失劳动能力的"三民"及家属享受定期定量补助审批表

致残人的情况	姓名	韩巴登	性别	男	年令	[illegible]	民族	蒙
	家庭出身	[illegible]	本人成份	[illegible]	政治面貌	群众		
	籍贯	土右旗[illegible]公社小召大队五队。						
	所在地区和职务	土右旗[illegible]公社小召大队五队，务农。						
	因何种冤假错案致残	挖内人党						
致残简况与结论	在挖内人党运动中，该同志被小组施以七十五天受车轮战、毒打等刑法。由此造成左眼失明，腰腿受重残。全部丧失劳动能力。							
有无政治历史问题及结论	无							

家属简况

姓名	性别	年令	民族	出生年月日	与致残者关系	政治面貌	家庭出身	所在地区和职务	劳动力	助款数

群众意见	该同志确实是伤残，能享受补助。
大队支部意见	情况属实，希给予享受补助。 小召大队 79.9.11
公社党委意见	
旗委审批意见	
市劳动局意见	
备注	

基本丧失劳动能力的"三民"享受定期定量补助审批表

致残人的情况	姓名	李二虎生	性别	男	年令	62	民族	蒙
	家庭出身	贫农	本人成份	农民	政治面貌			
	籍贯	四子王旗[illegible]公社[illegible]大队第二[illegible]队						
	所在地区和职务	[illegible]大队第二队						
	因何种冤错假案致残	挖"新内人党"						
	致残程度	重残			补助金额			
致残简况经过	在1968年挖"新内人党"时被原大队[illegible][illegible]体罚[illegible]、[illegible]、[illegible][illegible]、[illegible]，致使[illegible]、心脏病、[illegible][illegible]、[illegible][illegible]、[illegible]，[illegible]未治疗。现基本丧失劳动能力。							
有无政治历史问题	无。							
群众评议意见	上述情况属实，[illegible][illegible][illegible]，基本丧失劳动能力。							
大队党支部意见	[illegible]确[illegible]，[illegible][illegible]。（印）							
公社党委意见								
旗委审批意见								
旗委运动办公室意见								
备注								

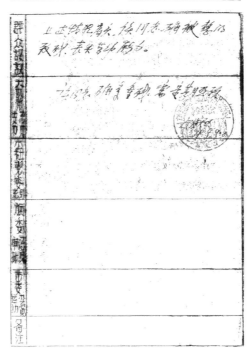

[illegible]表

致残人的情况							
姓名	金占山	性别	男	年龄	40	民族	蒙
家庭出身	贫农	本人成份	农民	政治面貌	党员		
籍贯	土左 四家尧公社						
所在地区和职务	建设大队社员						
因何种问题错案致残	挖新内人党						

致残简况：

在1968年挖新内人党时，被打成新内人党成员，受到捆吊打、脱掉衣服冷冻、上肢捆、带手铐、揪手指等刑法，致使患"胃下垂"、十二指肠溃疡、胆囊炎、左肩膀大骨折、右肋骨折断一根、脑震荡、坐骨神经、关节炎、风湿炎等多种病症。（还有高血压、心脏病、腰疼、肺气肿）。致使身体完全残废。

无政治历史问题

家庭情况：

姓名	性别	年龄	民族	出生年月日	[illegible]	政治面貌	家庭出身	所在地区及职务	社会
刘七花	女	33	蒙	1946	妻子	农民	贫农	本队社员	
金万金	男	15	蒙	1964	大儿	〃	〃	上学	
金玉兰	女	12	〃	1967	大女	〃	〃	〃	
金玫兰	女	8	〃	1971	二女	〃	〃		
金良兰	女	6	〃	1973	三女	〃	〃		

群众意见：

该同志确因挖新内人党致残，患有多种疾病，但治疗药费无钱，丧失劳动能力，确实完全残废。

大队党支部意见：

该同志情况属实 [illegible]

建设大队 1979.9.12

~~[illegible]~~三民[illegible]冤假错案受害者定期定量补助审批表

致残人的情况	姓名	黄[illegible]	性别	男	年令	51	民族	苗
	家庭出身	中农	本人成份	农民	政治面貌			
	籍贯	[illegible]大队第二队						
	所在地区和职务	[illegible]二队 社员						
	因何种冤假错案致残	错打成内人党						
致残简况与结论	1968年冬季错打成内人党。[illegible]							
有无历史问题及结论	无							

家属简况

姓名	性别	年令	民族	出生年月日	与残者关系	政治面貌	家庭出身	所在地区及职务	补助金额
黄[illegible]	男	51	苗	[illegible]	[illegible]	〃	中	〃二队社员	
黄[illegible]	〃	14	〃	[illegible]	长子	〃	〃	〃	
黄[illegible]	〃	11	〃	[illegible]	次子	〃	〃	〃	
黄[illegible]	女	9	〃	[illegible]	长女	〃	〃	〃	

群众意见	[illegible]
大队党支部意见	[illegible] [illegible] 9.9.10
公社党委意见	
旗县委审批意见	
市委意见	
备注	

基本丧失劳动能力的三民享受定期定务補助审批表

致残人的情况	姓名	黄能块	性别	男	年令	82	民族	蒙
	家庭出身	贫	本人成份	农	政治面貌	群众		
	籍贯	内蒙、包头市土右旗[illegible]公社[illegible]大队						
	所在地区和职务	土右旗[illegible]公社[illegible]大队第五队贫农						
	因何种冤错假案致残	因大挖新内人党致残						
	致残程度	因征后腰痛	補助金額					
致残简况经过	在挖新内人党"开始在会批斗有七十度底腰の了小時后又上板凳站了一了小時完了。在前几天把我叫大队[illegible]队小队劳动，有一天冷一队[illegible]有几了小時后自己[illegible]过后，[illegible]身不能动弹了，又兩人拿大[illegible]送回家里。从挖内人党开始叫来大队家内在30天后又送到凉房家在28天后才回去家里，以病下，用去卫生院兩[illegible]看病只花状8—90元。现有病的話[illegible]了。							
有无政治历史问题	无							

群众評議	该同志、根据本人简况程内致残经过。确認二等致残。
大队党支部意見	情况属实，同意群众意見。
公社党委意見	
旗委审批意見	
市委落办意見	
备注	

基本丧失劳动能力的三民享受定期定量补助审批表

致残人的情况	姓名	奇民山	性别	男	年令	41	民族	蒙
	家庭出身	牧民	本人成份	[illegible]	政治面貌			
	籍贯	内蒙古[illegible]旗[illegible]大队						
	所在地区和职务	[illegible]旗[illegible]公社[illegible]大队 务农						
	因何种冤错假案致残	因挖"新内人党"时致残。						
	致残程度	[illegible]	补助金额					
致残简况经过	[illegible]、时间四小时左右，[illegible]二十多天。[illegible]二十多天[illegible]、[illegible]等各种[illegible]。在此当中我被关在大队。家中[illegible]。当时大队[illegible]医院治疗。治疗后当时病未除根，现在腰痛还未除根，经常发作。							
有无政治历史问题	无一切政治问题一直务农。							
群众讨论	该同志，根据本人当时挖内致残经过，评级二等残。							
大队党支部意见	情况属实，同意群众意见。 大队[illegible]							
公社革委会意见								
旗革委会审批意见								
市革委政治部意见								
备注								

基本丧失劳动能力的"三民"享受定期定量补助审批表

致残人的情况	姓名	黄三旦	性别	男	年令	51	民族	蒙
	家庭出身	牧民	本人成份	贫农	政治面貌			
	籍贯	内蒙包头市土右旗[illegible]公社[illegible]大队[illegible]村人						
	所在地区和职务	土右旗[illegible]公社[illegible]大队[illegible]小队 务农						
	因何种冤错假案致残	内人党 新内人党 致残						
	致残程度	丧失劳动能力 [illegible]	补助金额					
致残简要经过	在挖"新内人党"三天三夜不让睡觉，绳吊一次时间三至四小时左右，放回后给挂牌子[illegible]等各种刑法。在隔离批斗一次，站凳子，时间半天，在专制劳动改造一个多月，给生产队挖检井六个。以上劳动改造时上级已经下令停止，大队还是强制劳动。到后大队管制一百多天（坐牢七十天）。							
有无政治历史问题	无政治问题，从小是牧民出身。							
群众讨论	该同志根据本人情况栏内致残经过，确够壹等残。							
大队党支部意见	情况属实 同意群众意见 大队 [印章]							
公社党委意见								
旗委审批意见								
市委审批意见								
备注	致残的证明材料和当时医院的证明都全部交给落实政策办公室。一切都[illegible]。							

基本丧失劳动能力的三民享受定期定量补助审批表

致残人的情况	姓名	[illegible]	性别	男	年令	45	民族	蒙
	家庭出身	贫农	本人成份	农民	政治面貌	群众		
	籍贯	[illegible]						
	所在地区和职务	[illegible]社员						
	因何种冤错假案致残	挖新内人党						
	致残程度	肩膀[illegible]			补助金额			
致残简况经过	[illegible]							
有无政治历史问题	无							
群众讨论	该同志是挖别人，说成是挖他自己，后受捆、吊等刑(?)							
大队党支部意见	情况属实 [illegible]							
公社落实政策办公室意见								
旗委审批意见								
市委落实政策办公室意见								
备注								

基本丧失劳动能力的"三民"享受定期定量补助审批表

致残人的情况	姓名	安三	性别	男	年令	69	民族	蒙
	家庭出身	中	本人成份	农民	政治面貌	群众		
	籍贯	土右旗						
	所在地区和职务	四家尧公社司拉大队[illegible]						
	因何种冤错假案致残	清队、新内人党。						
	致残程度	全残	补助金额					
致残简况经过	一、清队时多次批斗和冷冻，深度害腰。 2. 挖新内人党时捆冻过和火炉上烤，深度害腰。							
有关政策落实问题	无							

群众讨论	[illegible]清队、挖新内人党时刑法多种致残丧失劳动力已久，应给予生活补助费。 79.9.9日。
大队党支部意见	以上情况属实，同意给[illegible]补助费。
公社党委意见	
旗委审批意见	
市委区办意见	
备注	

基本丧失劳动能力的三民享受定期定量补助审批表

致残人的情况	姓名	[illegible]	性别	男	年令	40	民族	蒙
	家庭出身	中农	本人成份	学生	政治面貌	—		
	籍贯	土右旗将军尧公社						
	所在地区和职务	萨一中						
	因何种冤错假案致残	挖"新内人党"[illegible]						
	致残程度	有神经失常表现	补助金额					
致残简况经过	清队时因说了错话，被打成现行反革命，遣送回家参加劳动。 在挖"新内人党"中挨打、带手铐、熬眼、[illegible]、神经受到折磨。							
有无政治历史问题	无							
群众讨论	致残简况属实、致残程度无证明 要经旗医院证明							
大队党支部意见	同意群众意见 79.9.11							
公社党委意见								
旗委落实政策办公室意见								
市委落实政策办公室意见								
备注								

"三民"遗属享受定期定量补助审批表

致死人的情况							
姓名	黄六十八	性别	男	年令	55	民族	蒙
家庭出身	贫农	本人成份	农民	政治面貌	群众		
籍贯	土右旗党三尧公社保旦兑大队						
所在地区和职务							
因何种冤错假案致死	"挖新内人党"致死						

致死经过及遗属情况：1968年挖新内人党时致死，造成遗属生活困难。

有无历史问题及结论：无

遗属简况

姓名	性别	年令	民族	出生年月日	与死者关系	政治面貌	家庭出身	本人成分	所在地区及职务	补助金额
黄毛毛	女	60	蒙	1919	妻子	群众	贫农	农民	[illegible]	
小计										

群众评议	同意该同志享受遗属定期定量补助。 1979.9.10.
大队意见	同意群众评议
公社党委意见	
旗委审批意见	
市落办意见	
备注	原系保旦兑大队，现已迁居我大队居住

基本丧失劳动能力的三民享受定期定量补助审批表

致残人的情况	姓名	伏汝海	性别	男	年令	60	民族	蒙	
	家庭出身	中农	本人成份	农民	政治面貌	群众			
	籍贯	土右旗[illegible]公社[illegible]大队[illegible]村							
	所在地区和职务	本地务农							
	因何种原因致残	1968年"清队"致残							
	致残程度	重残	补助金额						

致残简况经过	1968年"清队"时致残，经公社卫生院诊断主要有胸部震荡，右腿经常疼，致使该人基本丧失劳动能力。
有无政治历史问题	无
群众讨议	同意该同志享受定期定量补助。 1979.9.10.
大队党支部意见	同意群众讨议 （印章：[illegible]革命委员会 1979.9.10）
公社党委意见	
旗委审批意见	
市委审批意见	
备注	

完全丧失劳动能力的"三属"及家属享受定期定量补助审批表

致残人的情况							
姓名	郝卜孟	性别	男	年令	56	民族	蒙
家庭出身	贫农	本人成份	农民	政治面貌	群众		
籍贯	土右旗[illegible]公社[illegible]大队[illegible]村						
所在地区和职务	本地务农						
因何种冤假错案致残	挖"新内人党"致残						

致残简况及结论

1968年挖"新内人党"时致残，造成右侧胸部及腰部终痛10年，[illegible]全身[illegible]，右侧第11肋部压痛明显，第10—11胸椎部压痛及叩击痛明显。致使本人完全丧失劳动能力。

有无政治历史问题及结论

无

家属简况

姓名	性别	年令	民族	出生年月日	与残者关系	政治面貌	家庭出身	所在地区及职务	补助金	职数
郝白白	女	25	蒙	1954	儿媳	群众	贫农	务农		
郝素梅	女	6	〃	1973	孙女	〃	〃	×		
郝23梅	女	4	〃	1975	〃	〃	〃	×		
郝君瑞	男	1	〃	1979	〃	〃	〃	×		

群众意见	同意该同志享受定期定量补助 1979.9.10.
大队支部意见	同意群众评议 （印：[illegible]革命委员会）
公社党委意见	
旗县委审批意见	
市委意见	
备注	[illegible]

完全丧失劳动能力的"三民"家属享受定期定量补助审批表

致残人的情况							
姓名	黄[illegible]	性别	男	年令	50	民族	蒙
家庭出身	贫农	本人成份	农民	政治面貌	群众		
籍贯	[illegible]						
所在地区和职务	本地务农						
因何种冤假错案致残	挖新内人党致残						

致残简况及结论：

1968年挖新内人党时致残，造成本人：
① 十二指肠、胃溃疡。
② 腰椎压缩性骨折及椎[illegible]侧崩裂。
③ 肺结核、
④ [illegible]、造成完全丧失劳动能力。

有无政治历史问题及结论：

无

家属简况：

姓名	性别	年令	民族	出生年月日	与残者关系	政治面目	文化程度	所在地区及职务	补助数
[illegible]	女	49	蒙	1930	妻子	群众	文盲	务农	
黄[illegible]	〃	16	〃	1963	子女	〃	〃	上学	
黄[illegible]	男	21	〃	1958	〃	团员	〃	士兵	

群众意见	同意按同志享受定期定量补助。 1979.9.10
大队支部意见	同意群众评议 （印章）1979.[illegible]
公社党委意见	
旗委审批意见	
市落实办意见	
备注	呼市[illegible]253[illegible]文件

完全丧失劳动能力的"三民"历家属享受定期定量补助审批表

致残人的情况	姓名	[redacted]栓礼	性别	男	年令 54	民族	蒙
	家庭出身	贫农	本人成份	农民		政治面貌	群众
	籍贯	土右旗					
	所在地区和职务	沙图沟公社召湾大队第一生产队					
	因何种冤假错案致残	挖新内人党					
致残简况	68年挖新内人党中，被打成新内人党成员，逼迫他供认内人党，本人拒绝承认，这样对其进行严刑拷打，使其身体受到严重摧残。						
有无政治历史问题	无政治历史问题。						

姓名	性别	年龄	民族	出生年月日	与致残者关系	政治面貌	文化程度	所在地区及职务	补助金额
牛永鑫	男	14	蒙	66.12.3	父子	群众	贫农	土右大营念书	300元
牛□女	女	9	〃	71.4.28	〃	〃	〃	土右大营念书	

群众意见	一致认为完全丧失劳动力，应享受定期补助。
大队支部意见	同意。
公社党委意见	
旗委审批意见	
市委办理意见	
备注	

基本丧失劳动能力的牧民享受定期定量补助审批表

致残人的情况	姓名	白二毛仁.	性别	男.	年令	63	民族	蒙.
	家庭出身	贫牧	本人成份	牧民	政治面貌	群众		
	籍贯	土右旗沟门公社新建大队五队.						
	所在地区和职务	土右旗沟门公社新建大队五队社员						
	因何种冤错假案致残	因挖"新内人党"致残						
	致残程度	肺病	补助金额					
致残简况经过	在一九六八年挖"新内人党"中，原大队一些人对白二毛仁同志采取上手铐、捆绑、冷冻、梁上吊等手段，进行了严重的迫害，使他得了严重的肺病，致使基本不能参加劳动。							
有无政治、生活问题								
群众评议	病情确实，基本不能参加劳动 78.9.9.							
大队党支部意见	情况属实，基本丧失劳动能力. 新建大队 78.9.9							
公社党委意见								
旗委审批意见								
市委意见								
备注								

基本丧失劳动能力的"三民"享受定期定量补助审批表

致残人的情况	姓名	白二邦都	性别	男	年令	66.	民族 蒙
	家庭出身	贫牧	本人成份	牧民	政治面貌	群众	
	籍贯	土右旗西老藏公社新建大队五队					
	所在地区和职务	土右旗西老藏公社新建五队牛倌					
	因何种冤错假案致残	因挖"新内人党"致残					
	致残程度	严重瘫痪，身体麻木	补助金额				
致残简况经过	在一九六八年挖"新内人党"中，原大队以张永胜为首，对白二邦都同志进行毒打摧残，并进行了关押。由于白二邦都同志受到这种摧残，使他病情加剧，得了严重的瘫痪，神经麻木，致今不能参加劳动。						
有无政治历史问题							
群众讨论	病情确实，基本不能参加劳动。 79.9.9.						
大队党支部意见	情况属实，该同志基本丧失劳动能力。 新建大队 79.9.9						
公社党委意见							
旗委审批意见							
市委运动办公室意见							
备注							

"三民"遗属享受定期定量补助审批表

致死人的情况	姓名	金大中五	性别	男	年令		民族	蒙
	家庭出身	贫农	本人成份	贫农	政治面貌	群众		
	籍贯	[illegible]						
	所在地区和职务							
	因何种冤错假案致死	挖新内人党中						
致死简况的说								
有关问题的说明								

遗属简况

姓名	性别	年令	民族	出生年月日	与死者关系	政治面貌	家庭出身	本人成分	所在地区职务	补助金额
										200.–
小计										

群众评议	
大队党支部意见	
公社党委意见	
旗县审批意见	
市府意见	
备注	

88.中共四家堯公社委員會關於嚴重違法亂紀，民憤極大的刑事犯罪分子，打人兇手的處理意見，王文英，張開元；關於嚴重違法亂紀，民憤極大的刑事犯罪分子打人兇手藺芝美的罪記材料（1979）

中共四家堯公社委員會關於嚴重違法亂紀，民憤極大的刑事犯罪分子，打人兇手王文英的處理意見

中共四家垄公社委员会

关于严重违法乱纪、民愤极大的刑

事犯罪分子、打人凶手王文英的处理意见：

严重违法乱纪、民愤极大的刑事犯罪分子、打人凶手王文英，~~[illegible]~~无视党纪国法，目无党纪，前后几年，在贯彻[illegible]特别是在整风整社内人员中，~~[illegible]~~采用多种多样的法西斯式的刑讯逼供手段，残酷地打击迫害革命群众。王文英亲自动手毒打群众十人，严重致残致伤5人，其问题性质严重，构成犯罪。

因此，经公社党委常委会议研究，决定将王文英（开除党籍）立即逮捕法办。

装 订 线

第 页

存

張明陽 男 32岁 家 成份：原任四家堯公社西老藏大队革委会付主任。現在[illegible]工作

張犯在68年挖新内人党中，担任西老藏大队革委会付主任，是挖肃[illegible]。張犯[illegible]，主动[illegible]审讯室中，采用各种法西斯式的刑讯逼供手段，对[illegible]。残害[illegible]共挖新内人党员20人，其中[illegible]，[illegible]致残[illegible]人。致伤人。

中共四家堯公社關於對嚴重違法亂紀，民憤極大的刑事犯罪分子，打人兇手張開元的處理意見

中共四家尧公社党委会：

关于对严重违法乱纪、民愤极大的刑事

犯罪分子、打人凶手张开元的处理意见：

张开元，乳名张二毛开，男，28周岁，家庭成份中农，现在锡盟、锡林浩特市做临工。

严重违法乱纪、民愤极大的刑事犯罪分子、打人凶手张开元，在六八年挖新内人党运动中，无视党纪国法，手段[illegible]，采用各种各样的法西斯式的刑讯逼供手段，[illegible]摧残迫害革命的群众。尤其残忍的是，张犯将一位妇女[illegible]衣服进行毒打后，又用一根绳子从阴部[illegible]（谓之拉锯），当即将阴部拉[illegible]，阴道大出血，[illegible]

遭被严重致残。[illegible]

關於嚴重違法亂紀，民憤極大的刑事犯罪分子打人兇手藺芝美的罪記材料

关于严重违法乱纪、民愤极大的刑事犯罪
分子——蔺芝美的罪行材料

蔺芝美，男，45岁，汉族，小业主出身，原任四家尧公社卫生院院长，四清运动后期被罢免院长职务，现在乌海市新区公社卫生院工作。

蔺芝美一贯犯有严重错误，贪污盗窃、投机倒把、乱搞两性关系，流氓成性，屡教不改。该病作风严重不纯，群众影响极坏。四清运动后期被罢免职务。但蔺不接受批评意见，文化革命中投到是在挖肃运动和挖新内人党中，抢山头，投靠大投帮派体系，伺机报复。同时，蔺无视党纪国法，主观臆断，滥用私刑，采用法西斯手段，严刑逼打，残酷地迫害打击诬为革命的同志，以达到他的罪恶目的。蔺犯争的极其恶劣，性质十分严重，罪恶多端，犯下不可饶恕的罪行。现列举于下：

一、四清运动中查证的罪行：

1. 蔺犯贪污盗窃、投机倒把，非法所得共计1548元。

2. 蔺犯品质与道德败坏，借职务之便，[illegible]之实，乱搞两性关系，屡教不改，犯下[illegible]。

3. 该病作风严重不纯，工作中有四害四不[illegible]。其是、

顺风去，逆风不去；吃好的去，不吃好的不去；干净家去，不干净家不去；有好闺女媳妇家去，没有好闺女或媳妇家不去。因此，人民群众就医请也请不到，多次造成医疗事故，群众影响极坏！极坏！！民愤极大！！

二、在挖新内人党运动中的罪行：

1. 蔚纪不接受批评意见，公报私仇。在一九六八年挖新内人党运动中，对曾揭发批评他的卫生院医生梁勇同志怀恨在心，在挖新内人党中下毒手。梁勇同志被打成新内人党过程中，蔚某某亲自审讯，动手殴打，煽动打手。一个说"梁勇不老实认罪"，梁勇被10多种刑法折磨后，在一天晚上审讯中，蔚某某亲自动手从前面部殴打，抓住把梁勇的脖子揪住，把头按在烧的通红的火炉中，火进引火烧着两次，最后才将他拉出去，昏迷不醒。梁勇同志经过抢救，虽然从死亡线上被抢救过来，但终身残废。现在经常受着脑震荡后遗症、肋骨骨折、腰椎严重损伤、外伤性结肠炎（大便出血）等多种疾病的折磨。其父母因其儿子被殴致残废，有理无处申诉，郁而成疾，先后因惊吓、倒地（因脑溢血）久治不愈而死亡。其妻都因此而终身残疾。一家四口人死亡二人，残一人。

半残一人。

2、一九六八年挖新内人党中，〇家营子村革命干部李润月同志，曾因揭发批评过蒋把的罪行，也遭残酷迫害。蒋把亲自审讯并亲自动手给李润月带上背铐、反铐，还让人家在膝腿下加砖头8块。致使李润月同志终身残废。

3、一九六八年挖新内人党中，蒋把把府兴营一位老人杨如明（当年57岁）定为打成内人党骨干，在68年11月15日一天，蒋把连续上刑十种，如老虎凳、大背铐、灌辣椒水、脚尖、背上背大炭约140斤、带背铐加翻、膝腿上吊秤锤（约30斤重）、冷冻、五花大绑、随后，致使杨如明终身残废而又精神失常，已成了痴呆子。

4、一九六八年挖新内人党中，蒋把亲自审讯并亲自动手殴打五家营大队贫农社员李二和，连续殴打致使昏迷，亲自给带上背手铐加翻一翻，当即把李二和的右手肘关节和腕关节拧断。李痛苦难忍，再三哀求，蒋把明知拧断不管，继续进行审讯殴打。李二和的右手肘关节和腕关节至今仍残废，丧失劳力。

89.土默特右旗公安局關於對伏海海的平反結論（1979.03.25）

土默特右旗公安局

关于对伏海海的平反结论

伏海海，男，蒙族，58岁，中农成份，土右旗四家尧公社城墙壕大队人。

一九六八年九月伏海海因反革命言论罪被拘留。现经我局多方查证落实，所谓反革命言论是无中生有，栽赃陷害，此案纯属假案。特予以彻底平反，政治上恢复名誉。

一九七九年三月廿五日

90.四家堯公社黨委關於對陳迷鎖同志的從寬處理決定（1979.03.27）

四家尧公社党委

关于对陈迷锁同志的从宽处理决定

陈迷锁，男，汉族，现年四十岁，家庭成份中农，政治面貌共产党员，现任苏龙店大队党支部书记。

在一九六八年清队和挖新内人党中，由于林彪、"四人帮"极左路线的干扰破坏，在原公社主要负责人何多才的指使下，陈迷锁同志积极参与运动，并被重用，当上公社"群专"负责人，伙同何多才等，搞帮派性，违法乱纪，不按党的政策办事，私设公堂和牢房，私制刑具，任意抓人捕人，大搞逼供信，以捕风捉影、小题大作、无限上纲为手段，罗织种种罪名，打击异己，陷害无辜。自己动手捆绑吊打了不少人，造成严重的后果。

陈迷锁同志身为共产党员，在运动中违法乱纪，大搞刑讯逼供，犯了严重错误。但是，陈的行动当

第 1 页

时是受人支使，跟着别人干的，属于被人利用。在落实政策以来，能认识自己的错误，有改正的决心，能积极揭发别人的问题，老实承认自己的错误，主动向受害者赔礼道歉，虚心诚恳，愿意改正错误，取得了受害者的谅解。再加陈迷锁同志出身好，任大队干部多年，一直工作表现不错。

根据党的政策，经过受害者代表讨论，党委三月二十七日常委会研究决定，对陈迷锁同志给予宽大处理，免予党内外一切处分。

第 页

中共四家尧公社委员会

关于对陈述贞同志的从宽处理的决定

陈述贞、男、汉族、现年四十岁、家庭成份中农、政治面貌共產党员，现任庆丰店大队党支部书记。

在一九六八年清队和挖新内人党中，由于林彪"四人帮"极左路线的干扰破坏，在原公社主要负责人白尚才的指使下，陈述贞同志[illegible]积极参与运动，并被委用，当上公社"群专"负责人；伙同白尚才等推动派性，违法乱纪，不按党的政策办事，私设公堂和牢房，私制刑具，任意抓人捕人，大搞逼供信。以捕风捉影，小题大作，无限上纲等手段，罗织种种罪名，打击异己，陷害无辜。自己动手捆绑吊打了不少人，造成严重的后果。

陈述贞同志身为共產党员，在运动中违法乱纪，大搞刑讯逼供，犯了严重错误。但是，陈的行动当时是受人支使，跟着别人干的，属于被人利用。在落实政策以来，能认识自己的错误，有改正的决心，能积极检举揭发别人的问题，老实承认自己的错误，主动向受害者赔礼道歉；态度诚恳，坚决改正错误，取得了受害者的谅解。再加陈述贞同志出身好，任大队干部多年，一贯工作表现不错。

根据党的政策，经过受害者代表讨论，党委三月二十七日常委会议研究决定：对陈述贞同志给予宽大处理，免于党内外一切处分。

一九七九年三月二十七日

91.四家堯公社黨委邀請信（1979.03.28）

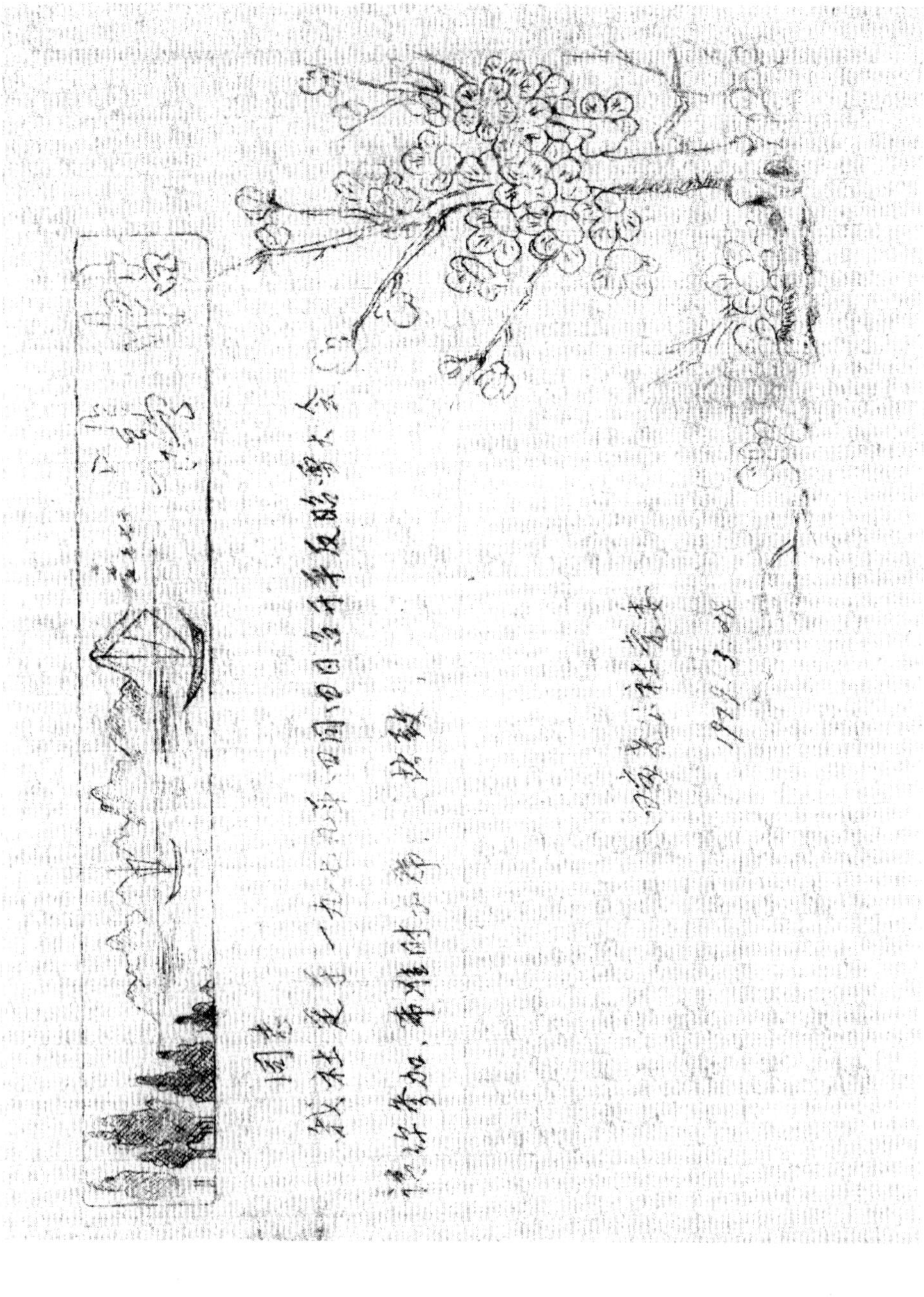

同志

我社定于一九七九年四月四日召开平反昭雪大会

请你参加，希准时出席。

此致

四家尧公社党委

1979.3.28

92.本社受害代表花名（1979.04.04）

本社受害代表花名 79.4.4号

单位	姓名	摘帽时间	单位	姓名	摘帽时间
城镇建筑	伏海海	79.4.4	电影队	赵[illegible]	79.4.4
[illegible]艺	屈二巴	79.4.4	卫生院	莫荣	79.4.4
五保公	余正山	4.5		梁展龙	79.4.4
运输	余三巴	4.6	信用社	张老命	79.4.4
新[illegible]	向二毛[illegible]	79.4.4	公社	伏政超	〃
木[illegible]	秋巴邓	79.4.4		杨秀玲	〃
	郝永兴	〃		刘子华	〃
腊卜	老长命	79.4.4	[illegible]校	七钟[illegible]	79.4.5
五金艺	牛戈[illegible]	〃	机械厂	岳艺	79.4.4
	郝有恒		学区	黄荣德	79.4.4
竹器艺	二妹香	79.4.4	腊卜大队	郝七昌	79.4.4
	詹荷[illegible]	79.4.4	一队	张中平	〃 6
老缝艺	黄坤邓	79.4.4			
五金艺	刘崇后	79.4.4			
	何荣贵	79.4.4			
[illegible]	杨金[illegible]	79.4.6			
秋二艺	秋大平	79.4.4			
	三八[illegible]	79.4.4			

姓名	服务项目	姓名	服务项目
胡有	工作人员	王飞介	工作人员
袁采林	〃	王玲女	〃
王三女	〃		
郝永功	〃		
黄志光	〃		
王文	〃		
成光	〃		
吕文	〃		
侯志盛	〃		
王荣	〃		
仁有	〃		
袁飞	〃		
张桂庭	〃		
田有成	〃		
吕计锋	〃		

大会工作人员安排名例

姓名	服务项目	姓名	服务项目	
伏钱超	领导小组	孙金平	总务组	
杨秀珍	〃	赵光	〃	
王凤山	〃	石存计	〃	
刘家华	〃	王超	〃	
杨素才	〃 5	石世鹰	〃	
王凤山	会务组	孙英	〃	
蔡明德	〃	刘仕	〃	
沈明耀	〃	任殿文	〃	
金绍武	〃	刘忠行	〃	
黄学	〃	梁广发	〃 12	
乔海龙	〃 6			
王贵元	保卫组			
张付海	〃		民兵担任不在内，计14人	
刘双喜	〃			
张春荣	〃 4	大会医务工作人员另计		
~~总务组~~				
	总务组			
杨素才	〃			
蔡志金	〃			
孙平	〃			

93.四家堯公社黨委關於為在「清理階級隊伍」和「挖新內人黨」中受害的伏俊耀、楊秀珍、劉子華、董志遠、刑三昌等同志徹底平反的決定（1979.04.04）

以華主席為首的黨中央，在深入揭批林彪「四人幫」的鬥爭中，發佈了「四・二〇」批示。黨中央的這一批示，為內蒙挖「新內人黨」這一大冤案、大假案、大錯案徹底平了反，內蒙黨委又為「烏蘭夫叛國集團」和「二月逆流」等冤錯假案平了反，砸碎了套在內蒙各族人民身上的精神枷鎖。多年的深冤得以昭雪。內蒙各族幹部和群眾為之歡欣鼓午。我們公社遵照上級精神，為解決挖「新內人黨」和「清隊」中的冤錯假案做了大量工作，不少遺留問題得到妥善解決。廣大受害者心情舒暢，穩定了局勢，促進了安定團結。

在林彪「四人幫」極左路線的干擾破壞下，我社員主要負責人白高才，在一九六八年「清隊」和挖「新內人黨」中，違法亂紀，製造了許多冤、假、錯案，不少人挨整受害。白高才等目無黨紀國法，胡作非為，私設公堂，私開牢房，私製刑具，任意抓人關人；隨便抄家沒收財物。多次召開大型點鬼會，批鬥人員近百名。動用各種刑罰，雇傭打手，大搞刑訊逼供。拉幫結派，結派營私，採用無中生有，捕風捉影，小題大作，無限上綱等手段，顛倒敵我，混淆兩類不同性質的矛盾，羅織各種罪名，打擊異己，陷害無辜。致使廣大幹部和群眾殘遭迫害，蒙受不白之冤。將七百五十六名幹部和社員打成「新內人黨」及其變種組織的成員。「清理階級隊伍」中有一百二十九人挨整受害，共致死三十二人，致傷致殘一百七十多人。在經濟上造成重大損失。受害者埋葬、看病、上訪花款和因抄家共計損失財物折損共11萬元，集體為受害者看病、生活補助付出現款2.82萬元，國家撥款4.23萬元。這完全是白高才等人違法亂紀大搞刑訊逼供造成的罪惡後果。

在挖「新內人黨」和「清隊」中，不僅使全社不少同志蒙受不白之冤，身心受到摧殘，親屬受到株連，不少人含冤而死；而且嚴重地踐踏了黨的民族政策和幹部政策，破壞了民族的團結，群眾的團結和幹部的團結，使我社革命和生產受到嚴重損失，造成了嚴重惡果。

黨委認為，我社蒙族幹部伏俊耀，楊秀珍和其它廣大幹部及蒙漢各族群眾被打成「新內人黨成員」。公社幹部劉子華、原學區主任董志遠和一些其他同志，在「清隊」中挨整受害，均係冤、假、錯案。

為了更好地落實黨的政策，促進安定團結，調動一切積極因素，迅速轉移工作重點，一切冤、假、錯案，均應予徹底平反。為此黨委決定：

（一）徹底推倒強加於伏俊耀同志的「民族分裂主義分子」、「新內人黨骨幹分子」和「黑幫黑線人物」等誣陷不實之詞。伏俊耀同志被關押17個月之久，批判遊鬥上百次，強制勞動幾個月，蒙受捆綁吊打等各種刑罰，致使伏俊耀同志終身殘廢，純屬無辜受害。徹底推倒強加於楊秀珍同志的「民族分裂主義分子」「新內人黨骨幹分子」和「漏劃地主」等誣陷不實之詞。楊秀珍同志被關押一年多，批鬥改十次，強制勞動幾個月，純屬無辜受害。為伏俊耀、楊秀珍同志徹底平反，恢復名譽。

（二）為無辜被打成「新內人黨骨幹分子」的原公社幹部趙維勤、李潤月、張三後、趙忠，原衛生院大夫梁勇、梁殿龍，小召子大隊社員韓巴登，慶龍店大隊社員楊子明等同志和無辜打成「新內人黨成員」的全社教師、學生、職工各大隊幹部、群眾等等241人徹底平反，恢復名譽。

（三）對在此期間被打成反動組織的「121戰鬥隊」「四革農總」和學生的所謂「地下黑司令部」，予以徹底平反。為因此受害的五百二十二名同志徹底平反，恢復名譽。

（四）徹底推倒強加於劉子華同志的「國民黨員」的誣陷不實之詞。徹底推倒強加於董志遠同志的「歷史反革命」「走資派」等誣陷不實之詞。為劉子華，董志遠同志徹底平反，恢復名譽。

（五）對於強加了學區教師龔傑和衛生院大夫屈廣飛等同志的「地主復仇分子」的罪名，對強加於衛生院大夫龔榮同志的「地主復仇分子」和「三青團員」等罪名，應徹底推倒，予以平反，恢復名譽。

（六）對於因新劃成分，被定為「地主」並進行關押，批鬥的臘卜大隊社員安三，何四營大隊社員趙六海和因出身富農給群眾看過病而定為「黑醫」批鬥的王西堯大隊社員韓全仁，及因上劃成分而受關押的公社幹部董志會同志，均予以徹底平反，恢復名譽。

（七）對因為小偷小摸而批鬥的建設大隊社員李俊如，因打成「壞分子」而批鬥捆打的城牆壕大隊社員代增平同志，予以平反。

（八）對於因打成「現行反革命」而受到刑事拘留八個多月，並多次批鬥捆打的城牆壕大隊社員伏海海同志，徹底平反，恢復名譽。

（九）對於因一般歷史問題和其它一般問題而受到大隊關押和批鬥的同志一律給予平凡，恢復名譽。

（十）對於被打成「新內人黨分子」「歷史反革命」「現行反革命」「漏劃地主、富農」「國民黨員」等同志而受珠連的家屬和親友，予以徹底平反，恢復名譽。推倒強加於他們的一切誣陷不實之詞。

（十一）臘卜大隊社員邢三昌，在1968年，以攻擊無產階級司令部和社會主義制度為理由定罪，判刑十年。現已查明，邢三昌曾在群眾中間閒談時說過錯話，但構不成犯罪，應予以徹底平反，恢復名譽。

（十二）要認真清理和銷毀上述給予平反的同志挨整時所整理的黑材料，對已塞進個人檔案或仍保存的黑材料，公社、大隊要負責清理，當眾銷毀。已上報和外轉的黑材料，由公社黨委發函，通知對方單位清理銷毀。

（十三）因挨整受害曾被抄家抄去的財產，因關押受的各種損失和強制勞動的義務工，能退的要退給，能補的要補上；不能退給和補上的損失要落實上報。

（十四）通過平反，解決遺留問題。全社各族幹部和社員群眾，要顧大局，向前看，增強團結，鼓起更大的革命幹勁，把工作的著重點迅速轉移到生產建設上來，為實現四個現代化，為把我國建成社會主義強國貢獻力量。

一九七九年四月四日

94.四家堯公社受害代表劉子華的發言（1979.04.04）

受害的同志们：全社各族贫下中农、干部社员同志们：

我能有机会参加今天公社党委主持召开的平反昭雪大会，心情感到非常的激动。

十一年前，我社各族人民和革命干部，在清队"和挖"新内人党"中，许多同志被无辜迫害、打击、诬陷、蒙受不白之冤。今天彻底平反了。因而我再也压抑不住激动的心情，想讲几句话。

首先，我向在清队和挖"新内人党"中无辜致伤、致残的同志们亲切的问候；向无辜被整、直接或间接含冤死去的同志，表示了深切地怀念；向死者的家属表示亲切地慰问。

同志们：我社在一九六八年清队和挖"新内人党"中以白文财为首的原公社领导，无视党纪国法，严重违法乱计，大搞资产阶级拉帮结派活动，私设公堂、私制刑具、私制拘留证和搜查证，私设牢房，使用打手、非法的进行打、砸、抢、抄、抓，采用各种法西斯式的刑讯逼供手段，制造白色恐怖，对革命干部和革命群众实行法西斯专政。

严重违法乱计、民愤极大的刑事犯罪分子白文财自封为所谓的革命派，以他为核心，拥我为友，仅我为敌。把一大批持不同意见的革命干部和革命群众，借清队和挖"新内人党"之机，帽子满天飞、棍子遍地打，强加于各种莫须有的罪名，进行残酷地打击、迫害、诬陷。有的给戴上好几顶帽子；有的被批斗、游斗上百次；有的被非法拘留关押；有的被强制监督劳动、扣发工资；有的被送进监狱判刑；有的被毒打致残致伤，丧失劳动；有的含冤死去。我们的家属也受到株连，造成精神失常、惊吓成疾、久治无效死亡；我们的子女又无条件参军、招工、升学。一些亲属朋友也遭受迫害。

在清队中，故意混淆两类不同性质的矛盾，小题大作，无限上纲，把一些小脚妇女也抓来公社，强加罪名。搞所谓的"百人哭鬼大会"。在清队中致死8人，致残52人，上划成份27户，打成各种坏分子67人。

在挖"新内人党"中采用历史罕见的骑毒龙、上背铐加砖头再拿翻，跪刀床，私制铁铐近200付，五花大绑、捆、打、吊、冻、细麻绳捆手指再加棒子搬，脖子上吊砖砣等近40多种刑法。挖出所谓"新内人党"及其变种组织成员156人。其中：少数民族76人，有些是70来岁的老汉妇女，下至14岁的娃娃儿童。有几辈子当长工、做短工、羊倌、社员、社长。闹而造成直接死亡的9人，间接死亡的8人。陆续死亡的7人。其中少数民族14人。

其恶果极其严重，损失极大。给党的政策在群众中造成不良的影响。破坏了民族团结、挫伤了干部群众的积极性；产生了隔阂，集体生产下降，人民生活困难。使广大的各族人民群众和干部长期蒙冤受屈。

同志们：我们感谢华主席为首的党中央，一举粉碎"四人帮"。抓纲治国、拨乱反正、正本清源。把所积的冤、假、错案彻底平反。我社68年清队和"挖新内人党"中，由白玉财等捏造的一切冤假，错案和诬蔑的不实之词，公社党委经过几年来的调查、落实、澄清，今天予以彻底平反昭雪、恢复名誉。这是多么欢欣鼓舞的事情呀！我们感谢党在政治上给了我们第二次生命，要把我们的精力献给党和人民的事业。我们对待犯了错误的包括犯了严重错误而且反对过自己，实践证明反对错了的同志，只要他们认识了错误，做了检讨、有改正错误的诚心，就不要纠缠不休了。把仇恨记在林彪和"四人帮"身上。要消除隔阂加强团结向前看；同心同德抓纲治国。为把我社农业生产搞上去共同奋斗！

四家尧公社受害代表　刘子华

1979年4月4日

95.付俊耀同志在全社平凡昭雪大會上的講話（1979.04.04）

付俊耀同志在全社平反昭雪

大会上的讲话

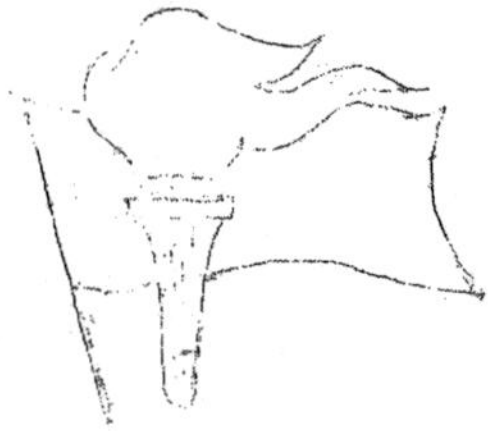

一九七九年四月四日

四家尧公社党委书记伏俊钦同志在全社平反昭雪大会上的讲话

同志们：

首先，我向参加大会的上级领导和特地请来的客人们表示欢迎和感谢，向全社挨整受害的同志们表示慰问和致意，向参加今天大会的所有职工、干部、社员群众、教师、学生表示欢迎。

今天阳光普照，大地回春，红旗招展，锣鼓喧天，人人心情舒畅，个个眉开眼笑。今天召开的平反昭雪大会，为在挖"新内人党"和"清理阶级队伍"中无辜受害的广大干部和群众彻底平反昭雪，恢复名誉。砸碎了套在受害者身上的精神枷锁，搬掉了压在受害者心上的千斤大石。这怎么能不叫我们千言万语涌心头，热血沸腾热泪流淌呢？

同志们，要不是以英明领袖华主席为首的党中央领导全党全国人民除掉"四害"，驱散乌云，我们挨整受害的同志能有今天吗？我们很清楚，是党和华主席给了我们第二次生命，华主席和我们心连心。在这高兴的时刻，我们有千言万语要对党说，要对华主席讲。

一九六八年，绵绵的大草原，茫茫的大黑川，降临了一场灾难，"清队"紧跟着"挖肃"开始了。顿时，妖风劲吹，魔鬼横行，是非不辨，人妖颠倒。明明是社会主义国家，却出现了法西斯暴行；明明是无辜的善良，却要打成“反革命”；明明是凭空捏造的谎言，却被说成是颠扑不灭的“圣经”；明明是打砸、抢、抄，扰乱社会，为害人民；却硬要说成“造反英雄”，革命有功。这一切使人费解，也使人莫名其妙。那时多少人蒙受不白之冤，多少人成了屈死的冤魂。我们四家尧公社的干部和群众也未能逃脱这场大祸。那时林彪“四人帮”极左路线的毒气蔓延，滕、吴、高、权，李振汉右倾的妖风大刮。我社原主要负责人白文洪头脑膨胀，心血上潮，不顾党纪国法，不管人民的死活，拉帮结派，结派营私，以我划线，以帮着人，大搞顺我者昌，逆我者亡。乘“清队”和“挖新内人党”之机，打击异己，陷害无辜，违法乱纪，胡作非为，企图把全社广大干部和群众一下子置于死地。同时，~~私~~自成立“挖乌清黑帮”和“群专”等非法组织，私设公堂，私开牢房，私制刑具，动用种种刑罚，随便捕人抓人，任意关押审讯，多次召开大型斗鬼会，揪批揪斗人员九佰名。还有什么转（?）游街，强制劳动。刑罚残酷，残不能睹；受刑者惨叫，惨不能闻。后果之严重也是前所未闻。在清队中有109人挨整挨斗。致死8人，致残致伤50人。受害者埋葬医药，上访花钱和关押抄家损失、财物损失的损失计达5.88万元，集体对受害者付的埋葬、医药、生活补助费款0.86万元。在挖"新内人党"中将766人打成"新内人党"及其变种组织成员，致死24人，致残致伤120人，受害者埋葬、医药花款及损失财物折款5.70万元，集体对受害者付给各种现款1.96万元，国家对受害者拨埋葬、医药、生活补助费款4.23万元。上述款额总计18万多元。如此严重的后果，由谁来负？只有由林彪"四人帮"他们来负。

上面的数字完全是他们罪恶的记录和铁证，是抹不去赖不掉的。好有好报，恶有恶报，横行霸道的人终究要被历史的车轮碾的粉碎，林彪"四人帮"完了蛋、垮了台，他们的帮凶、爪牙也都受到了应得的惩罚。华主席为我们伸了冤、出了气，我们怎么能不感谢、不拥护、不爱戴他老人家呢？今天我们又怎么能不兴奋，不激动呢？

但是，我们也感到非常悲痛，有多少在旧社会吞糠咽菜，当牛做马的阶级弟兄，他们从苦难的折磨中，地主的鞭子下活了下来，而却死在林彪"四人帮"及其帮凶的棍棒下，我们又怎么能不恨满腔、痛满腹呢？

今天，我们的爱和恨更分明了，也更强烈了，对林彪四人帮"恨的更深了，对党和华主席爱的更深了。现在我们要把这强烈的爱和恨化做一股为了社会主义，实现四化的强大动力，为建设社会主义祖国贡献我们的全部精力和一切力量。

今天的大会，是深入揭批林彪、"四人帮"的大会，也是紧急动员全社干部群众振作精神，全力以赴，迅速转移工作着重点的大会。我社连续三年遭灾，集体生产下降，人民生活困难，全社一万二千人的穿衣吃饭成了大问题，我们要坚决响应党中央、华主席在十一届三中全会发出的号召，调动积极因素，下定最大决心，尽最大努力，搞好工作着重点的转移，把农业生产尽快地搞上去。为此，公社党委号召全社干部、群众和受害的同志们，同心协力，争分夺秒，在当前主要做好以下几点：

一、要继续抓紧时间搞好落实政策工作，妥善解决遗留问题。我们公社遵照上级精神，在前一阶段组织人力，对清"八"和挖"新内人党"中的冤、假、错案，进行了调查研究，摸底了解。现在全社所有冤、假、错案，基本搞清。大部分问题已经得到解决。今天又召开平反昭雪大会，为受害者从政治上彻底平反，恢复名誉。但是，这决不意味着落实政策工作已经结束，遗留问题全部解决，而是有许多问题还需我们做深入细致的工作，每一个人的每一个问题都要妥善解决，做到善始善终，不留尾巴。要使受害者人人满意、个个高兴。我们清楚地懂得，冤、假、错案工作做好了，遗留问题解决了，对于稳定政治局势，保证安定团结，调动一切积极因素都有很重要的意义。

二、要做好消除隔阂，增强团结的工作。由于林彪"四人帮"的破坏，在相当长的时间内阶级斗争扩大化，造成了干群之间、党群之间，藏汉之间、群众之间的隔阂，这个问题至今没有完全解决好。全体同志、首先是党员干部，都要自觉做好解开疙瘩，消除隔阂的工作，为增强团结而奋斗。这个工作做的越好，越有利于工作重点的转移，有利于我们的事业。

要增强团结，就一定要深入揭批林彪"四人帮"破坏团结的罪行。从政治上、思想上、理论上肃清其流毒；要贯彻宽的政策，扩大教育面，缩小打击面，对那些犯有严重错误而愿意改正的同志，就不要嫌弃，不要过于追究个人责任，而要团结他们一道工作。我们对陈建锁同志的宽大处理，就是这样按照宽的政策办的。

要增强团结，就要顾全大局，向前看。今天，全党全国的大局就是四个现代化。顾大局，就要以四个现代化为重点，我们挨整受害的帐要记到林彪"四人帮"身上。

至于同志之间的恩怨就不要纠缠了，我们要向前看，展现在我们面前的是四个现代化的宏伟前景。为了实现这个目标，无数先烈抛头颅、洒热血，我们还有什么个人恩怨、个人得失、不能忘怀、不能抛弃呢？

要增强团结，就要讲党性、去派性。林彪"四人帮"给我们造成的最大的祸害之一，就是派性泛滥。现在"四人帮"的帮派体系被粉碎了，但他们挑起的派性并没有消除，它还纠缠着一些人，自觉不自觉的还搞团团伙伙。我们吃够了派性的苦头，再也不能容忍它损害我们的团结，腐蚀我们的思想，削弱我们的战斗力了，我们应该吸取搞派性的沉痛教训。时至今日一个共产党员、一个革命同志，还搞派性，就是没有党性，没有革命性，没有良心。为了我们的事业，要消除不团结的因素，使革命队伍更加整齐，步调更加一致。过去我们全党全国团结，搬掉三座大山；今天我们团结一致共同奋斗，四个现代化的宏伟目标就一定能够实现。

三、紧急动员起来，打响春耕生产第一炮。目前冰雪消融，大地回春。春天到了，春天是一年的关键季节，"一年之计在于春"吗。没有春天的春耕播种，就没有秋天的五谷丰登。全旗的广大干部群众要紧急行动起来，鼓足干劲，争分夺秒，掀起春耕生产的高潮，为打响春耕生产第一炮，为打好我社农业翻身仗，为夺取我社全年粮食总产731万斤，拿出我们的全部精力，献出我们的全部智慧吧！

同志们，今天的大会开得很好，大家的情绪很高，大会以后收到的效果也一定会很大。

最后，我再次希望全社广大干部和群众，[illegible]模[illegible]的阶级弟兄，要以革命利益为重，团结起来，为早日实现四个现代化，下定决心，排除万难，百折不挠，勇往直前，在新长征中争当先锋。

1979.3.30

96.伏來旺在四家堯公社平反昭雪會上的發言（1979.04.05）

在四家尧公社平反昭雪会上的发言

伏来旺

同志们：

在全旗各族革命人民认真贯彻党的十一届三中全会精神，迅速医治林彪"四人帮"造成的创伤，积极向四个现代化建设转移的大好形势下，在我社各族干部群众奋起大干社会主义、掀起春耕生产的热潮中，我们四家尧公社各族革命干部和贫下中农渴望已久的平反昭雪大会终于召开了，这是我社一万二千人民政治生活中一件大事、一件喜事。它实现了我社各族干部群众十年来集郁心头的共同愿望，体现了英明领袖华主席为首的党中央和上级党委对我社人民的关心和爱护，证实了毛主席的无产阶级革命路线和党的政策终于回来了，今天我怀着无比激动的心情参加这次大会，请允许我代表广大受害干部、群众及其子女控诉我们十年的沉冤，控诉林彪"四人帮"破坏民族团结、血害各族干部和贫下中农的滔天罪恶。

同志们：

我们四家尧公社是一个蒙汉杂居的民族地区，解放以来，在党和毛主席的英明领导下，在党的民族政策的光辉照耀下，全社蒙汉各族干部和群众紧密团结，共同战斗。十几年中民族友谊日益增进，革命和生产实飞跃进地发展，贫下中农生活水平逐步提高。特别是到了伟大的四清运动中，我社和全国一样，各族人民群情振奋，政治空气空前高涨，全社出现了一个大干快上，生动活泼的可喜局面。这是多么值得赞颂的十九年啊！

然而，在一九六六年，北京前门饭店会议期间和以后，林彪"四人帮"那些黑干将李雪峰及其在内蒙的追随者高锦明、权星垣等人为了诬陷和打倒乌兰夫和内蒙的一大批老干部，以达到他们篡党夺权的目的，采取了造谣诬蔑、栽赃陷害、罗织罪名等卑劣手段，全盘否定了自治区成立十九年来的光辉成就，把我们内蒙古说的漆黑一团。他们大肆造谣说："乌兰夫要搞宫庭政变"。土默特旗就是宫庭政变的黑据点。一股黑风从上吹来，土默特旗成了重灾区。"乌兰夫要政变了""内蒙古人要投修叛国了""要杀人啦"紧接着打倒土默村摧毁云家店，砸烂土平公司的反动口号流传开来。一刹时，天上乌云翻滚，地上寒气侵人，我们的家乡公社被笼罩在白色恐怖之中。就是在这个时候我社那个何某叫得响当当、硬梆梆的左派耀武扬威地出场了，他以反乌兰夫英雄自居，自称是什么雇工出身，苦大仇深的"根里红"，唯我独尊，唯我独革，从而操纵了全社的领导权，网罗坏人，扶植亲信，培养打手，下听那个黑司令部指示，上效林彪四人帮的手段，向革命干部和群众开始了残酷的迫害，我社唯有的二名蒙族干部首当其冲被打成所谓"黑帮人物""民族分裂主义分子"紧接着有很多干部和群众被无辜地强加很多莫须有的罪名，在社大会上一次"点鬼"就论百人之多，与此同时把一些干部和群众今天揪一个、明天来一个检查、不是批斗、便是关押审讯抄家。他们混淆阵线不分敌我乱揪乱斗，扰得人们人心惶惶草木皆兵。他们对党的民族政策、肆意践踏，把少数民族的语言文字风俗习惯一扫精光、把当时蒙古族民族小学撤消、不放对是教师、学生失学，而且把校舍全部拆光。他们把党对少数民族的关心和照顾说成是乌兰夫拉拢蒙古人的阴谋，他们煽动民族纠纷、制造民族矛盾造谣生事、胡说什么蒙人要杀汉人，同时把蒙族漫画为丑化之像对这个民族进行侮辱，致使我社多少年来蒙汉群众团结友爱、互相帮助、和睦相处的兄弟关系遭到破坏，民族之间形成隔阂。他们对少数民族干部和群众随意迫害，动不动就扣为翻案，不分当就定"民族分裂"我的父亲一个普普通通的农民、打成"现行反革命分子"在社点鬼批斗强迫劳动无情拷打还不解恨，又送到当时旗政法军管会押入监狱坐牢八月有余直到七四年才给予平反，今天我社党委正式宣布了旗委公安局给父亲平反决定借此机会我也代表我们全家老小三辈再次感谢党组织和党对我们的恩情、感谢各级党委对我们的关心。

同志们：以上所说只是挖肃前期的低潮阶段。对于我社党政各族干部和群众的政治迫害，从66年7月开始愈演愈烈，从挖肃运动开始，逐步升级，特别是到了挖新内人党"运动中，达到顶峰。上边风声激，下边鼓点紧，但高才等人猖獗一时，惨剧迭出，他们更加变本加利，策划密室，点火基层。他们私设公堂，使用打手，大搞刑讯逼供，大兴武斗之风，同时发明创造四十多种刑法，残酷地组织整人。

他们把已打成"民族分裂主义分子"的伏俊钦、杨秀玲二同志又进一步打成"新内人党四家党公社书记"，他们把能够坚持原则，不愿与他们同流合污的赵维勤、王斌等6名公社干部打成内人党的支部组织书记、骨干分子；他们把拥有500多名革命干部和群众组成的"121"、"四革农总"打成内人党的变种组织，绝大部分成员，被打成新内人党党徒、骨干分子。他们把曾二次当选为人民代表多次评为劳动模范人老仁红、70岁的董彩英老妈妈打成内人党的支部书记，他们把仅十多岁的娃娃和多岁的老人、放羊的羊倌和很少出门久在家中洗锅涮碗的家庭妇女打成新内人党党徒，特别是对赵二好等进行了惨无人道的逼供手段，造成终身残废。他们把一个和稀看守刑讯成性的太某发生情报参谋而把我们的忠诚老实作风、为人民服务的热情的好丈夫巢勇同志重刑之下打成敌人。巢勇同志不仅本人受尽迷残终生残疾，而且全家老小遭到株连，父亲气的哑的，母亲吓的倒血不止，女人造成闲经无血，巢勇同志本人还经常便血。他们特别对少数民族比较集中的小白于村、沙蒿太营两个大队采取特别措施，利用非法手段组织外部力量进驻带框框下去摘标进行大搞特搞，同时用恫吓手段，手中拿上一条绳子，限定时间让报名，搞的男女惊恐万丈，老少心慌不安，就这样全村搞出所谓新内人党756名；有170多名被致残，32名被致死。同时父母遭迫害，子女受株连，使革命家庭形成一大坑。回顾这些往事是冷人心酸的，当初我们这些不满二十岁的青年，生在新社会，长在红旗下，正是学习文化掌握知识，为社会主义建设增长才干的大好良机；然而被万恶的林彪"四人帮"剥夺了我们的幸福，而被迫离开学堂，有的中途失学，有的变成文盲，年纪轻轻有了罪，被他们叫做黑七类。当我们看到健康人成了残疾，阶级兄弟无辜受害含冤死去怎能不叫人伤心流泪，假如那些人还能活着和我们一起参加这个平反昭雪大会，他们该是何等的高兴和痛快呀。然而万恶的林彪四人帮带来的灾难无法救挽，难以挽回。这帮祸国殃民的家伙，为了篡党夺权，他们欺倒黑白，混淆阶级界线，分裂革命队伍，破坏民族团结，致使我区的革命和生产遭受了极大的损失，把一个好端端的内蒙古糟蹋的不成样子，把我们土地肥沃，水草丰美号称米粮川的土默特平原搞的花钱靠救济，吃粮靠返销，就我们四家子公社来讲，不论从政治上，经济上造成损失，实在难以估量。

同志们：越过寒冬的人，才知道太阳的温暖，受过林彪四人帮迫害的人，倍觉以华主席为首的党中央的英明伟大。是以华主席为首的党中央一举粉碎四人帮，挽救了革命，挽救了党。象是对"四二〇"错案不久前，所谓"乌兰夫反党叛国集团""内蒙古二月逆流"特别是"新内人党"三大冤案相继得到了平反昭雪，林彪四人帮的追随者和爪牙、亲信、权势人也受到历史的惩罚，我社那个不法分子自己才同样受到法律的制裁。这是历史的无情，真是大快人心。

今天我公社在为受害者召开平反昭雪大会，更使我们心情开畅，把我们积在心头的十几年的沉冤洗掉了，把束缚在我社人民头上多年的精神枷锁砸碎了，我们一定要化悲痛为力量，把仇恨记到林彪四人帮身上。解放思想，开动机器。积极创造条件，将工作的着重点迅速转移，把全部精力投入到生产中去，要紧跟华主席为首的党中央的战略部署，借这次大会的东风，把各种生产搞好、繁夺一九七九年革命生产双丰收、为四个现代化做出贡献。

一九七九年四月五日

97.陳迷鎖在四家堯公社平反昭雪大會的表態發言（1979.04.05）

各位领导、全体受害同志们

我这个犯了严重错误的人，今天能够和你们一起参加这个平反昭雪大会，心情万分激动。万恶的林彪、"四人帮"把我推到犯罪的边缘，而英明领袖华主席又把我拯救出来。

我是个大队党支部书记，十几年来为党为人民确实没有做多少工作，然而在清队和挖"新内人党"中犯了严重的错误，实际已成了人民的罪人。所以我首先向所有受害者及其受株连的家属亲友们赔礼道歉，低头认罪。我对不起你们，对不起党，对不起这方的革命人民。

我出身在一个贫苦农民的家庭里，是伟大的党和毛主席才把我从水深火热中拯救出来，在党的培养下，使我逐渐成长起来，1959年光荣地加入了中国共产党，以后人民相信我，让我当了大队党支部书记。但是辜负了党的培养，辜负了人民的期望，在文化大命中，自己由于自来私心思想严重，没有认真地学习和领会马列主义毛泽东思想，尤其是没有认识到政治、路线觉悟很低，在林彪"四人帮"极左路线的影响下，在四家尧公社党委书记、严重违法乱纪分子白高才的指使下，做了阶级敌人想做而做不到的坏事，干了不少仇者快，亲者痛的坏事。在挖肃期间，我根本没有贯彻毛主席的革命路线，坚持了"形左实右"的错误倾向，混淆了敌我界限，无限上纲，扩大打击面，把革命同志当成敌人，违背了毛主席要文斗，不要武斗的教导，采取了逼供信等多种多样的法西斯的野蛮手段，曾多次辱骂、捆绑、吊打无辜的革命同志，致使一些同志在精神上、肉体上受到了极其严重的摧残，给党的革命事业带来了损失。这一切使我非常痛心后悔。

英明领袖华主席一举粉碎了"四人帮"，挽救了革命，挽救了党，多少年来的冤案要昭雪，错案要纠正，假案要平反。我在党的"惩前毖后，治病救人"方针的指引下，在公社党委的教育下，在革命群众的帮助下，终于认认了错误，获得了新的政治生命。

我是个犯了严重错误的大队干部。我无限感谢华主席、感谢革命群众，无比痛恨万恶的林彪"四人帮"。痛恨林彪"四人帮"是毒物之流。我决心痛改前非，从新作人，为此决心做到几点：

㈠认真学习，准确地领会马列主义、毛泽东思想，不折不扣地贯彻以华主席为首的党中央的路线和政策。决不背目蛮干，增强自觉性和科学性。

㈡认真总结历史经验教训，放下包袱，开动机器，轻装上阵，永往直前。

㈢进一步加强和革命干部、广大群众的团结，特别是同受害同志的团结，同心同德，携手前进，建设"四化"。

㈣坚持发扬党的实事求是的优良传统作风，为实现四个现代化的道路上，勇挑重担，坚持实干，将功补过，做出贡献。

陈建贞 '79. 4. 5.

98.四家堯公社平反昭雪大會議程、標語（1979.04.06）

四家尧公社平反昭大会

議　程

一、大会开始 奏《东方红》

二、宣佈公社党委为伏俊魁、杨秀珍、刘子华、董志远、邢三昌等同志彻底平反的决定。

三、宣佈土右旗人民法院刑事判决书和土右旗公安局关于对伏海海的平反决定。

四、陈述贵同志做检查。

五、宣布公社党委关于对陈述贵同志的处理决定。

六、受害代表发言。发言人 刘子华、邢三昌、伏丰班

七、上級领导讲话。

八、公社党委付书记伏俊魁同志讲话。

九、大会结束。

一九七九年四月六日。

標語

1.向自衛還擊保衛邊疆的英雄致敬！

2.努力生產，努力工作，努力學習！

3.為建設一個強大的現代化的社會主義中國而奮鬥！

4.分清是非向前看，新長征中比貢獻！

5.安定團結，同心同德搞四化！

6.堅決捍衛毛主席的偉大旗幟！

7.維護社會政治安定，保衛四化建設！

8.熱烈祝賀邊防部隊自衛還擊作戰的重大勝利！

9.思想再解放一點，膽子再大一點，辦法在多一點，步子再快點！

10.落實種植計劃，搞好春耕生產！

11.尊重生產隊的自主權，反對長官意志瞎指揮！

12.向違反黨紀國法的不良傾向作鬥爭！

13.堅持實事求是有錯必糾！

14.深刻批判徹底肅清林彪「四人幫」極左路線的流毒！

15.對人的處理要持十分慎重態度！

16.重證據，重調查研究，嚴禁逼供信！

17.人人要為社會主義現代化建設立新功！

18.開展增產節約運動！

19.向科學現代化進軍！

20.認真學習、宣傳、貫徹十一屆三中全會決定！

21.維護社會治安，堅決剎住賭風！

22緊急動員起來，打響春耕生產第一炮！

23.解決冤假錯案，穩定局勢，促進安定團結！

24.落實黨的政策，為一切冤假錯案徹底平反昭雪，實事求是的解決好遺留問題！

25消除隔閡，增強團結！

26.緊密的團結在華主席為首的黨中央周圍，為實現四個現代化而奮鬥！

27.偉大，光榮，正確的中國共產黨萬歲！

99.中共土右旗政運辦介紹信（1980.02.29）

四家尧公社党委：

黄玉荣同志原系土中/土小学生，文化大革命中在校受害，现本人持有原学校平反通知书，要求安排，根据去年包头市政运办通知精神，请公社予以办理招工手续。

中共土右旗政运办

一九八〇年二月二十九日

四家尧公社党委：

石玉林同志原系土中/土小学生，文化大革命中在校受害，现本人持有原学校平反通知书，要求安排，根据去年包头市政运办通知精神，请公社予以办理招工手续。

中共土右旗政运办

一九八〇年二月二十九日

四家尧公社党委：

丁玉英同志原系土中/土小学生，文化大革命中在校受害，现本人持有原学校平反通知书，要求安排，根据去年包头市政运办通知精神，请公社予以办理招工手续。

中共土右旗政运办

一九八〇年二月二十九日

四家尧公社党委：

郝玉荣同志原系土中/土小学生，文化大革命中在校受害，现本人持有原学校平反通知书，要求安排，根据去年包头市政运办通知精神，请公社予以办理招工手续。

中共土右旗政运办

一九八〇年二月二十九日

100.有關張銀珍之父張三之事詳細證明（1979.12.09）

申诉书

申告人：张良珍，为父张三被打成国民党申诉：

我父，当时62岁，随着打内人党的恶浪，被打成国民党员，于六八十月十二日进了我大队设立的监狱，一进门，看守吴二钱就给带上了手铐，投进了监狱。随之而来的就是天天过堂，让我父承认是国民党员，倔强的我父一直不承认，这下可火了那些英雄们了，在一次审训中，闫侯在场把我父从炕上一脚踢~~把我~~父跌倒在地下，年迈的我父，支持不了这种非人的折磨，于是昏倒在地。那些所谓"积极分子"又把我父抓起，继续用刑，我父没法支持不了那些刑具，我父只得在刑场上承认了，可下去又是不承认，于是再接着打，第二次，把我父的裤子挽起，给我父跪火炉渣。

28克打字纸 8×68 万能格纸 长二印．77．10．（509）

过了几天，我父还不承认，他们说什么我父狡猾，于是加重武刑，（闫德[redacted]、吴三钱）我父刚吃了半碗，就给带上脚镣，一直到深夜，看见我父实在支持不了，才改换成手铐。就这样天天如此，弄的我父竟吃睡不成，饭吃不下，疾病难支持，直喊奈何。他们看见我父要死在大队了，一个月后，把我父释放了。回家后，重病在身，卧床不起，尽管每天吃药打针，但病情一天天加重，在第二年秋天含冤死去了。

父亲死了，留下我们母子三人，（姐姐）就这样，我十几岁的孩子养活着母亲、姐姐，过着凄惨的生活，为了在政治上澄清，特提出申诉，请组织上调查，给予落实！

申诉人：张良琦

1979.12.8

28克打字纸 8×60 格稿纸 长二印. 77. 10. (500)

证词

有关张银新三叔父张三之事，详细证明如下：

姜镜玉原证明：68年挖新内人党时，大队以把姜镜玉、黄秀英、金玉山抓到大队后，才把张三抓到大队，赵兴亮揭发当时抓张三原因是，当时姜吉喉和同志去孤岛时揭发窝，姜二三广团之事，张查店张锦富是国民党员，因揭发国张三也叫张锦富，故就把张三抓到大队。

抓走后，姜镜玉原证明：

问：问张三你是不是国民党员，张三说不是，问话人就把张三用脚踏到地下，这是几天晚上把张三叫到原用背铐子专门走张三，在用过背铐后因张三当时心脏病发，后又被吃不进饭，经过几天又几天的时间，把张三放回家，回去后张三病情一天比一天加重，大约是10来个月的时间，张三就死了。

[illegible]

省社蔡安，

兹有我大队[illegible]之父[illegible]三在[illegible]

时，当时[illegible]积极[illegible]者[illegible]时

同来[illegible]国民党之[illegible]大人[illegible]

也给同志[illegible]了，[illegible]人说一[illegible]时

间，[illegible]时间就了。

特此

王[illegible]

四家尧公社党委：

侯和死去的张三留下其妻黄23女因死亡遗属没法处理，只能将其妻黄23女按老年残废填报，请你们填好迅速报政治部。

落政办 郭存柱
80.2.10

101.關於趙九和1968年被誤打成「內人黨」分子的報告（1980.11.09）

报告

关于赵九和1968年被误打成内人党分子的报告

前旗政府
公社政府：

赵九和于1968年冬被打成新“内人党”分子，该同志受我大队的审查和关押，他们的问的让赵承认进内人党组织，该赵没有加入不能承认。由此被原挖肃办组织同志手新身受了残酷的刑法。五花大绑；捆绑吊打；同志掉[illegible]受水冻[illegible]绳毒打，熬及天前往室中受各种严酷的毒打、打死去活各种刑法。在一路受刑个多小时，但刑法残酷该赵难以忍受，但也承认了自己是新“内人党”受刑受害[illegible]的多处。该赵先后受残酷折磨[illegible]，[illegible]向[illegible]。特此特向上级组织报告给予[illegible]解决。

此致

何[illegible]
80.11.9

102.關於路雨旺被誤打成內人黨分子的殘酷概況的報告（1980.11.09）

報告

关于路雨旺被误打成内人党分子的残酷概况的报告：

许政委：

韩政委：

于1968年冬该路雨旺被大队抓回去受审查关押。

他们问过来问的组织名称，迫使他交待和承认。路雨旺交待，身受了一系列不合手续残无人道的刑法。跪刀床、跪砖床，用钢筋棒夹木杠子。火烟不常、五花大绑、拳打脚踢、打耳光不计其数。由于刑法残苦，本人路雨旺被逼去没办法只好承认内人党分子的罪名。由于身受毒刑残苦，迫使路雨旺眼睛去掉镜子不能看清。路雨旺目前经常看不清楚的事业和家务，我向组织及党委，现将报请上级党组织给予彻底平反解决。

此致

路雨旺

80.11.9日

103.暴慶五內參報告，伊克昭軍分區原京字355部隊一連（21分隊）在圖克公社挖「新內人黨」中嚴重違法亂紀（1978.07.27）

君伟：
这两个材料是反党内参，一时[illegible]不准，特别是关于乌审区的那段。请传阅。
[illegible] 18/8

王玉珍同志：

七月下旬我到乌审旗走了一趟，写了：伊克昭军区原京字355部队一连（21分队）在图克公社挖"新内人党"中严重违法乱纪 和乌审区所谓现役打大仗又没一仗吹是假的二篇内部参考。这二篇已经盟落办领导同志审查过，并帮助打印成册。请经社党委领导同志审阅后打印，发给内蒙领导同志（特别新到的同志记）了解下边情况。这二篇各有代表性。一是部队打牧民很惨酷，一是先进单位揭盖子的。印好后转给我一份存底。为了安全保密我用挂号寄去。

抄来一事已收到，我进一步收集情况，写好后寄去。

暴庆五　八月十一日

20×15＝300　第　页

江、清同志、[illegible]阅。[illegible]

这样的问题已[illegible]

[illegible]价值不大，不再[illegible]

[illegible]已，

[redacted]

内部材料　　　　第　三　期　　　　注意保存

中共伊克昭盟委员会落实政策办公室编印　一九七　年　月　日

[redacted]

※　　　　※

伊克昭军分区尻京字355卩队一连（21分队）

在图克公社挖“新内人党”中严重违法乱纪

伊克昭军分区尻京字355卩队一连一九六九年上半年，以支左的名义，进驻乌审旗图克公社。在当地打砸抢分子的配合下，对广大共产党员和苎古族牧民进行了残酷的逼供信，制造了许多骇人听闻的血案、惨案，破坏了民族团结，搞坏了军民关系，破坏了牧业生产。使受害干卩群众在心灵上、在肉体上造成不可弥补的损失。

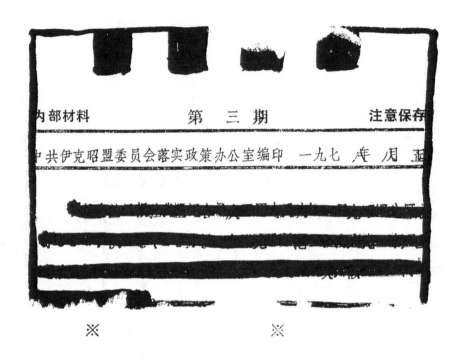

一、进驻前的背景：

早在一九六四年，在图克公社临近的伊旗合格庙公社曾发生过一起封建迷信集团"兰党"，当时公安部门已依法处理。乌审旗公安部门也在图克公社进行调查，没发现有人参加该集团，给予结论。一九六八年清队中又把此事翻起来。乌审旗派兴额、孙布尔（二专）去伊旗调查寻找线索，回来图克公社开始大挖"兰党"。出现了逼供信（一般是拳打脚踢），越挖越玄。在图克公社，打砸抢分子何来义制造出"图克三十岁以上没好人，国民党比共产党还多"、"在蒙古人中没有叫少奇影响，乌兰夫的影响却很深。"等反动舆论。乌审旗革委会中的挖派人物通过伊盟革委中的挖派负责人以图克公社阶级斗争复杂为理由，派来军分区355部队一连，在连长刘永海、付连长杨常贵带领下，于一九六九年一月六日开进图克公社。他们大打出手，用了各种各样的刑法，使图克人民陷入灾难。

二、严重后果

一九六九年图克公社只有2961口人，被打成"新内人党"的就有929人，占总人数的71%，被怀疑的有270人，被活活打死和后遗症死的49人（公社估计今后可能增加），当时严重伤残270人，其中116人完全丧失或半丧失劳动能力。所有共产党支部被打成"内人党"支部，70%—80%的共产党员被打成"内人党"徒，被上刑，被揪斗，被开除。共青团、民兵组织也被打成"内人党"，就连看糜子哄雀、防止牲畜陷泥也被说成是"新内人党"活动。草原建设围起的草库伦被说成"为大蒙古帝国放千匹马的基地"，浇灌草场的大口井被污蔑成"搞政变打仗饮千匹马的水井"。蒙古族党支部书记被撤职上刑，派来了汉族社员当指导员，就连榆林流串过来的人也被当作积极分子依靠。

这个公社梅令庙大队，死10人，残40多人，伤30多人。队干部全部被打成"新内人党"，支书半曾被活活打死。柴油机水泵被扔到水淖里，胶车绳线锄镐等劳动工具被折毁、刀割改成刑具。逼得无人生产，无法生产。"五。二二"批示后，恢复生产使用贷款八万多元，从六九年至七二年社员没有分红，欠款达四万多元。

三、骇人听闻的刑罚

355部队某连和当地的打砸抢分子在图克公社使出的刑罚达五十多种。听了受害者的控诉，使人毛骨悚然。这里仅举几例。

用烧红的湿柳棍烫。将女牧民扒光衣服，用烧红的湿柳棍烫小腹下、肚子。把肚皮烧坏，肠子露出来。再烫阴道，将外阴烧坏，变成不男不女之人。腹部伤口至今不能愈合，直流臭水。

狼牙鞭打人。皮鞭上用电线把铁丁、铁丝头缠紧，变成带刺的鞭子。每抽打一下，勾下一些皮血，连打二十多鞭后，脊背皮血被勾掉，露出脊椎骨。大片伤口腐烂发臭，由于不给治疗，将一个人活活臭烂而死。抽打甩鞭时，血肉溅飞，甩在墙上也坏臭，气味呛人不能进屋。

烂肉撒盐面。皮鞭、棍棒打坏人，在伤口处撒盐面，或用盐开水浇头顶，受害者疼得发疯、昏死。

上脑箍。把受害者的脑袋，用8号铁丝缠住，再用老虎钳狠狠拧紧，铁丝拉在头皮里，或把四个上脑箍的人用铁丝围着火炉连起来烤。动不得跑不了。

用烧红铁锨烙。把铁锨在火炉上烧红，烙在受害者头顶上。结果头发、头皮烧光，露出头骨。烙出的血和油流在脸上，也被烫坏。

梁上吊。把两手腕向后捆住，拉在梁上吊起，抱住腿用劲向下猛拉，受害者立刻两肩关节脱臼。或把人腿捆住梁上倒吊，再猛放开绳子，头撞在硬地上，轻者脑震荡，重者昏死。

骑毛绳。将妇女扒光衣服，骑在毛绳子上，用人前后拉锯，把妇女外阴和肛门拉通，连屎带尿混合而出，如此等等。

四、牧民的义愤

355下队这个连，除用各种刑法打人杀人外，还干了不少坏事。如打死男人，奸污妻子；霸占军婚，强奸少女，抢劫民财。公社党委向记者反映，一个姓郭的排长打人还不够，和一名叫乌努姑高中女学生胡搞，成天鬼混在一起。一个叫白玉胜的战士和现役军人巴拉珠尔的妻子乱搞，使至怀孕。还有一个战士拾了牧民的手表，主人一直追到东胜要，还不给，几次追要才拿回来。

图克的牧民说：“355没干一件好事”“355比土匪还厉害”“355比26军还26军”（注：26军是国民党土匪军队）。

３５５卩队一连中也有两位好人，叫南文义（班长）、张德盛（战士、蒙族）。他两被派到梅令庙大队商布拉生产队挖“新内人党”，不打人不骂人。只是对受害牧民说：“你们谁是内人党，自己实事求是地交待。”有一次，郭排长来这个队审讯打人，南、张二人躲了出去。第二天郭走后，生产队的打砸抢分子还要继续打人，南、张上前制止，并批评说：“为什么打人？！你们说他们是反革命有证据吗？你把人打坏怎么办？你亲活呀！”据牧民打听，３５５卩队撤走后，他两被第一批复员回家。现在，图克受害群众说，他两是真正的解放军。无论如何要找到这两位同志，表示感谢。

“五、二二”批示后，受害群众虽然对３５５卩队某连犯下的罪行满腔义愤，但为了维护解放军的荣誉一压再压，表示了高度的政治觉悟。现在“新内人党”的错案被推倒了，受害干卩牧民重见光明了。公社召开第一、二次坐谈会上无人说出话来，满屋哭声。他们要求处理３５５卩队某连的直接指挥者，惩办混在卩队中的刑事犯罪分子。否则，不足以平民愤，不能挽回影响。

内蒙古日报记者：暴庆五

一九七八年七月二十七日

內蒙古文革檔案08　PC0934

新銳文創
INDEPENDENT & UNIQUE

內蒙古土默特右旗被害者報告書

主　　編　楊海英
責任編輯　尹懷君
圖文排版　莊皓云
封面設計　蔡瑋筠

出版策劃　新銳文創
發 行 人　宋政坤
法律顧問　毛國樑　律師
製作發行　秀威資訊科技股份有限公司
114 台北市內湖區瑞光路76巷65號1樓
電話：+886-2-2796-3638　傳真：+886-2-2796-1377
服務信箱：service@showwe.com.tw
http://www.showwe.com.tw
郵政劃撥　19563868　戶名：秀威資訊科技股份有限公司
展售門市　國家書店【松江門市】
104 台北市中山區松江路209號1樓
電話：+886-2-2518-0207　傳真：+886-2-2518-0778
網路訂購　秀威網路書店：https://store.showwe.tw
國家網路書店：https://www.govbooks.com.tw

出版日期　2020年9月　BOD一版
定　　價　800元

國家圖書館出版品預行編目

內蒙古土默特右旗被害者報告書 / 楊海英主編. -
- 一版. -- 臺北市 : 新銳文創, 2020.09
面； 公分. -- (內蒙古文革檔案 ; 8)
BOD版
ISBN 978-986-5540-14-2(平裝)

1. 文化大革命 2. 內蒙古 3. 種族滅絕 4. 內蒙古自治區

628.75 109012410

讀者回函卡

感謝您購買本書，為提升服務品質，請填妥以下資料，將讀者回函卡直接寄回或傳真本公司，收到您的寶貴意見後，我們會收藏記錄及檢討，謝謝！
如您需要了解本公司最新出版書目、購書優惠或企劃活動，歡迎您上網查詢或下載相關資料：http:// www.showwe.com.tw

您購買的書名：＿＿＿＿＿＿＿＿＿＿＿＿＿＿＿＿＿＿＿＿

出生日期：＿＿＿＿年＿＿＿＿月＿＿＿＿日

學歷：□高中（含）以下　□大專　□研究所（含）以上

職業：□製造業　□金融業　□資訊業　□軍警　□傳播業　□自由業
　　　□服務業　□公務員　□教職　□學生　□家管　□其它＿＿

購書地點：□網路書店　□實體書店　□書展　□郵購　□贈閱　□其他

您從何得知本書的消息？

□網路書店　□實體書店　□網路搜尋　□電子報　□書訊　□雜誌
□傳播媒體　□親友推薦　□網站推薦　□部落格　□其他＿＿＿＿

您對本書的評價：（請填代號　1.非常滿意　2.滿意　3.尚可　4.再改進）

封面設計＿＿　版面編排＿＿　內容＿＿　文／譯筆＿＿　價格＿＿

讀完書後您覺得：

□很有收穫　□有收穫　□收穫不多　□沒收穫

對我們的建議：＿＿＿＿＿＿＿＿＿＿＿＿＿＿＿＿＿＿＿＿

＿＿＿＿＿＿＿＿＿＿＿＿＿＿＿＿＿＿＿＿＿＿＿＿＿＿＿

＿＿＿＿＿＿＿＿＿＿＿＿＿＿＿＿＿＿＿＿＿＿＿＿＿＿＿

＿＿＿＿＿＿＿＿＿＿＿＿＿＿＿＿＿＿＿＿＿＿＿＿＿＿＿

請貼
郵票

11466
台北市內湖區瑞光路 76 巷 65 號 1 樓
秀威資訊科技股份有限公司 收
BOD 數位出版事業部

（請沿線對折寄回，謝謝！）

姓　　名：＿＿＿＿＿＿　年齡：＿＿＿　性別：□女　□男

郵遞區號：□□□□□

地　　址：＿＿＿＿＿＿＿＿＿＿＿＿＿＿

聯絡電話：(日)＿＿＿＿＿＿　(夜)＿＿＿＿＿＿

E-mail：＿＿＿＿＿＿＿＿＿＿＿＿＿＿